不动产测绘（活页式）

主　审　陈　锐

主　编　何　霖　谭　詹　靳　祠
副主编　师维娟　曾繁如　张　蕊　刘　凯
参　编　杨　亮　李　敏　胡澄宇　何永中

西南交通大学出版社
·成　都·

图书在版编目（CIP）数据

不动产测绘：活页式 / 何霖，谭詹，靳祠主编. —成都：西南交通大学出版社，2023.7
ISBN 978-7-5643-9350-2

Ⅰ. ①不… Ⅱ. ①何… ②谭… ③靳… Ⅲ. ①不动产–测绘–教材 Ⅳ. ①F293.3

中国国家版本馆 CIP 数据核字（2023）第 111689 号

Budongchan Cehui (Huoye Shi)
不动产测绘（活页式）

主编　何霖　谭詹　靳祠	责任编辑／赵永铭
	封面设计／墨创文化

西南交通大学出版社出版发行
（四川省成都市金牛区二环路北一段 111 号西南交通大学创新大厦 21 楼　610031）
发行部电话：028-87600564　　　028-87600533
网址：http://www.xnjdcbs.com
印刷：四川玖艺呈现印刷有限公司

成品尺寸　185 mm×260 mm
印张　15　　字数　329 千
版次　2023 年 7 月第 1 版　　印次　2023 年 7 月第 1 次

书号　ISBN 978-7-5643-9350-2
定价　48.00 元

课件咨询电话：028-81435775
图书如有印装质量问题　本社负责退换
版权所有　盗版必究　举报电话：028-87600562

PREFACE 前言

本教材主要作为"地籍与房产测绘""不动产测绘"课程配套教材,可供高职高专测绘地理信息类专业学生使用,也可作为不动产权籍调查、测量与登记的参考书籍。本教材主要讲述地籍测绘、房产测绘和国土调查基础工作内容和方法,以地籍控制测量、农村宅基地确权、无人机地籍图测绘、第三次国土调查、土地勘测定界、房产测绘和某国土部门不动产成果质量检测为项目导向,介绍了不动产统一登记、宗地图绘制、不动产权籍调查表填写、GNSS地籍控制测量、坐标系统转换、房屋建筑面积分摊计算、土地勘测定界和不动产测绘成果检查等内容。

本教材编写团队根据职业教育教学特点和课程设置现状,强调理论知识的同时,注重学生动手能力培养,坚持从实际工作中来,到课堂中去,设计适合多元化教学的新型教学方案,具有较强的实用性和指导性。以传统纸质教材为承载,充分利用数字化手段,以微课形式记载课程重要技能,涉及坐标系统变化、无人机相关操作、EPS软件地籍图测绘、Cass地籍图绘制、Cass土地勘测定界图绘制、Bmf房测之友建筑面积分摊、ArcGIS属性图斑录入等内容,方便使用者对相应知识进行学习。

本书严格按照最新的国家标准、行业规范和相关条例,包括《地籍调查规程》《房产测绘规范》《城市测量规范》《不动产登记暂行条例》《不动产登记暂行条例实施细则》《不动产权籍调查技术方案》等。同时结合《不动产测绘员国家职业技能标准》和《不动产数据采集与建库》两个证书标准,注重提高不动产从业人员的职业技术水平,采用目前最典型的仪器设备、工作方式方法,培养培训人员的文化水平和理解能力,突出实践操作能力。

本书项目导向、重点突出、注重实践,系统地介绍了不动产测绘人员应掌握的基础知识和相关能力。全书共 7 个项目,分别代表了近些年我国主要从事的不动产测绘项目。地籍控制测量,主要介绍了近些年来地籍工作的坐标系统和控制测量方式;土地权属调查与测绘,主要以农村宅基地确权为导向,介绍不动产测绘的基础理论和方法;无人机倾斜摄影地籍图测绘,主要以房地合一为项目导向，介绍了最新的地籍图成图方式；土地利用现状调查，主要以某地方国土规划部门，从事某县第三次国土调查为项目导向，介绍了国土调查的内容和方法；土地勘测定界，主要介绍征地拨地测量中的不动产测绘工作；房产测绘，主要介绍新建商品房产权面积的分摊计算；不动产测绘成果的检查与验收，主要介绍了某地方国土规划部门对不动产测绘成果的检查验收方法。

  本书由四川水利职业技术学院测绘地理信息学院组织编审工作，由测绘地理信息学院院长陈锐负责审稿，何霖负责不动产测绘概述、土地权属调查与测绘以及房产测绘内容的编写，靳祠负责地籍控制测量内容的编写，谭詹、张蕊、师维娟和杨亮负责无人机倾斜摄影地籍图测绘内容的编写，谭詹、张蕊和曾繁如负责国土调查编写，曾繁如和李敏负责土地勘测定界内容的编写，刘凯负责不动产测绘成果的检查与验收内容的编写，全书由何霖统稿。

  由于编者水平有限，书中难免会有错漏和不足之处，恳请广大读者提出宝贵的意见和建议，以便今后加以修订和完善。

编 者
2023 年 1 月于成都

数字资源目录

序号	名称	类型	页码
1	四参数计算	视频	23
2	七参数计算	视频	25
3	CASS 地籍参数配置及文件结构	视频	83
4	CASS 权属线的绘制	视频	85
5	CASS 界址点相关操作	视频	86
6	CASS 界址线宗地属性录入	视频	88
7	航飞范围设定、航飞外业实施、航飞外业数据导出	视频	105
8	空三数据准备及预处理	视频	107
9	空中三角测量	视频	109
10	空三刺点	视频	112
11	三维模型构建	视频	114
12	建成房屋采集	视频	121
13	阳台采集	视频	122
14	檐廊采集	视频	123
15	台阶采集	视频	123
16	围墙采集	视频	124
17	准备工作	视频	139
18	常用绘图工具	视频	140
19	地类图斑划定及属性录入	视频	147
20	界线划定注意事项	视频	154
21	数据检查	视频	156
22	面积计算与汇总	视频	157
23	编绘勘测定界图	视频	173
24	生成界址点成果表	视频	174
25	土地图斑面积量算	视频	174
26	txt 文本编辑	视频	175
27	BMF 新建工程项目	视频	205
28	实体提取	视频	206
29	分摊区划分用	视频	207
30	面积分摊	视频	208
31	成果输出	视频	212

CONTENTS 目录

1　不动产测绘概述 ……………………………………………………………… 1
　1.1　什么是不动产 …………………………………………………………… 1
　1.2　不动产权利 ……………………………………………………………… 4
　1.3　不动产权籍调查 ………………………………………………………… 11

2　地籍控制测量 ………………………………………………………………… 17
　2.1　地籍控制测量概述 ……………………………………………………… 18
　2.2　地籍基本平面控制测量 ………………………………………………… 29
　2.3　地籍图根平面控制测量 ………………………………………………… 45

3　土地权属调查与测绘 ………………………………………………………… 49
　3.1　土地权属确认 …………………………………………………………… 50
　3.2　不动产单元的设定与编号 ……………………………………………… 52
　3.3　土地权属调查 …………………………………………………………… 56
　3.4　界址点测量 ……………………………………………………………… 71
　3.5　地籍图的绘制 …………………………………………………………… 77

4　无人机倾斜摄影地籍图测绘 ………………………………………………… 92
　4.1　倾斜摄影测量基础知识 ………………………………………………… 93
　4.2　无人机倾斜摄影地籍测绘主要流程 …………………………………… 99
　4.3　无人机倾斜摄影测量的外业工作 ……………………………………… 100
　4.4　倾斜影像三维建模 ……………………………………………………… 107
　4.5　内业数据采集及地籍图出图 …………………………………………… 119

5　土地利用现状调查 …………………………………………………………… 127
　5.1　国土调查概述 …………………………………………………………… 128
　5.2　国土调查发展历程 ……………………………………………………… 130
　5.3　第三次国土调查任务与流程 …………………………………………… 134
　5.4　第三次国土调查——以农村土地利用调查为例 ……………………… 139

6　土地勘测定界 ……………………………………………………………………… 160
6.1　土地勘测定界概述 …………………………………………………………… 161
6.2　土地勘测定界的一般工作程序 ………………………………………………… 163
6.3　土地勘测定界——以省道104线某段改造工程为例 ………………………… 173

7　房产测绘 ……………………………………………………………………………… 177
7.1　房产测绘概述 …………………………………………………………………… 178
7.2　房屋调查 ………………………………………………………………………… 180
7.3　房产测量成果图件 ……………………………………………………………… 187
7.4　房屋勘丈 ………………………………………………………………………… 193
7.5　房屋建筑面积计算规则 ………………………………………………………… 197
7.6　我国房地产建筑面积分摊计算 ………………………………………………… 201

8　不动产测绘成果的检查与验收 ……………………………………………………… 214
8.1　检查与验收 ……………………………………………………………………… 215
8.2　检查验收项目及内容 …………………………………………………………… 217
8.3　检查与验收实施 ………………………………………………………………… 219
8.4　地籍成果资料整理 ……………………………………………………………… 228

参考文献 …………………………………………………………………………………… 231

1 不动产测绘概述

1.1 什么是不动产

1.1.1 不动产的概念

关于不动产的定义及其范围，各国较多地从民法的角度进行界定。《法国民法典》第516条就规定："一切财产，或为动产，或为不动产"；第518条规定："土地及其建筑物依其性质为不动产。"瑞士民法将不动产定义为："不动产登记簿上已登记的独立且持续的权利、矿山、土地的共有关系的所有部分。"《德国民法典》中并没有使用"不动产"一词，而是使用"不可动之物"，其通行的解释是"地产"，在法典的第96条规定："土地的主要组成部分，为定着于土地的物。特别是建筑物及与土地尚未分离的出产物。"可见，房屋等建筑物是地产的必要组成部分，与土地不可分割，突出了土地作为不动产核心的观念。《意大利民法典》第812条的规定是："土地、泉水、河流、树木。房屋和其他建筑物，即使是临时附着于土地上的建筑物以及在一般情况下那些或是自然或是人为地与土地结为体的物品是不动产。固定河岩或者河床之上并且为永久使用而建造的磨坊、浴场以及其他漂浮在水面上的建筑视为不动产。"在英国的法律中，不动产与广义的土地等同，是指包括地面、地下和土地上空的一切财产。这里地面上的财产，除主要指房屋外，还包括定着其上的物，如生长着的植物等任何有意置于地表或埋在地下，认为应永远定着于土地上的东西。有的国家法律规定，不动产中包括农作物，有的则不包括，有的对于农作物还区别对待。如在美国法律中，关于植物为动产与不动产的划分标准是：按年计算并以人力生产的各类植物为动产，包括水果、苗圃花卉、短时期内将伐树木及已转卖土地上的已收割或已成熟的农作物，而常年生并立于土壤中的天然植物为不动产，包括乔木和灌木、已转卖土地上生长的树木和无保留条件转卖土地上生长期中的农作物，所以，对不动产和产别的区别，要依据国家、地方法律的规定而确定，尽管各国对不动产的表述不同，但都包含了土地、建筑物及土地上的定着物等基本要素。

我国《物权法》将不动产定义为："不动产是指土地以及房屋、林木等地上定着物。"我国最高人民法院《关于贯彻执行〈中华人民共和国民法通则〉若干问题的意见》第186条所作解释认为："土地、附着于土地上的建筑物及其他定着物、建筑物的固定附属设备为不动产。"建设部2003年发布的《房地产业基本术语标准》中对不动产术语的定义为：不动产（immovableproperty）是指依自然性质或法律规定不可移动的土地、土地定着物、与土地尚未脱离的土地生成物、因自然或者人力添附于土地并且不能分离的其他物，包括物质实体和依托于物质实体上的权益。我国台湾地区有关规定："称不动产者，谓土地及其定着物。不动产之出产物，尚未分离者，为该不动产之部分。"

我国教科书中对不动产也有相似的定义。在金俭等编写的《中国不动产物权法：原理·规则·适用》书中认为，不动产是指位置不能移动或者移动位置后会引起性质、形状改变或降低其价值的财产。在牛建高主编的《不动产投资分析》一书中认为不动产是相对于动产而言的，它强调的是财产和权利载体在地理位置上的相对固定性（非移动性），具体是指土地以及建筑物等土地定着物，是实物、权益、区位三者的综合体，具有自然和经济双重属性。

2016年1月1日，我国国土资源部令第63号公布实施《不动产登记暂行条例实施细则》（以下简称《条例》），其中规定：房屋等建筑物、构筑物和森林、林木等定着物应当与其所依附的土地、海域一并登记，保持权利主体一致。《条例》规定的不动产单元，是指具有房屋等建筑物、构筑物以及森林、林木定着物的土地、海域权属界线封闭的独立使用价值空间，包括没有建筑物、构筑物、森林、林木定着物的空间。定着物中的房屋是指土地（海域）上的建筑物、构筑物，包括独立成栋、有固定界限的封闭空间，以及区分幢、层、套、间等可以独立使用、有固定界限的封闭空间。这里的海域原意是指包括水上、水下在内的一定海洋区域，是"海的区域"的简称。《海域使用管理法》规定海域指的是，中华人民共和国内水、领海的水面、水体、海床和底土。海域中的内水，是指中华人民共和国领海基线向陆地一侧至海岸线的海域。

综上所述，所谓不动产是指土地、海域以及房屋、林木等定着物。定着物是指固定于土地（海域）并不能移动的房屋、森林、林木等有独立使用价值的物。这里的土地一般认为，是地球表层的陆地部分（包括内陆水域和沿海滩涂）及其以上一定高度和以下一定深度范围内的土壤、岩石、大气、水文和植被所组成的自然资源综合体。不动产包括土地、房屋、林木、矿藏、海域等多种类型，但处于基础性地位的是土地。

1.1.2 不动产的特征

1. 自然特性

（1）不可移动性，又称位置固定性，即地理位置固定。在交易市场中，流动的不是土地或房屋实体，而是相关的权益（或权利）；

（2）个别性，也称独特性、异质性、独一无二，包括位置差异、利用程度差异、权利差异；

（3）耐久性，又称为寿命长久，土地不因使用或放置而损耗、毁灭，且增值。我国土地有使用年限；

（4）数量有限性，又称供给有限，土地总量固定有限，经济供给有弹性。

2. 社会经济特性

不动产的社会经济特性体现人们之间的社会关系和经济关系的特性。

（1）价值量大：与一般物品相比，不动产不仅单价高，而且总价大。

（2）用途多样性：也称用途的竞争、转化及并存的可能性，主要指空地所具有的特性。从经济角度土地利用的优先顺序：商业、办公、居住、工业、耕地、牧场、放牧地、森林、不毛荒地。

（3）涉及广泛性：又称相互影响，不动产涉及社会多方面，容易对外界产生影响。在经济学中称为外部性，分为正的外部性、负的外部性。

（4）权益受限性：由涉及广泛性引起。政府主要通过设置管制权、征收权、征税权和充公权四种特权进行管理。

（5）难以变现性：也称为变现力弱、流动性差，主要由价值高、不可移动、易受限制性等造成。影响变现的因素主要有不动产的通用性、独立使用性、价值量、可分割性、开发程度、区位市场状况等。

（6）保值增值性：增值指不动产由于面积不能增加、交通等基础设施不断完善、人口增加等，其价值随着时间推移而增加。保值是指不动产能抵御通货膨胀。

1.2 不动产权利

不动产权利，由不动产权利人依法享有，出自《不动产登记暂行条例》。

1.2.1 不动产所有权

所有权，是指所有权人依法对自己的财产享有的占有、使用、收益和处分的权利，它是最为重要的物权形式。所有权是最重要的物权与财产权，它是交易发生的前提，也是交易追求的结果。

1.2.1.1 土地所有权

土地所有权是指土地所有人在法律规定的范围内占有、使用和处分土地，并从土地上获得利益的权利。一般来说，土地所有权属于财产所有权的范畴。

土地所有权内容包括对土地的占有、使用、收益和处分四项权能，同时对土地所有者及其代表行使权利有三条重要的限制：

（1）土地所有者及其代表行使权利不得违反法律、行政法规规定的义务；

（2）土地所有者及其代表不得违反其与土地使用者签订的土地使用权出让合同或者土地承包合同中约定的义务；

（3）土地所有权禁止交易。

我国土地管理法规定：城市市区的土地属于国家所有；农村和城郊的土地，除法律规定属于国家所有外，属于农民集体所有；宅基地、自留山，属于农民集体所有。

我国土地所有权分为国家土地所有权和集体土地所有权，自然人不能成为土地所有权的主体。中华人民共和国是国家土地所有权的统一和唯一的主体，由其代表全体人民对国有土地享有独占性支配的权利。《中华人民共和国土地管理法》第九条规定："城市市区的土地属于国家所有。农村和城市郊区的土地，除由法律规定属于国家所有的以外，属于农民集体所有；宅基地和自留地、自留山，属于农民集体所有。"

集体土地所有权是由各个独立的集体组织享有的对其所有的土地的独占性支配权利。根据《中华人民共和国土地管理法》第十一条的规定："农民集体所有的土地依法属于村农民集体所有的，由村集体经济组织或者村民委员会经营、管理；已经分别属于村内两个以上农村集体经济组织的农民集体所有的，由村内各该农村集体经济组织或者村民小组经营、管理；已经属于乡（镇）农民集体所有的，由乡（镇）农村集体经济组织经营、管理。"

1.2.1.2 房屋所有权

中国房屋所有权是指以房屋为其标的物，它是房屋所有人独占性地支配其所有的房屋的权利。房屋所有人在法律规定的范围内，可以对其所有的房屋进行占有、使用、收益、处分，并可排除他人的干涉。

在中国，根据房屋坐落的位置不同，可以把房屋分为城镇房屋和农村房屋。城镇房屋是指坐落于城市（直辖市、地级市、县级市）、县城、建制镇和工矿区的房屋；农村房屋是指坐落在农村（包括未设建制的村镇）的房屋。

1.2.1.3 建筑物所有权

1. 建筑物区分所有权的概念

建筑物区分所有权是我国国民法典规定的不动产所有权一种形态。建筑物区分所有权是指，权利人即业主对于一栋建筑物中自己专有部分的单独所有权、对共有部分的共有权以及因共有关系而产生的管理权的结合。

区分规定及条件：

建筑物区分所有权将建筑物的特定部分作为所有权的标的，严格而言，与物权客体须为独立物以及一物一权主义原则不相符合。但是依社会观念，建筑物区分为若干部分，各有该部分的所有权，应为常有之事；而且这样也不妨碍物权的公示，无害于交易安全。基于物权课题的独立性原则，区分所有的特定部分，需具备一定条件，才可以作为建筑物区分所有的客体。这些条件有：

（1）须具有构造上的独立性，即被区分的部分在建筑物的构造上，可以加以区分并与建筑物的其他部分隔离。至于是否具有足够的独立性，应依一般的社会观念确定。例如，一个住宅单元通过固定的楼板、墙壁与其他单元相隔离，成为独立的住宅单元，其内再以屏风分隔成数个部分的，即不具有构造上的独立性。

（2）须具有使用上的独立性，即被区分的各部分，可以为居住、工作或其他目的而使用。其主要的界定标准，应为该区分的部分有无独立的出入门户。如果该区分部分必须利用相邻的门户方能出入的，即不具有使用上的独立性。

2. 建筑物区分所有权的内容

建筑物区分所有权的内容，包括区分所有建筑物专有部分的单独所有权、共有部分的共有权，以及因区分所有权人的共同关系所生的管理权。

建筑物区分所有权分类：

（1）专有部分的单独所有权。

专有部分是在一栋建筑物内区分出的住宅或者商业用房等单元。该单元须具备构造上的独立性与使用上的独立性。

业主对其专有部分享有单独所有权，即对该部分为占有、使用、收益和处分的排他性的支配权，性质上与一般的所有权并无不同。但此项专有部分与建筑物上其他专有部分有密切的关系，彼此休戚相关，具有共同的利益。因此区分所有权人就专有部分的使用、收益、处分不得违反各区分所有权人的共同利益。例如，就专有部分的改良、使用，足以影响区分所有建筑物的安全时，不得自行为之。再如，就专有部分为保存、改良或管理的必要时，有权使用他人的专有部分。

业主不得违反法律、法规以及管理规约，将住宅改变为经营性用房。业主将住宅改变为经营性用房的，除遵守法律、法规及管理规约外，应当经有利害关系的业主同意。

（2）共有部分的共有权。

共有部分是指区分所有的建筑物及其附属物的共同部分，即专有部分以外的建筑物的其他部分。共有部分既有由全体业主共同使用的部分，如地基、屋顶、梁、柱、承重墙、外墙、地下室等基本构造部分，楼梯、走廊、电梯、给排水系统、公共照明设备、贮水塔、消防设备、大门、通信网络设备以及物业管理用房等公用部分，道路、停车场、绿地、树木花草、楼台亭阁、游泳池等附属公共设施；也有仅为部分建业主共有的部分，如各相邻专有部分之间的楼板、隔墙，部分业主共同使用的楼梯、走廊、电梯等。

《中华人民共和国民法典》（以下简称《民法典》）规定，建筑区划内的道路，属于业主共有，但是属于城镇公共道路的除外。建筑区划内的绿地，属于业主共有，但是属于城镇公共绿地或者明示属于个人的除外。建筑区划内的其他公共场所、公用设施和物业服务用房，属于业主共有。建筑区划内，规划用于停放汽车的车位、车库的归属，由当事人通过出售、附赠或者出租等方式约定。占用业主共有的道路或者其他场地用于停放汽车的车位，属于业主共有。建筑区划内，规划用于停放汽车的车位、车库应当首先满足业主的需要。

（3）业主的管理权

基于区分所有建筑物的构造，业主在建筑物的权利归属以及使用上形成了不可分离的共同关系，并基于此而享有管理权。该管理权的内容为：

第一，业主有权设立业主大会并选举业主委员会。地方人民政府有关部门应当对设立业主大会和选举业主委员会给予指导和协助。为管理区分所有的建筑物，业主可以设立业主大会，选举业主委员会。业主大会或者业主委员会的决定，对业主具有约束力。业主大会或者业主委员会作出的决定侵害业主合法权益的，受侵害的业主可以请求人民法院予以撤销。

第二，业主有权决定区分建筑物相关事项。下列事项由业主共同决定：

（1）制定和修改业主大会议事规则。

（2）制定和修改建筑物及其附属设施的管理规约。

（3）选举业主委员会或者更换业主委员会成员。

（4）选聘和解聘物业服务企业或者其他管理人。

（5）筹集和使用建筑物及其附属设施的维修资金。

（6）改建、重建建筑物及其附属设施。

（7）有关共有和共同管理权利的其他重大事项。决定前款第（5）项和第（6）项规定的事项，应当经专有部分占建筑物总面积三分之二以上的业主且占总人数三分之二以上的业主同意。决定前款其他事项，应当经专有部分占建筑物总面积过半数的业主且占总人数过半数的业主同意。

建筑物及其附属设施的维修资金，属于业主共有。经业主共同决定，可以用于电梯、水箱等共有部分的维修。维修资金的筹集、使用情况应当公布。建筑物及其附属设施的费用分摊、收益分配等事项，有约定的，按照约定；没有约定或者约定不明确的，按照业主专有部分占建筑物总面积的比例确定。

业主可以自行管理建筑物及其附属设施，也可以委托物业服务企业或者其他管理人管理。对建设单位聘请的物业服务企业或者其他管理人，业主有权依法更换。

物业服务企业或者其他管理人根据业主的委托管理建筑区划内的建筑物及其附属设施，并接受业主的监督。

业主应当遵守法律法规以及管理规约。业主大会和业主委员会，对任意弃置垃圾、排放污染物或者噪声、违反规定饲养动物、违章搭建、侵占通道、拒付物业费等损害他人合法权益的行为，有权依照法律、法规以及管理规约，要求行为人停止侵害、消除危险、排除妨害、赔偿损失。业主对侵害自己合法权益的行为，可以依法向人民法院提起诉讼。

1.2.2 土地使用权

土地使用权，是指单位或者个人依法或依约定，对国有土地或集体土地所享有的占有、使用、收益和有限处分的权利。

国有土地使用权是指国有土地的使用人依法利用土地并取得收益的权利。国有土地使用权的取得方式有划拨、出让、出租、入股等。有偿取得的国有土地使用权可以依法转让、出租、抵押和继承。划拨土地使用权在补办出让手续、补缴或抵交土地使用权出让金之后，才可以转让、出租、抵押。

农民集体土地使用权是指农民集体土地的使用人依法利用土地并取得收益的权利。农民集体土地使用权可分为农用土地使用权、宅基地使用权和建设用地使用权。

农用地使用权是指农村集体经济组织的成员或者农村集体经济组织以外的单位和个人从事种植业、林业、畜牧业、渔业生产的土地使用权。

宅基地使用权是指农村村民住宅用地的使用权。

建设用地使用权是指农村集体经济组织兴办乡（镇）企业和乡（镇）村公共设施、公益事业建设用地的使用权。按照《中华人民共和国土地管理法》的规定，农用地使用权通过发包方与承包方订立承包合同取得。宅基地使用权和建设用地使用权通过土地使用者申请，县级以上人民政府依法批准取得。

根据《中华人民共和国土地管理法》《中华人民共和国土地登记办法》的相关规定，土地使用类型只有土地划拨和土地出让两种形式。

1. 划拨土地使用权

划拨土地使用权是指经县级以上人民政府依法批准，在土地使用者缴纳补偿、安置等费用后，取得的国有土地使用权，或者经县级以上人民政府依法批准后无偿取得的国有土地使用权。由此可见，划拨土地使用权有两种基本形式。

（1）经县级以上人民政府依法批准，土地使用者缴纳补偿、安置等费用后取得的国有土地使用权。这种划拨土地使用权有两个显著特征：一是土地使用者取得土地使用权必须经县级以上人民政府依法批准，二是土地使用者取得土地使用权必须缴纳补偿、安置等费用。

（2）经县级以上人民政府依法批准后，土地使用者无偿取得的土地使用权。这种划拨土地使用权也有两个显著特征：一是土地使用者取得土地使用权必须经县级以上人民政府依法批准，二是土地使用者取得土地使用权是无偿的，也就是说无须缴纳任何费用、支付任何经济上的代价。

2. 出让土地使用权

出让土地使用权是指国家以土地所有者的身份将国有土地使用权在一定年限内让与土地使用者。由土地使用者向国家支付土地使用权出让金后取得的土地使用权。取得出让土地使用权有以下几个特征：（1）取得的土地使用权是有偿的。土地使用者取得一定年限内的土地使用权应向国家支付土地使用权出让金。国家凭借土地所有权取得的土地经济效益，表现为一定年期内的地租，一般以土地使用者向国家支付一定数额的货币为表现形式。（2）取得的土地使用权是有期限的。土地使用者享有土地使用权的期限以出让年限为限。出让年限由出让合同约定，但不得超过法律限定的最高年限。（3）取得的土地使用权是一种物权。土地使用权出让是以土地所有权与土地使用权分离为基础的。土地使用权出让后，在出让期限内受让人实际享有对土地占有、使用、收益和处分的权利，其使用权在使用年限内可以依法转让、出租、抵押或者用于其他经济活动，合法权益受国家法律保护。土地使用权出让的形式有三种，即协议出让、招标出让和拍卖出让。

土地征收是指国家为了社会公共利益的需要，依据法律规定的程序和批准权限，并依法给予农村集体经济组织及农民补偿后，将农民集体所有土地变为国有土地的行为。土地征收指国家依据公共利益的理由，强制取得民事主体土地所有权的行为。我国土地征收的前提是为公共利益。

1.2.3 土地承包经营权

土地承包经营权，是指承包农户以从事农业生产为目的，对集体所有或国家所有的由农民集体使用的土地进行占有、使用和收益的权利。在土地利用过程中，土地承包经营权人应当维持土地的农业用途，不得用于非农建设，禁止占用耕地建窑、建坟或者擅自在耕地上建房、挖砂、采石、采矿、取土等，禁止占用基本农田发展林果业和挖塘养鱼。

《中华人民共和国民法典》第三百三十一条规定：土地承包经营权人依法对其承包经营的耕地、林地、草地等享有占有、使用和收益的权利，有权从事种植业、林业、畜牧业等农业生产。

第三百三十二条规定：耕地的承包期为三十年。草地的承包期为三十年至五十年。林地的承包期为三十年至七十年。

前款规定的承包期限届满,由土地承包经营权人依照农村土地承包的法律规定继续承包。

1.2.4 林　权

林权是指一定社会主体对一定森林、林地、林木所享有的所有权、使用权、经营权或一定权益组合。中国森林主要属于国家所有和集体所有。机关、团体、部队、学校、厂矿、农场、牧场等单位,在当地人民政府指定的地方种植的树木,归种植单位所有。全民所有制单位营造的林木,由营造单位按照国家规定支配林木收益。集体所有制单位营造的林木,归该集体所有。农民在房前屋后、自留地、自留山和集体组织指定的地方种植的树木,归农民个人所有。集体或者个人承包全民所有和集体所有的宜林荒地造林,承包合同另有规定的,按照合同规定执行。国家所有、集体所有的山林树木,或个人所有的林木和使用的林地,以及其他部门、单位的林木,由县或县以上人民政府颁发林权证书,登记造册,确定和保障其所有权。

1.2.5 海域使用权

伴随科学技术的进步和人类支配海洋能力的增强,海洋在人类生存和发展上已经占有越来越重要的地位。1982年《联合国海洋法公约》确认了沿海国对于海洋享有的各项权利,其中包括对于内水和12海里(约22.22千米)领海享有与土地一样的主权权利,以及对于200海里(370.4千米)的专属经济区和大陆架享有的管辖权利。该公约1994年生效,我国1996年批准了该公约,因而增加了约38万平方千米的蓝色国土。虽然相比陆地面积的总量,增加的海域面积相对值并不大。但是,近代经济是围绕海洋发展起来的,绝大多数重要城市都集中在海洋沿岸,海域所具有的辐射效应,使得它的实际价值远比增加38万平方千米的面积更为重要。海域产权制度是海域利用的基础,也是沿海经济的重要支柱,它已经成为各国普遍关注的重点。我国财政部与国家海洋局于1993年联合发布了《国家海域使用管理暂行规定》,初步确立了海域使用证和海域使用金制度。在前述规章基础上,2002年制定《海域使用管理法》,该法参照土地使用管理的经验,以海域使用权制度为核心,确立了海域使用总体规划、海域有偿使用、海域使用论证等海域使用管理制度。2020年,《中华人民共和国民法典》第三百二十八条:依法取得的海域使用权受法律保护。除此之外,出于管理需要,还出台了一系列行政规章和政府管理文件。以海域使用权为基础的海域使用管理制度已经初步确立。由于海域使用权制度是我国首创,其他国家尚无先例,尚有许多问题值得研究。

1.2.6 抵押权

抵押权,是指债权人对于债务人或第三人提供的、不移转占有而作为债务履行担保的财产,在债务人不履行债务或发生当事人约定的实现抵押权的情形时,可就该财产折价或者就拍卖、变卖该财产的价款优先受偿的权利。在抵押法律关系中，享有抵押权的人为抵押权人（亦即债权人），提供抵押财产的人为抵押人，供作担保的财产称为抵押财产。

《中华人民共和国民法典》规定，债务人或者第三人有权处分的下列财产可以抵押：
（一）建筑物和其他土地附着物；
（二）建设用地使用权；
（三）海域使用权；
（四）生产设备、原材料、半成品、产品；
（五）正在建造的建筑物、船舶、航空器；
（六）交通运输工具；
（七）法律、行政法规未禁止抵押的其他财产。

1.2.7 地役权

地役权，是按照合同约定利用他人的不动产以提高自己不动产效益的权利。在地役权法律关系中，为自己不动产的便利而使用他人不动产的一方当事人称为地役权人，也叫需役地人，将自己的不动产提供给他人使用的一方当事人称为供役地人。因使用他人不动产而获得便利的不动产为需役地，为他人不动产的便利而供使用的不动产为供役地，即他人的不动产为供役地，自己的不动产为需役地。

地役权的基本内容是，地役人有权按照合同约定，利用供役地人的土地或者建筑物，以提高自己的需役地即土地或者建筑物的效益。

1.2.8 不动产权利登记类型

我国《不动产登记暂行条例》明确规定，下列10类不动产权属纳入登记：
（1）集体土地所有权；
（2）房屋等建筑物、构筑物所有权；
（3）森林、林木所有权；
（4）耕地、林地、草地等土地承包经营权；
（5）建设用地使用权；
（6）宅基地使用权；
（7）海域使用权；
（8）地役权；
（9）抵押权；
（10）法律规定需要登记的其他不动产权利。

《中华人民共和国民法典》第二百一十四条：不动产物权的设立、变更、转让和消灭，依照法律规定应当登记的，自记载于不动产登记簿时发生效力。

1.3 不动产权籍调查

1.3.1 不动产权籍调查背景

现行《中华人民共和国测绘法》第四章第十八条、十九条、二十条明确了与不动产登记密切相关的地籍测绘、权属测绘、房产测绘制度，并对市场准入作出了规定。2007 年《中华人民共和国物权法》提出当事人申请登记，应当根据不同登记事项提供权属证明和不动产界址、面积等必要材料。《测绘资质管理规定》《测绘资质分级标准》中，明确不动产测绘资质业务范围。2001 年施行的《房产测绘管理办法》，对用于房屋权属登记的房产测绘进行了规范。2008 年施行的《土地登记办法》和《房屋登记办法》两部部门规章，明确土地登记和房屋登记中，应当提交地籍调查表，宗地图及宗地界址坐标或者房屋测绘报告。2000 年《林木和林地权属登记管理办法》规定林权登记申请需要提供申请登记的森林、林木和林地位置、四至界限、林种、面积或者株数等数据资料。2007 年《海域使用权管理规定》和《海域使用权登记办法》、2011 年原国土资源部等四部门《关于农村集体土地确权登记发证的若干意见》、2012 年原农业部《农村土地承包经营权登记试点工作规程（试行）》规定申请海域使用权和集体土地所有权、农地承包经营权登记，需要提交相关海域或权属界线、地块的测绘成果。2015 年 5 月原国土资源部颁布了《不动产权籍调查技术方案（试行）》，对不动产测量执行现行技术规范、精度指标、工作方法等作统一的要求。

由于长期以来不动产登记分散在各部门，相应的基础性权籍调查工作也由各类不动产行政主管部门按照单一部门规范负责组织实施。根据原国土资源部下发的《不动产权籍调查技术方案（试行）》，在过渡期内，不动产测绘仍然施行"多规并行"。现行的房产测绘主要依据《房产测绘管理办法》《房产测量规范》，各省也都有房产测绘管理办法的细则；土地测量则依据《地籍测绘规范》《1：500、1：1000、1：2000 外业数字测图技术规程》《城市测量规范》等。但这些规范制定的时间不同，测绘标准和技术规范往往兼顾不同部门的实际情况制定，根据各部门管理和各类不动产登记需要测绘、调查的内容各有侧重，无法完全满足不动产统一登记的要求，迫切需要制定统一的标准规范。

建立和实施不动产统一登记制度是一项重大的改革任务和系统工程，是党中央、国务院作出的重大战略部署，它具有保障不动产权利人的合法权益、维护不动产交易秩序等重要功能，社会影响广泛而深远。《民法典》第二百一十一条规定：当事人申请登记，应当根据不同登记事项提供权属证明和不动产界址、面积等必要材料，再次明确了不动产测绘的地位和作用。

我国相关部门已经开始研究编制相应的不动产测绘技术规范和标准，对当前不动产测绘基础控制测量、界址测量、图件测制、面积计算等使用相关测绘技术方法、精度指标、空间坐标系等进行统一修订完善，实现与不动产产权产籍调查规范的统一。

解决不动产权属界线在数据整合过程中一致性,从而达到保护不动产物权,确保不动产登记平稳过渡。加强地理国情普查与监测、数字城市(智慧城市)建设等工作与不动产测绘在任务内容、技术规范、成果应用等方面的衔接,形成相互支撑、互为促进的新型业务格局。

1.3.2 不动产统一登记

目前我国不动产测绘主要分为地籍测绘和房产测绘两个方向,这跟我国不动产测绘的发展过程密不可分。

地籍是记载有关土地的权属、位置、数量、质量、价值、利用等基本状况的图簿册及数据。地籍工作的初始阶段,对某行政辖区内全部土地进行全面调查后,建立的新的土地清册(不是指历史上的第一本簿册)完成了初始地籍工作。后来为了保证土地及其附着物的权属、位置、数量、质量和利用状况的变化,以初始地籍为基础进行修正、补充和更新,构建了日常地籍。如果只有初始地籍而没有日常地籍,地籍将逐步陈旧,变为历史资料,缺乏现势性,失去其使用价值。

我国近三十年来房地产事业蓬勃发展,随之诞生了房产测绘这项工作。房地产测绘是专业测绘中的一个很具有特点的分支。它是进行房屋及房屋用地面积分摊,也就是说,房地产测绘就是运用测绘仪器、测绘技术、测绘手段来测定房屋、土地及其房地产的自然状况、权属状况、位置、数量、质量以及利用状况的专业测绘。

我国不动产登记过去存在多部门登记发证的情况。从表1-3-1可以看到,不同的部分对不动产调查基本单位、作业依据和规程规范都有不同。因此,2014年11月24日,国务院总理李克强签署第656号国务院令,公布《不动产登记暂行条例》,自2015年3月1日起施行。建立统一的信息平台是《不动产登记暂行条例》的明确要求,是落实不动产登记制度的重要技术支撑,是保障交易安全和实现信息共享的重要手段,对于规范开展不动产登记业务,促进职责机构整合和工作流程再造,提升管理能力和治理水平,强化产权保护和便民利民具有重要意义。2020年6月颁布的《民法典》第二百一十条规定:不动产登记,由不动产所在地的登记机构办理。国家对不动产实行统一登记制度。统一登记的范围、登记机构和登记办法,由法律、行政法规规定。

表1-3-1 过去多部分发证情况

	国土部门	房产部门	林业部门	农业部门	海洋部门
调查内容	地籍调查(包括农村土地所有权,宅基地使用权等)	房产调查	林权调查	土地承包经营权调查	海籍调查、无居民海岛调查
调查基本单位	宗地	幢、户(丘)	林班、小班	承包地块	宗海用岛区块
依据规范	《地籍调查规程》	《房产测量规范》《城市测量规范》	《森林资源规划设计调查技术规程》	《农村土地承包经营权调查规程》	《海籍调查规范》《无居民海岛使用测量规范》

续表

	国土部门	房产部门	林业部门	农业部门	海洋部门
数据库规范	《城镇地籍数据库标准》《土地利用数据库标准》		《森林资源数据库建设技术规范》	《农村土地承包经营权确权登记数据库规范》	

不动产统一登记，以地籍调查为基础，以宗地为依托，稳妥有序地组织开展土地、海域以及房屋、林木等定着物的权属调查和测量工作，避免因调查基础不一而可能导致的权力交叉、重叠、信息不对称等问题，依法保护权利人的合法权益。

以现有地籍调查成果为依据，充分利用房屋、林木等各类不动产调查、登记、审批、交易等资料，开展不动产权籍调查。

1.3.3 不动产权籍调查的路线与方法

1.3.3.1 不动产权籍调查的概念

不动产权籍：记载不动产的权属、位置、界址、面积、用途、等级和价格等的表卡簿册证、图件和数据的总称。

不动产权籍调查以宗地、宗海为单位，查清宗地、宗海及其房屋、林木等定着物组成的不动产单元状况，包括宗地信息、宗海信息、房屋（建、构筑物）信息、森林和林木信息等。

以地（海）籍调查为基础，以宗地（海）为依托，以满足不动产登记要求为出发点，充分利用已有不动产权籍调查、登记以及前期审批、交易、竣工验收等成果资料，采用已有集体土地所有权地籍图、城镇地籍图、村庄地籍图、海籍图、地形图、影像图等图件做工作底图，通过内外业核实、实地调查测量的方法，完成不动产权属调查和不动产测量等工作。

海籍是指记载各项目用海的位置、界址、权属、面积、类型、用途、用海方式、使用期限、海域等级、海域使用金征收标准等基本情况的簿册和图件。

1.3.3.2 调查的基本方法

（1）不动产单元的设定与编码。

（2）不动产权属调查。采用内外业核实和实地调查相结合的方法开展不动产权属调查，查清不动产单元的权属状况、界址、用途、四至等内容，确保不动产单元权属清晰、界址清楚、空间相对位置关系明确。

（3）不动产测量。统筹考虑基础条件、工作需求、经济可行性和技术可能性，在确保不动产权益安全的前提下，依据不动产的类型、位置和不动产单元的构成方式，因地制宜，审慎科学地选择符合本地区实际的不动产测量方法，确保不动产单元的界址清楚、面积准确。

1.3.3.3　调查的原则

1. 统一基础，做好调查工作的有效衔接

坚持已有地籍调查成果作为调查衔接的主要依据。

各地要按照不动产登记的总体要求，以现有地籍调查成果为依据，充分利用房屋、林木等各类不动产调查、登记、审批、交易等资料，开展日常不动产权籍调查。

权籍调查完成后，要和已有的地籍图、宗地图等地籍成果进行有效衔接，核实权籍调查结果，适时更新地籍图，满足不动产统一登记的需要。

申请办理不动产转移、变更登记时，如宗地界址等未发生变化的，原有调查结果继续有效。

2. 多规并行，保持调查工作的连续稳定

（1）坚持已有地籍调查成果作为调查衔接的主要依据。

各地要按照不动产登记的总体要求，以现有地籍调查成果为依据，充分利用房屋、林木等各类不动产调查、登记、审批、交易等资料，开展日常不动产权籍调查。

权籍调查完成后，要和已有的地籍图、宗地图等地籍成果进行有效衔接，核实权籍调查结果，适时更新地籍图，满足不动产统一登记的需要。

申请办理不动产转移、变更登记时，如宗地界址等未发生变化的，原有调查结果继续有效。

（2）继续沿用现行各类标准。

继续执行现行的《地籍调查规程》《海籍调查规范》《无居民海岛使用测量规范》《房产测量规范》《森林资源规划设计调查技术规程》等标准规范。

涉及土地、海域的调查，按照《地籍调查规程》《海籍调查规范》等标准开展；涉及房屋等建（构）筑物的调查，按照《房产测量规范》等标准实施；其他不动产权籍调查，依据相关标准和规定实施。

过渡期间，涉及耕地承包经营权的权籍调查，继续按照农业部门相关标准规定实施。

（3）协调一致避免现行调查标准间的技术差异。

现行不动产权籍调查标准在数学基础、精度要求等方面存在差异，对于不一致的，原则上以《不动产权籍调查技术方案》的要求为准。

在同一县级行政区域内，宜采用与地籍图相一致的坐标系统和投影方法开展调查。

同一不动产权籍要素，调查精度要求不一致的，原则上以精度要求高的规定为准。

3. 规范调查，坚持调查工作便民、利民

实施一体化调查。应以不动产单元为基本单位，在地（海）籍调查的基础上，一并开展土地、海域以及房屋、林木等定着物的权属调查和测量。

一个不动产单元的权籍调查事项应由一家调查机构主导完成。

合理确定调查内容。依据《不动产登记暂行条例》，不动产权籍调查应以不动产登记申请人申请登记的不动产单元为对象，遵循"权属清楚、界址清晰、面积准确"的原则，根据申请调查或登记的不动产权利类型，合理确定不动产权籍调查的内容，包括土地、海域、房屋、森林和林木等。

4. 严格要求，规范调查成果

建立不动产权籍调查数据库和管理系统。

以现有的地籍数据库为基础，建立不动产权籍调查数据库和管理系统，实现对不动产权籍调查成果的图形、属性、档案等信息的一体化存储、管理与应用。

结合日常不动产登记等业务对数据库进行及时更新和系统维护升级，满足不动产权籍调查的信息共享和成果应用。

不动产权籍调查数据库应当接入不动产登记信息管理基础平台，与不动产登记属性信息相关联。

5. 强化组织管理，保障调查工作的顺利实施

加强组织领导，协同做好不动产权籍调查工作，全力保障不动产登记工作的开展。

省级：权籍调查组织领导和指导监督；

市县级：制定工作方案和实施细则，组织做好本地区不动产权籍调查工作。

明确机构和人员：

由现有土地、房屋等各类不动产权籍调查机构承担。

调查机构应按照方案要求开展调查工作，提交调查成果。

继续保持现有各类不动产权籍调查人员、队伍和管理体制不变，通过系统业务培训，使得现有各类不动产权籍调查人员、机构能够逐步综合承担不动产权籍调查工作——一项权籍调查事项由一家调查机构主导完成，建立"一站式服务、全程负责"的工作机制，更好地服务不动产权利人和行政职能部门。

思考题

1. 什么是不动产？
2. 我国土地所有权的特点是什么？
3. 不动产统一登记的必要性是什么？
4. 不动产统一登记登记类型有哪些？

2 地籍控制测量

项目引入

某县城位于县域中部，属丘陵地形，地势西高东低，相对高差 50 m 左右，城区面积约 12 km。根据《城镇地籍更新调查技术规程》调查区面积小于 60 km 的，布设 E 级 GPS 网作为首级控制网即可。本次城镇地籍调查任务是建立 D 级 GPS 控制网作为该县城区的首级控制网。该控制网建成后，不但可为城镇地籍更新调查服务，还能构成该县城区控制的基本技术框架，继续为今后该县城区建设服务。加密控制网采用 E 级 GPS 测量和二级导线 2 种形式。因该县城区面积较小，在进行 E 级 GPS 网加密后，考虑到 E 级 GPS 点间距较小，为了后续地籍测量的实用、方便起见，不再布设一级导线而直接布设二级导线。

本次建立 D 级 GPS 控制网是在该市 C 级 GPS 网的基础上进行的，建立 4 个 D 级 GPS 点，然后在 D 级 GPS 点的基础上，布设 40 个 E 级 GPS 点。因 E 级 GPS 点个数相对 D 级 GPS 点较多，且实测方法基本一致。

2.1 地籍控制测量概述

地籍控制测量是地籍图件的数学基础，关系到界址点精度的带有全局性的技术环节，是整个地籍测量的前导步骤，进行地籍细部测量之前所做的一项基本工作。地籍控制测量的质量，直接影响地籍信息的采集，同时影响地籍要素和界址点的测量精度。建立一个质量良好、稳定可靠的地籍控制网，是建立和不断完善整个地籍系统的基础，重要性不言而喻。

与地形图测绘布设的控制点不同，地籍控制点在满足测绘地籍图需要的同时，还要以厘米级的精度满足城镇土地权属界址点坐标的测定，和地籍日常变更测量的需求。因此，地籍控制测量具有地形控制测量的主要特点，又在质和量上有所区别。

2.1.1 地籍控制测量的分类

地籍控制测量是根据界址点和地籍图的精度要求，视测区范围的大小、测区内现存控制点数量和等级等情况，按地籍控制测量的基本原则和精度要求进行技术设计、选点、埋石、野外观测、数据处理等测量工作。

按照精度高低，地籍控制测量分为地籍基本控制测量和地籍图根控制测量。前者建立地籍首级控制网，后者建立地籍图根控制网，两者共同构成测区控制网的两个层次。这样，既保证测区控制点精度分布均匀，又满足测区设站的实际与要求。

按照区域大小，地籍控制测量可分为国家控制测量和城镇控制测量。国家控制网是在全国范围内布设的控制网，是全国各种比例尺（包括地籍图）的基本控制。城镇控制网是在某个城市范围内布设的控制网。

按照工作任务，地籍控制测量还分为地籍平面控制测量和高程控制测量。对地籍测量来说，通常只对测区建立平面控制，仅在山区和丘陵地区才实施高程控制测量。

2.1.2 地籍控制测量的原则

地籍测量和一般测量工作的施测一样，也必须遵循"先整体后局部""先控制后碎部"的原则，首先应该开展地籍控制测量。地籍控制点是进行地籍测量和地籍图绘制的依据。进行地籍控制测量工作时，必须遵循从整体到局部、由高级到低级分级控制（或越级布网）的原则，各等级控制网的布设应遵循"从整体到局部、分级布网"的原则。

地籍首级平面控制网点基本控制测量可采用传统的三角网（锁）、测边网、导线网和 GNSS 静态相对定位测量网进行施测，施测的地籍基本控制网点分为一、二、三、四等和一、二级。精度高的网点可作精度低的控制网的起算点。在等级地籍基本控制测量的基础上，地籍图根控制测量主要采用导线网和 GNSS 相对定位测量网施测，施测的地籍图根控制网点分为一、二级。

2.1.3 地籍控制测量的特点

地籍控制测量除具有一般地形控制测量的特点之外，无论在精度要求还是密度要求上都有别于地形控制测量。

（1）地籍测量的图件成果要求比例尺度比较大（1∶500～1∶2000），为了保证界址点和图面地籍元素的精度要求，进行平面控制时，精度要求都比较高。对于地籍元素之间的相对误差也较严格，比如相邻界址点间距误差、界址点相对于邻近地物点的间距误差不超过 0.3 mm。这就对平面控制点的精度有较高的要求。

（2）地籍首级平面控制网点的等级分为三、四等或 D、E 级和一、二级，主要采用 GNSS 静态相对定位建立地籍首级平面控制网；一、二级地籍平面控制网也可采用导线测量方法施测；地籍图根控制网点可采取 RTK、GNSS 快速静态定位模式或导线测量方式。如果城市区域内街巷交错，房屋高耸、密集，一般采用导线测量建立平面控制网。

（3）《地籍调查规程》（TD/T 1001—2012）中明确规定，界址点的点位中误差不得超过±5 cm，故高斯投影的长度变形是不可忽视的。在城镇地籍测绘中，若测区位于 3°带边缘时，亦可按照《城市测量规范》（CJJ/J 8—2011）采取适当措施处理。

（4）为满足实地勘测的需要，基本控制和图根控制点应有足够的密度，以便于细部测量要求。

（5）地籍图根控制点的精度与地籍图的比例尺无关，取决于界址点的坐标精度。不同于地形图根控制点精度一般以地形图的比例尺精度来要求（地形图根控制点的最弱点相对于起算点的点位中误差为 0.1 mm×比例尺分母 M），界址点坐标精度通常用实地具体的数值来标定，与地籍图的精度无关。一般地，界址点坐标精度等于或高于其他地籍图的比例尺精度，说明如果地籍图根控制点的精度能满足界址点坐标精度要求，则也满足地籍图测绘的精度要求。

2.1.4 地籍控制测量精度和密度

2.1.4.1 地籍控制测量的精度

地籍控制测量的精度是以界址点的精度和地籍图的精度为依据而制定的。施测方法的不同，造成各等级地籍控制网点的主要技术指标也不尽相同，地籍平面控制网的基本精度应符合以下规定：

（1）四等或 E 级网中最弱边相对中误差不得超过 1/45 000；

（2）四等或 E 级以下网最弱点相对于起算点的点位中误差不得超过±5 cm。

2.1.4.2 地籍控制点埋石密度

地籍测量工作，不仅要测绘地籍图和界址点坐标，同时还要频繁地对地籍资料进行变更，保证地籍资料的现势性。因此，地籍控制点的密度，应与要求的界址点精度、密度，测区的大小以及地籍图的比例尺和成图方式等因素有关，地籍控制点最小密度符合《城市测量规范》(CJJ/T 8—2011)的要求。但是，地籍控制点的密度与测图比例尺无直接关系，原因是在一个区域内，界址点的总数、任务精度和测图比例尺都是固定的，必须优先考虑要有足够的地籍控制点来满足界址点测量的要求，再来考虑测图比例尺所要求的控制点密度。地籍控制点埋石的密度同样遵循以上原则。

为满足日常地籍工作的实施，通常在城镇地区，对一、二级地籍控制点全部埋石。通常情况下，地籍控制网中各点间的平均距离如表 2-1-1 所示。

表 2-1-1　地籍控制网点密度

区域	密度
城镇城区	100～200 m
城镇稀疏建筑区	200～400 m
城镇郊区	400～500 m

需要注意的是，旧城居民区内巷道错综复杂，建筑物数量众多且空间分布无序杂乱，造成界址点施测困难、数量剧增，在这种情况下，只有应适当地增加控制点和埋石的密度和数目，才能满足地籍测量的需求。

2.1.5　地籍测量中常用的坐标系

地籍测量的目的之一是确定土地及附着物的位置，以保护、合理利用国家的土地，保护土地所有者和土地使用者的合法权益。凡是确定地面点位置和空间目标位置的测量工作，都离不开坐标系，地籍测量也是如此。一般情况下，地籍测量和土地资源调查采用国家统一坐标系。

使用国家统一坐标系，让地籍测量不仅为地籍管理工作服务，还为城市空间规划、土地整理、各类工程建设等多途径提供服务，突显了现代地籍的特点。坐标系的统一，也利于地籍图件成果的管理，便于各种比例尺图幅的编绘，增强了地籍成果的通用性，便于成果共享，为土地、规划、房产等部门提供便利，提高效率，节约经费。

目前国家统一坐标系，除了 1954 北京坐标系、西安 80 坐标系以外，还有现在常用的 WGS-84 坐标系和 2000 国家大地坐标系。

1. 1980 年国家大地坐标系

1980 年国家大地坐标系，原点位于我国中部陕西省西安市西北方向约 60 km 处的泾阳县永乐镇境内，简称西安 80 坐标系。它的 Z 轴平行于地球质心指向我国定义的 1968.0 地极原点（JYD）方向，X 轴起始子午面平行于格林尼治平均天文子午面。具体参数如表 2-1-2 所示。

表 2-1-2 1980 年国家大地坐标系参数

坐标系类型	参心坐标系
参考椭球	椭球参数采用1975年第16届国际大地测量与地球物理联合会的推荐值
椭球长半径	$a = 6\ 378\ 140$ m
椭球扁率	$f = 1/298.257$
地球重力场二阶带球谐系数	$J_2 = 1082.63 \times 10^{-6}$
地心引力常数 G_M	$G_M = 3.986\ 005 \times 10^{14}\ \text{m}^3/\text{s}^2$
自转角速度	$\omega = 7.292\ 115 \times 10^{-5}$ rad/s

该坐标系的主要优点是：

（1）地球椭球体采用 1975 年国际大地测量与地球物理联合会推荐参数，更加精确。

（2）椭球定位以我国范围高程异常值平方和最小为原则求解参数，椭球面与我国大地水准面获得了较好的吻合。高程异常平均值由 1954 年北京坐标系的 29 m 减至 10 m，最大值出现在西藏的西南角（+40 m），全国广大地区多数在 15 m 以内。

（3）全国整体平差，消除了分区局部平差对控制的影响，提高了平差结果的精度。

（4）大地原点选择在我国中部，缩短了推算大地坐标的路程，减少了推算误差的积累。

2. WGS-84 坐标系

WGS-84 坐标系（World Geodetic System 1984）是美国根据卫星大地测量数据建立的大地测量基准，是目前 GPS 所采用的坐标系。GPS 卫星发布的星历就是基于此坐标系的，用 GPS 所测的地面点位，如不经过坐标系的转换，也是此坐标系中的坐标。

WGS-84 坐标系的几何意义是：坐标系的原点位于地球质心，Z 轴指向（国际时间局）BIH1984.0 定义的协议地球极（CTP）方向，X 轴指向 BIH 1984.0 的零度子午面和 CTP 赤道的交点，Y 轴通过右手规则确定。具体参数如表 2-1-3 所示。

表 2-1-3 WGS-84 坐标系主要参数

坐标系类型	地心坐标系
参考椭球	椭球参数采用1979年第17届国际大地测量与地球物理联合会推荐值
椭球长半径	$a = 6\ 378\ 137$ m
椭球扁率	$f = 1/298.257\ 223\ 563$
地球重力场二阶带球谐系数	$J_2 = 1\ 082.63 \times 10^{-6}$
地心引力常数 G_M	$G_M = 3.986\ 004\ 418 \times 10^{14}\ \text{m}^3/\text{s}^2$
自转角速度	$\omega = 7.292\ 115 \times 10^{-5}$ rad/s

在现在的工程应用中，WGS-84 坐标系一般出现在 RTK 测量手簿的原始数据坐标

系（未经过坐标转换）、无人机 POS 定位数据的原始坐标系中。

3. 2000 国家大地坐标系

2000 国家大地坐标系（China Geodetic Coordinate System 2000，简称 CGCS2000 坐标）于 2008 年 7 月 1 日全面启用，它是全球地心坐标系在我国的具体体现。其原点为包括海洋和大气的整个地球的质量中心，Z 轴指向 BIH 1984.0 定义的协议极地方向（BIH 国际时间局），X 轴指向 BIH 1984.0 定义的零子午面与协议赤道的交点，Y 轴按右手坐标系确定。

2000 国家大地坐标系的建立，标志着我国测绘科学技术取得了巨大进步，从此进入了一个崭新的发展阶段，体现了世界级的先进水平。2000 国家大地坐标主要参数如表 2-1-4 所示。

表 2-1-4　2000 国家大地坐标系主要参数

坐标系类型	地心坐标系
椭球长半径	$a = 6\ 378\ 137$ m
椭球扁率	$f = 1/298.257\ 222\ 101$
地球重力场二阶带球谐系数	$J_2 = 1\ 082.629\ 832\ 258 \times 10^{-6}$
地心引力常数 G_M	$G_M = 3.986\ 004\ 418 \times 10^{14}$ m^3/s^2
自转角速度	$\omega = 7.292\ 115 \times 10^{-5}$ rad/s

从表 2-1-4 可以看出，WGS-84 坐标系的椭球参数与 CGCS2000 坐标系的椭球参数极为接近，说明两者的同一经纬度坐标，在相同投影方式下的投影坐标几乎一致，仅存在毫米级的差异，在地籍测量的细部测量和土地管理过程中，在当前测量精度的条件下这种差异是可以忽略的。

因此，可以说 WGS-84 坐标系和 CGCS2000 坐标系的坐标是可以等同的，它们的经纬度坐标在不进行参数转换的情况下是一致的。

2.1.6　平面坐标转换

2.1.6.1　坐标转换在地籍测量中的应用范围

坐标转换也称换带计算，是将某点位置从一个坐标系中的坐标转换到另一个坐标系中的换算过程。地籍测量主要选用以高斯-克里格投影（简称高斯投影）为基础建立的平面直角坐标系，称为高斯平面直角坐标系。它的优点是保持小范围内形状与地面相似，其主要缺点是长度会产生变形，而且离中央子午线越远，长度变形会越大。在我国国家坐标系发展的历史上，主要包括 1954 北京坐标系、1980 年国家大地坐标系和如今的 2000 国家大地坐标系，所以，时常会涉及到各个坐标系之间的转换问题。

坐标转换在地籍测量中的应用范围：

（1）在工程应用中，往往要用到相邻带中的点坐标，有时工程测量中要求采用 3°

带、1.5°带或任意带，而国家控制点通常只有6°带坐标，这时就产生了6°带同3°带（或1.5°带、任意带）之间的相互坐标换算问题。

（2）另一种情况是3°带对3°带或1.5°带对1.5°带的坐标变换，例如，当在分带子午线的西带作业时，有时要用到东带已测的地籍控制成果，只有将其转换到西带才能应用。

（3）如果城市地籍测量需限制投影变形在2.5 cm/km以内时，采用高斯投影的任意带平面直角坐标系是可取的。这种情况下，须进行高斯投影分带的坐标变换方法能解决问题。

2.1.6.2 常用的坐标转换方式

坐标转换计算利用高斯投影坐标正、反算公式进行，它适用于任何情况下的换带计算工作。具体做法是：首先根据已知定的平面坐标（x_1, y_1），用高斯投影坐标反算公式求得该点的其大地坐标值（L, B），再按高斯投影坐标正算公式求其在选定的投影带的平面坐标（x_2, y_2）。

例如，某点A在新54坐标系6°带的平面坐标为x_1=3 589 644.287，y_1=20 679 136.439，求A点在3°带的平面直角坐标（x_2, y_2）。

（1）由横坐标的规定值判定A点所在投影带中央子午线经度。A点位于6°带第20带，其中央子午线经度L_0=6n-3=117°，横坐标的自然值为y_1= 679 136.493-500 000= + 179 136.439 m；该坐标等同于3°带第39带的平面坐标。

（2）将已知的6°带坐标反算为大地坐标。直接应用坐标反算公式进行计算，其结果为B=32°24′57.652 2″，L=118°54′15.220 6″。

（3）由大地经度L可判断，A点位于3°带第40带，中央子午线为L_0=120°。

（4）根据高斯投影坐标正算公式，计算A点在3°带第40带的平面直角坐标，得x_2=3 588 576.591，y_2=40 396 922.874。

2.1.6.3 坐标转换实例

下面以CGCS2000（源坐标）转换至1980年国家大地坐标系（目标坐标）为例：

四参数计算

1. 四参数计算

计算形式：源坐标X、Y—目标坐标X、Y。

（1）制作参与计算的数据文件（见图2-1-1）。

文件格式为".txt"或者".csv"都可以，数据格式为"点号，源坐标X，源坐标Y，目标坐标X，目标坐标Y，"；

	A	B	C	D	E
1	A1	3390968.750	382658.168	3390977.470	382693.450
2	A2	3390909.851	382757.654	3390905.105	382783.616
3	A3（检查）	3390871.232	382684.731	3390877.178	382705.968

图2-1-1 参与计算的数据文件（非涉密数据）

（2）设置—计算四参数—文件导入，选择刚刚做好的数据文件—点击"计算"，然后我们可以看到计算的四参数结果，及其参数精度（用 RMS 表示，单位为米，越小越好）（见图 2-1-2）。点击"导出"，可以以文本形式导出保存算好的四参数；选择"确定"命令，将该参数用于坐标转换计算。

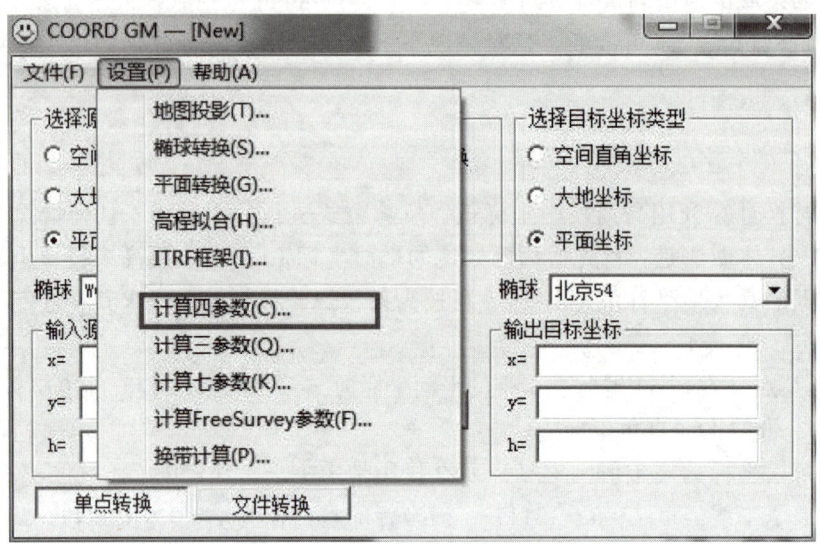

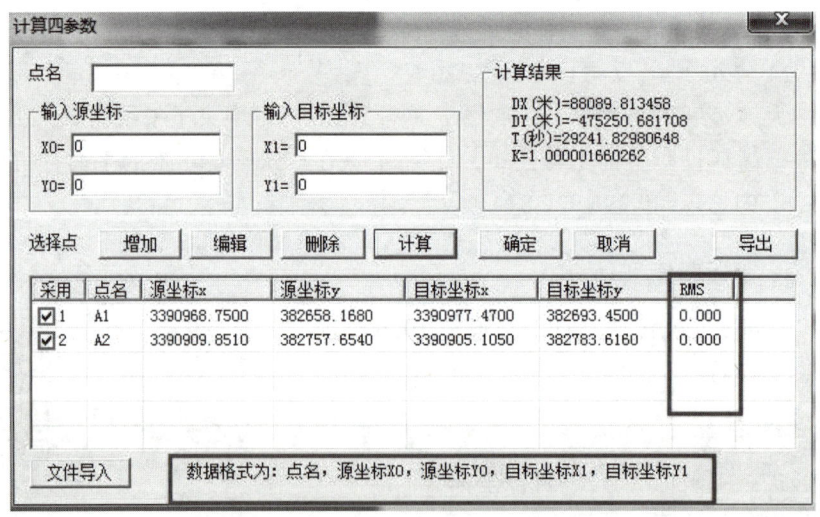

图 2-1-2　计算的四参数结果及其参数精度

（3）转换参数精度检查（进行数据转换也是这个流程）（见图 2-1-3）。

输入源坐标（2000 国家大地坐标）—将转换前后的椭球选成一致的（四参数与椭球无关）—勾选"平面转换"及两个"平面坐标"—点击"转换坐标"—将转换后的坐标与已知的 1980 年国家大地坐标进行比较。

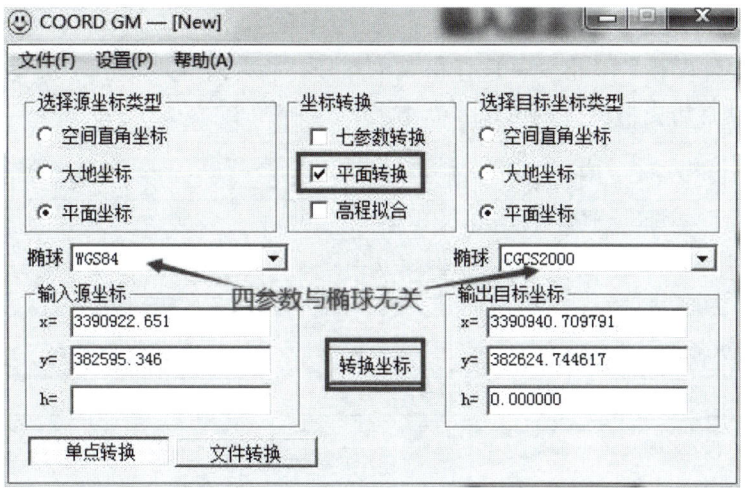

图 2-1-3　转换参数精度检查

2. 七参数计算

计算形式：源坐标 B、L—目标坐标 X、Y。

（1）先将源坐标 X、Y 转换成对应椭球的经纬度坐标 B、L。

① 设置投影参数（见图 2-1-4）。

设置—地图投影—选择"高斯三度带投影"，中央子午线输入"105：00：00.000000E"—确定；

七参数计算

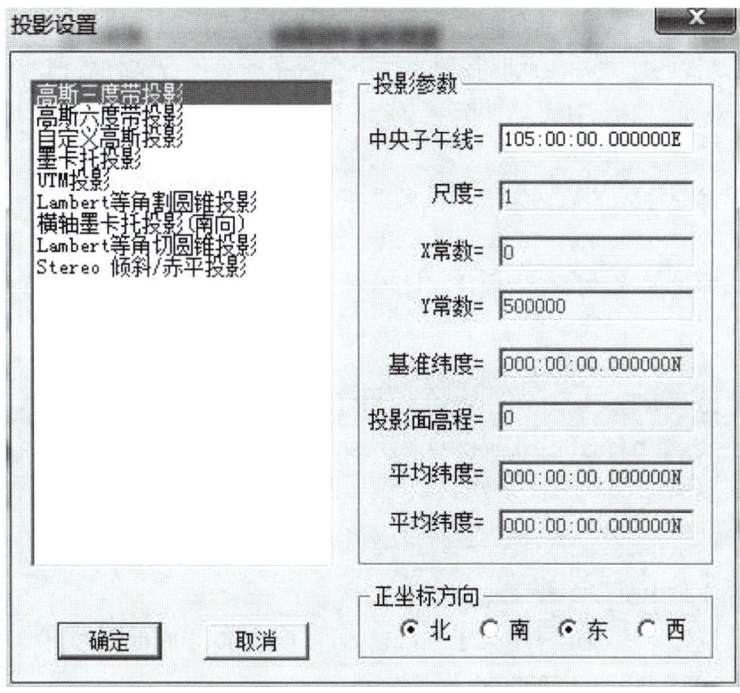

图 2-1-4　设置投影参数

② 选择文件格式（见图 2-1-5）。

点击"文件转换"—格式—选择格式（点号，北方向 X，东方向 Y，水准高）—确定。若此处没有历史格式，则可以"新增"。

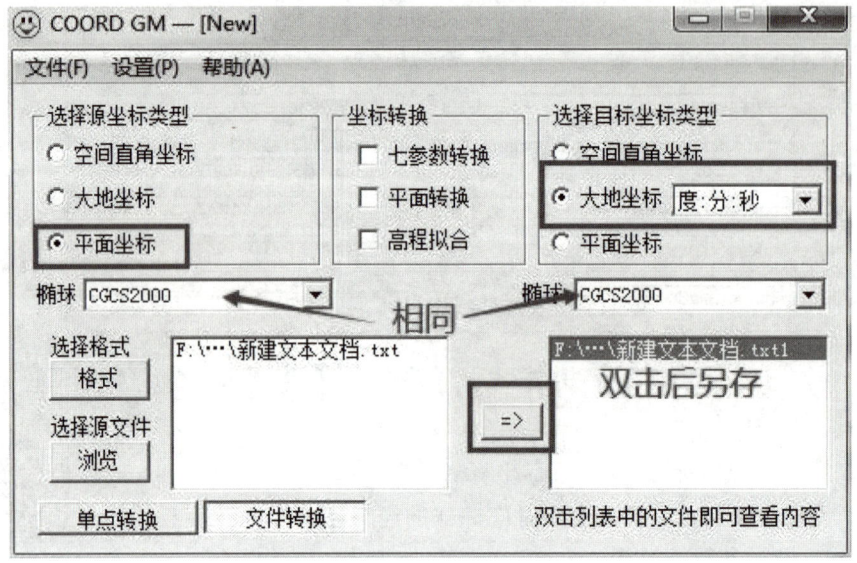

图 2-1-5　选择文件格式

③ 选择文件进行转换浏览，选取 2000 坐标源文件—转换前勾选"平面坐标"，转换后勾选"大地坐标"，不勾选任何"坐标转换"方式，前后椭球均为 CGCS2000—点击"=>"—确定设置转换关系。此时在源文件下生成了一个"源文件名称.txt1"的文件，可重命名把"txt1"改成"txt"、"北东"改成"B、L"即可。此时我们就得到了源坐标的经纬度 B、L。

（2）制作参与计算的数据文件（见图 2-1-6）。

文件格式为".txt"或者".csv"都可以，数据格式为"点号，源坐标 B，源坐标 L，原坐标 H，目标坐标 X，目标坐标 Y，目标高 H"；其中两个 H 可以不填或者填 0，格子位置必须占用。

	A	B	C	D	E	F	G
1	A1	030:38:00.218392N	103:46:33.769713E	0	3390977.47	382693.45	0
2	A2	030:37:58.341381N	103:46:37.528786E	0	3390905.105	382783.616	0
3	A3	030:37:57.061855N	103:46:34.806820E	0	3390877.178	382705.968	0

图 2-1-6　参与计算的数据文件（非涉密数据）

（3）设置换带中央子午线（见图 2-1-7）。

设置—换带计算—确定—中央子午线输入"105：00：00.000000E"—确定—中央子午线输入"105：00：00.000000E"—确定。

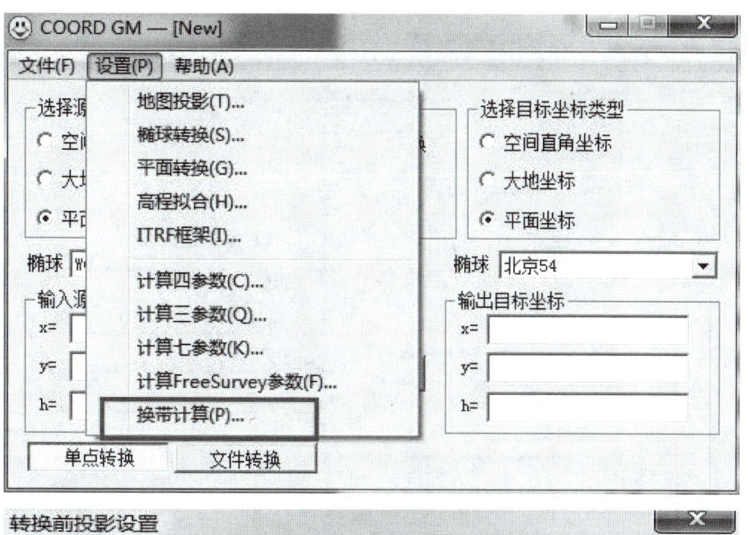

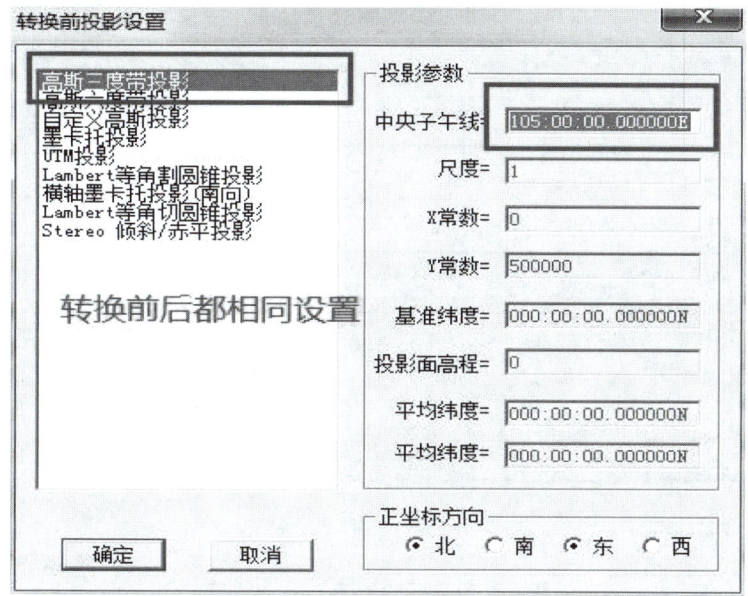

图 2-1-7 设置换带中央子午线

（4）计算七参数（见图 2-1-8）。

设置—计算七参数—文件导入，导入刚刚做好的数据文件—前一个椭球选择 CGCS2000，后一个椭球选择国家 80—点击"计算"，然后我们可以看到计算的七参数结果，及其参数精度（用 PRMS、HRMS 表示，单位为米，越小越好）。点击"导出"，可以以 txt 文本形式导出保存算好的七参数。点击"确定"，将该参数用于计算。

（5）转换参数精度检查（进行数据转换也是这个流程）。

① 设置中央子午线（参看第一步）。

② 单点转换—输入源坐标（2000 坐标）—输入源椭球选择 CGCS2000，输出目标椭球选择国家 80—勾选"七参数转换"，勾选两个"平面坐标"—点击"转换坐标"—将转换后的坐标与已知的 80 坐标进行比较，如图 2-1-9 所示。

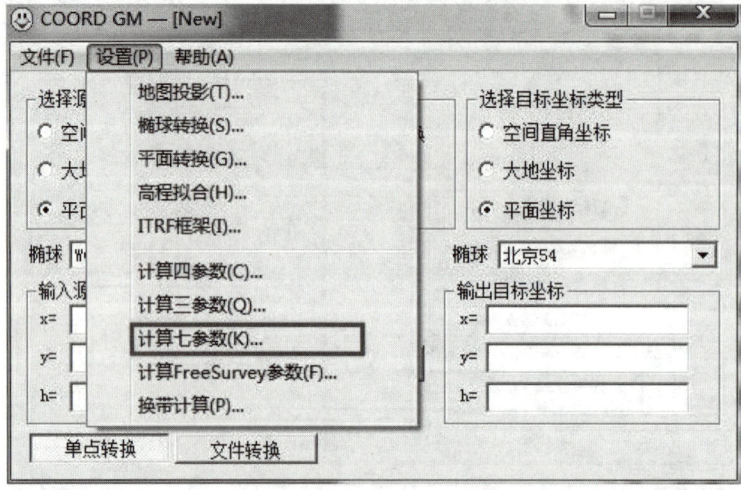

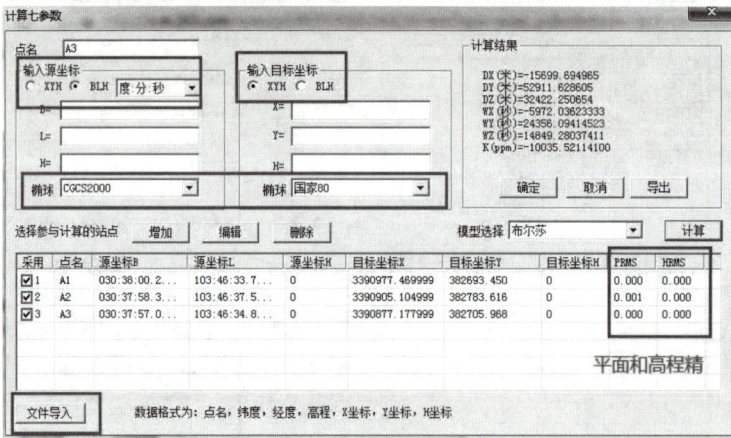

图 2-1-8　计算七参数

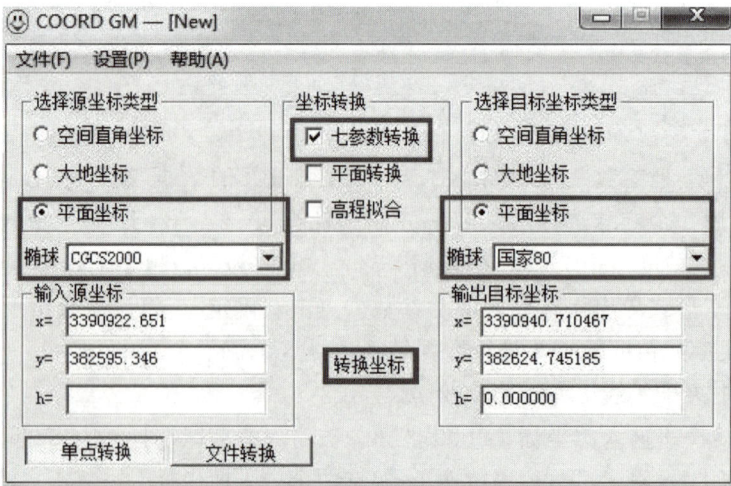

图 2-1-9　转换参数精度检查

2.2 地籍基本平面控制测量

为了满足界址点测量、地籍细部测量和日常地籍管理的要求,应在测区控制网(点)的基础上,对控制网进行加密,建立满足地籍细部测量精度与密度要求的地籍控制网。对地籍控制网测量的方法,除了现在广泛使用的 GNSS 定位测量技术,还可以利用已有的城镇基本平面控制网,布设一、二级导线地籍平面控制网等方法。

2.2.1 利用城镇已有平面控制网

(1)已有的国家二、三、四等三角点和国家 B、C、D、E 级 GPS 点,已有的三、四等城市平面控制点(含 GPS)和一、二级城市平面控制点(含 GPS)都可直接作为地籍首级平面控制网点。

(2)凡是要利用已有控制成果的,必须对控制点的点位保存状况、数据成果正确性进行检查和分析,在投影面上,相邻控制点的水平间距与原有坐标反算边长的相对误差不超过表 2-2-1 的规定,对存在问题的点位可避而不用。

表 2-2-1 已有相邻控制点间距检查的规定

等级	相邻控制点的水平间距与原有坐标反算边长的相对误差小于或等于
二等、C 级	1/120 000
三等、D 级	1/80 000
四等、E 级	1/45 000
一级	1/14 000
二级	1/10 000

2.2.2 利用 GNSS 定位技术布设地籍基本平面控制网

2.2.2.1 概 述

GNSS 定位新技术的迅速发展,给测绘工作带来了革命性的变化,也对地籍测量工作产生了巨大的影响。利用 GNSS 定位技术进行地籍控制测量有如下优点:

第一,无需通视,解决了常规地籍控制测量点位选取的局限条件;第二,没有像常规三角网(锁)布设时要求近似等边及精度估算偏低时,应加测对角线或增设起始边等烦琐要求,只要使用的接收机精度与地籍控制测量精度相匹配,控制点位的选取符合 GNSS 点位选取要求,那么所布设的 GNSS 控制网精度就完全能够满足地籍测量工作的要求。

随着如今 GNSS 定位技术的不断改进和完善,其测绘精度、测绘速度和经济效益都大大地优于常规控制测量技术。目前,常规静态测量、快速静态测量、RTK 技术、网络 RTK 技术已经逐步取代常规的测量方式,成为地籍平面控制测量的主要手段。边长大于 15 km 的长距离 GNSS 基线向量，静态相对定位测量模式。边长在 10～15 km 的 GNSS 基线向量，如果观测时刻的卫星很多，外部观测条件好，可以采用快速静态 GNSS 定位测量模式；如果是在平原开阔地区，可以使用 RTK 模式；边长小于 5 km 的一、二级地籍控制网的基线，优先采用 RTK 方法。边长为 5～10 km 的二、三、四等基本控制网的 GNSS 基线向量，优先采用 GNSS 快速静态定位的方法；设备条件许可和外部观测环境合适，可以使用 RTK 测量模式。

近几年，地籍控制测量基本采用了以上三种 GNSS 测量模式，在建设有 VRS 的城市，可使用网络 RTK 模式。

根据调查区域已有首级平面控制网点的情况，可采用静态、快递静态全球定位测量方法加密二级以上的地籍首级平面控制网点。在一些大城市中，一般已经建立城市控制网，并且已经在此控制网的基础上作了大量的测绘工作。但是，随着经济建设的迅速发展，已有控制网的控制范围和精度已不能满足要求，为此，迫切需要利用 GNSS 定位技术来加强和改造已有的控制网作为地籍控制网。

（1）由于 GNSS 定位技术的不断改进和完善，其测绘精度、测绘速度和经济效益，都大大地优于目前的常规控制测量技术，定位技术可作为地籍控制测量的主要手段。

（2）对于边长小于 8～10 km 的二、三、四等基本控制网和一、二级地籍控制网的 GNSS 基线向量，都可采用 GPS 快速静态定位的方法。由试验分析与检测证明，应用 GNSS 快速静态定位方法，施测一个点的时间，从几十秒到几分钟，最多十几分钟，精度可达到 1～2 cm，完全可以满足地籍控制测量的需求，可以成倍地提高观测时间和经济　效益。

（3）建立 GNSS 定位技术布测城镇地籍控制网时，应与已有的控制点进行联测，联测的控制点最少不能少于 2 个。

2.2.2.2　GNSS 控制网的建立

1. GNSS 控制网布设原则

（1）GNSS 网一般应通过独立观测边构成闭合图形，以增加检核条件，提高网的可靠性。

（2）GNSS 网点应尽量与原有地面控制点相重合。重合点一般不应少于 3 个，且在网中应分布均匀，以便可靠地确定 GPS 网与地面网之间的转换参数。

（3）GNSS 网点应考虑与部分水准点相重合，以便为大地水准面的研究提供资料。

（4）为了便于观测和水准联测，GNSS 网点一般应设在视野开阔和容易到达的地方。

（5）为了便于用经典方法联测或扩展，可在网点附近布设一通视良好的方位点，以建立联测方向。方位点与观测站的距离一般要大于 300 m。

2. GNSS 控制网施测步骤

GNSS 静态相对定位作业主要包括技术设计、实地选点、标石埋设、观测和平差计算等主要步骤。

（1）技术设计。

① 已有资料的收集与整理。主要收集测区基本概况资料、测区已有的地形图、控制点成果、地质和气象等方面的资料。

② GNSS 网基准设计。包括位置基准、方位基准、尺度基准。

③ GNSS 网形设计。GNSS 网图形的基本形式有点连式、边连式、边点混合连接式、星形网、导线网、环形网。其中：点连式、星形网、导线网附合条件少，精度低；边连式附合条件多，精度高，但工作量大；边点混合连接式和环形网形式灵活，附合条件多，精度较高，是常用的布设方案。卫星定位测量控制网异步环或符合导线边数的规定，如表 1-6 所示。

表 2-2-2　卫星定位测量控制网异步环或附合线路边数的规定　　单位：条

等级	二等	三等	四等	一级	二级
异步环或附合线路的边数	≤6	≤8	≤10	≤10	≤10

④ 精度设计。对于 GNSS 网的精度要求，一般用网中点之间的距离误差来表示。对于精度要求较高的情况，通常以网中各点的点位精度，或网中的平均点位精度来表征网的精度，即用网点坐标的方差-协方差阵构成描述精度的纯量精度标准和准则矩阵来实现。

（2）选点和埋石。

由于 GNSS 观测站之间不需要相互通视，所以选点工作较常规测量要简便得多。但是，考虑到 GNSS 点位的选择对 GNSS 观测工作的顺利进行并得到可靠的效果有重要的影响，所以应根据测量任务、目的、测区范围对点位精度和密度的要求，充分收集和了解测区的地理情况及原有的控制点的分布和保存情况，以便恰当地选定 GNSS 点的点位。

控制点点位的基本要求如下：

① 点位易于安置设备、视野开阔。视场周围 15°以上不应有障碍物。

② 点位远离大功率无线电发射源（如电视台、微波站等），其距离不小于 200 m；远离高压输电线，距离不小于 50 m。

③ 点位附近不应有面积水域或大型建筑物等，减小多路径效应。

④ 点位应选在交通便利，地表基础稳定，易于保存的地方。

（3）GPS 外业观测。

① 各等级 GPS 相对定位测量的主要技术规定见表 2-2-3 和表 2-2-4。

表 2-2-3　各等级 GPS 相对定位测量的主要技术规定（1）

等级	GPS 接收机性能	观测量至少有	接收机标称精度优于	同步观测接收数量
B	双频/全波长	L1、L2 载波相位	10 mm+2×10^{-6}	≥4
C	双频/全波长	L1、L2 载波相位	10 mm+3×10^{-6}	≥3
D、E	双频或单频	L1 载波相位	10 mm+3×10^{-6}	≥2

表 2-2-4　各等级 GPS 相对定位测量的主要技术规定（2）

项目	等级			
	B	C	D	E
卫星高度截止角/(°)	≥10	≥15	≥15	≥15
同时观测有效卫星数	≥4	≥4	≥4	≥4
有效观测卫星总数	≥20	≥6	≥4	≥4
观测时间段数	≥3	≥2	≥1.6	≥1.6
观测时段长度	≥23 h	≥4 h	≥60 min	≥40 min
数据采样间隔/s	30	10~30	5~15	5~15

② 观测作业要求。

外业观测的主要目的是捕获卫星信号，并对其跟踪、处理和量测，以获得定位信息和观测数据。

  a. 出测前，注意检查电池容量及硬盘容量。

  b. 各观测组严格按照规定时间，准时开关机。

  c. 当场记录观测手簿。

  d. 各观测时段前后各量取一次仪器高。

  e. 一个观测时段过程中，不允许进行以下操作：关机又重新启动；改变天线位置；进行自测试（出现故障除外）；改变观测参数，如卫星高度截止角、采样间隔等。

  f. 每日观测后，将数据转存备份。

（4）内业计算。

① GPS 基线向量的计算及检核。GPS 测量外业观测过程中，必须每天将观测数据输入计算机，并计算基线向量。计算过程中要对同步环闭合差、异步环闭合差以及重复边闭合差进行检查计算，闭合差符合规范要求。

② GPS 网平差。GPS 控制网是由 GPS 基线向量构成的测量控制网。GPS 网平差可以以构成 GPS 向量的 WGS-84 系的三维坐标差作为观测值进行平差，也可以在国家坐标系中或地方坐标系中进行平差。

（5）提交成果。

提交成果包括技术设计说明书、卫星可见性预报表和观测计划、GPS 网示意图、GPS 观测数据、GPS 基线解算结果、GPS 基点的 WGS-84 坐标、GPS 基点的国家坐标中的坐标或地方坐标系中的坐标。

2.2.2.3　一、二级导线地籍平面控制网的布设

目前，各个城市建立的质量良好的城市控制网，基本能满足建立地籍控制网的需要。在进行地籍控制测量工作时，可直接在其基础上进行一、二级导线加密，建立地籍控制网。

城市地籍控制测量应以光电测距导线放法来进行实施,具体技术指标详见表2-2-5。

表2-2-5 一、二级光电测距导线主要技术规定

等级	平均边长/km	附合导线长度/km	测距中误差/mm	测角中误差/(″)	导线全长相对闭合差	水平角观测测回数 DJ 1	水平角观测测回数 DJ 2	水平角观测测回数 DJ 3	方位角闭合差/(″)
一级	0.3	≤3.6	≤±15	≤±5.0	≤1/14 000	/	2	6	≤±10$\sqrt{n}$
二级	0.2	≤2.4	≤±12	≤±8.0	≤1/10 000	/	1	3	≤±16$\sqrt{n}$

注:n 为导线转折角个数。当导线布设网状,结点与结点、结点与起始点间的导线长度不超过表中的附合导线长度的0.7倍。

2.2.2.2.4 利用全站仪导线测量

城镇地区由于建筑物高大且密集,影响 GNSS 定位测量时的信号接收,造成失锁,使 GNSS 定位测量工作开展困难。所以,往往采用静态 GNSS 相对定位做完首级控制后,再利用全站仪进行导线测量,加密地籍控制点。传统导线测量的布设形式一般为单一导线或导线网。其布设规格和技术指标见规程。操作步骤如图2-2-1所示。

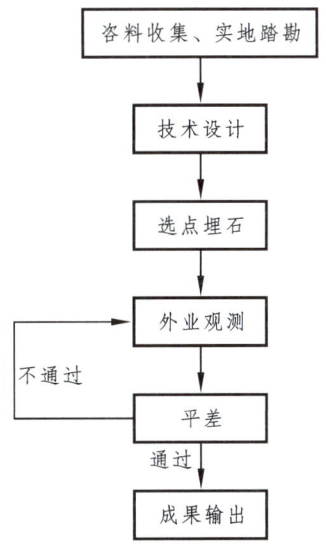

图 2-2-1 导线测量步骤示意图

(1)收集资料、实地踏勘。收集本测区资料,包括小比例尺地形图和去测绘管理部门抄录已有控制点成果,然后去测区踏勘,了解测区行政隶属、气候及地物、地貌状况、交通现状、当地风俗习惯等。同时踏勘测区已有控制点,了解标石和标志的完好情况。

(2)技术设计。根据测区范围、地形状况和已有控制点数量及分布,确定全站仪导线等级和规程,拟定技术设计。设计过程中既要考虑控制网精度,又要考虑节约作业费用,即在进行控制网图上选点时,要从多个方案中选择技术和经济指标最佳的方

案，这就是控制网优化问题。

（3）选点埋石。根据图上设计进行野外实地选点时应尽量选在土质坚实、视野开阔、相邻点间通视良好的地方，同时要有足够的密度，点位分布力求均匀，为了长期保存点位和便于观测工作的开展，还应在所选点上造标埋石，绘制点之记。

（4）外业观测。采用全站仪施测导线时，主要工作是进行水平角和边长观测，各工作进度满足规范要求。

（5）平差计算。计算是根据观测数据通过一定方法计算出点的空间位置。计算前应全面检查导线测量外业记录，数据是否齐全、可靠，成果是否符合精度要求，起算数据是否准确。控制网的平差计算可利用平差软件完成，如清华山维 NASEW、南方平差易等。

2.2.3　地籍基本平面控制测量实例

2.2.3.1　任务概述

本次 GPS 控制测量任务和作业内容是在××市境内××区，对测区所属村庄进行地籍测量，需要测区范围内建立 D 级 GPS 网。

2.2.3.2　测区概况

1. 测区自然地理概况

××区在××市最南端，介于北纬××°××′至××°××′，东经×××°××′至×××°××′之间。东与××镇，南与××县××镇、××镇，西与××市××镇××镇，北与××镇、××镇接壤。乡政府驻地×××村距县政府（直线距离）45 km。乡域境内山地占总面积的 80%。该地区地势陡峭，山脉较多，北部和西南部比较平坦。

2. 民族种类

境内居民主要有满族、汉族，另有少量蒙古族、回族等。其中满族人口占大多数。

3. 已有资料情况

1）本工程收集到国家二等点 A1、A2、A3、A4、A5 点作为本工程平面控制起算点。

2）根据设计提供的 1∶5 万地形图，1∶5 万地形图之地物、地貌逼真，取舍恰当，为本次测量工作之交通、选埋、控制点联测及测图分幅等工作提供了方便。

4. 测区的范围：

（1）测区的位置：测区的地理坐标为北纬××°××′至××°××′，东经×××°××′至×××°××′之间。

（2）测区的面积：施测范围呈规则矩形，范围面积约 378 km^2。

2.2.3.3 依　据

（1）《全球定位系统（GPS）测量规范》（GB/T 18314—2009）；
（2）《测绘产品质量评定标准》（CH 1003—1995）；
（3）《工程测量规范》（GB 50026—2007）；
（4）《三、四等水准测量规范》（GB 12898—1991）；
（5）《测绘技术总结编写规定》（GB CH 1001—1991）；
（6）《地籍调查规程》（TD/T 1001—2012）；
（7）《×××地籍调查协议书》参考技术标准；
（8）《国家基本比例尺地图图示第一部分 1∶500、1∶1 000、1∶2 000 地形图图式》（GB/T 20257.1—2017）。

2.2.3.4 主要的技术指标

根据中华人民共和国测绘行业标准《全球定位系统测量规范》（GB/T 18314—2009）和××市×××地区地形的具体情况，确定该测区可建立 D 级 GPS 网，GPS 网中相邻点之间的距离满足表 2-2-6 要求。

表 2-2-6　D 级 GPS 网相邻点之间的距离

级别	相邻点最小距离/km	相邻点最大距离/km	相邻点平均距离/km
D	2	15	5～10

（1）根据规程规范，D 级 GPS 网的精度要求见表 2-2-7。

表 2-2-7　D 级 GPS 网的精度要求

项目	平均边长/km	固定误差 a/mm	比例误差 b/mm	最弱边相对中误差
技术要求	5～10	≤10	≤10	1/45 000

各等级 GPS 相邻点间弦长精度

$$\delta = \sqrt{a^2 + (bd)^2}$$

式中：δ—GPS 基线向量的弦长中误差（mm），亦即等效距离误差。
　　　a—GPS 接收机标称精度中的固定误差（mm）。
　　　b—GPS 接收机标称精度中的比例误差系数（ppm）。
　　　d—GPS 网中相邻点间的距离（km）。

（2）GPS 点的密度标准

表 2-2-8　四等 GPS 相对定位测量的主要技术规定

平均边长 D/km	GPS 接收机性能	观测量	接收机标称精度优于/mm	同步观测接收数量
2	双频（或单频）	载波相位	$10 + 3 \times 10^{-6} D$	≥2

表 2-2-9 四等 GPS 相对定位测量的主要技术规定

同时观测有效卫星数	≥4
卫星截止高度角（°）	≥15
有效观测卫星总数	≥4
观测时间段	≥1.6
观测时段长度/min	≥15
数据采样间隔/s	10～30
时段中任一卫星有效观测时间/min	≥3
点位几何图形强度因子/PDOP	≤6

表 2-2-10 四等 GPS 相对定位测量的主要技术规定

同步环		闭合环或附合路线的边数/条	最弱边相对中误差
坐标分量相对闭合差	环线全长相对闭合差		
6.0	10.0	≤10	1/45 000

2.2.2.5 坐标系统的选择

GPS 基线向量为 WGS-84 坐标系。GPS 网平面平差成果为 1980 年国家大地坐标并转换为本测区相应的独立坐标系坐标。高程系统采用 1985 黄海高程系统。时间系统采用北京时间系统。

2.2.2.6 设计方案

1. 布网的原则

在实际布网设计时遵循以下几个原则：

（1）GPS 网一般应采用独立观测边构成闭合图形，如三角形、多边形或附合线路，以增加检核条件，提高网的可靠性。

（2）GPS 网作为测量控制网，其相邻点间基线向量的精度，应分布均匀。

（3）GPS 网点应尽量与原有地面控制点相结合。重合点一般不少于 3 个（不足时应联测），且在网中分布均匀，以可靠地确定 GPS 网与地面之间的转换参数。

（4）GPS 网点应考虑与水准点重合，而非重合点，一般应根据要求以水准测量（或相当精度的测量方法）进行联测，或在网中布设一定密度的水准联测点。

（5）为了便于 GPS 的测量观测和水准联测，减少多路径影响，GPS 网点一般应设在视野开阔和交通便利的地方。

（6）为了便于用经典方法联测或扩展，可在 GPS 网点附近布设一通视良好的方位点以建立联测方向，方向点与观测站距离一般应大于 300 m。

GPS 网型网型方案设计：

GPS 网的图形布设通常有点连式、边连式、网连式及边点混合连接、三角锁连接、导线网连接、星形连接等几种基本方式。本次主要采用边连接式，每次用四台接收机，组成 GPS 网，能保证网的几何强度，提高网的可靠指标。

2. 图上展绘已知点（或图上查找已知点）

通过在 1∶5 万的测区地形图上查找，找到国家二等水准点 A1、A2、A3、A4、A5，以及国家三等水准点 B1，并通过已知控制点向测区的村庄布设低等级的控制点 C1 至 C7。并在图上进行展绘成图。

3. 按点位要求与测区情况在图上选点布网

（1）在选点布网前：搜集测区范围内有关的地形图、交通图及测区总体建设规划和近期发展方面的资料。若任务需要，还应搜集有关的地震、地质资料等。然后应对上述资料分析研究，必要时进行实地勘查。

（2）进行图上设计：在设计图上应标出新设计的 GPS 点的点位、点名、点号和级别。

（3）GPS 网的布设应视其目的、要求的精度、卫星状况、接收机类型和数量、测区已有的资料、测区地形和交通状况以及作业效率综合考虑，按照优化设计原则进行。我测区接收机的数量为 4 台套，根据 $m=CN/n$，其中 $C=7$，$N=4$，$n=16$，得到重复设站数为 1.75>1.6，故符合。

（4）经济方面：考虑该项目投入的资金和具体支出，并且充分利用制高点和高建筑物等有利地形，充分利用旧点，以便节省造标埋石的费用。

（5）物力方面：选点时应考虑在村庄或者人口较多的地区，这样有利于基准站的架设，考虑到仪器的搬运问题和测区距员工休息地的远近。

（6）人力方面：选点时应在村落周围或者附近，避免山区和偏远的地方，有利于基准站架设和节省人力和时间。

按特征条件计算：设重复设站数 $m=1.75$，GPS 控制点数 16 个（5 个起算点+9 个待测点），接收机台数 4 台。

由以上数据计算观测时段数=(16×1.75)/4=7 个。

由图 2-2-2 可知，观测时段数=7 个，所以符合要求。

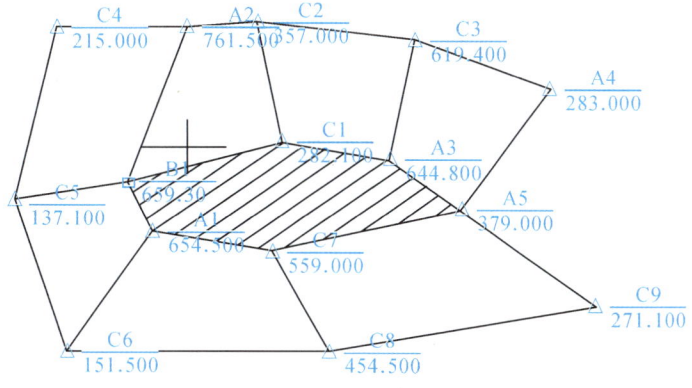

图 2-2-2 具体点位布设网图

4. 判断和检查点间的通视（主要点间）

布设点的时候应判断所布设的点是否通视，另记录下不通视的因素。影响通视的因素主要是球气差的影响。通过对图纸分析和实地考察，以下三组存在通视问题：

A1（大顶山）与 C6（花红峪）

A2（杉光山）与 C4（后腰岭）

A5（弯岭沟）与 C9（平杏沟）

但大顶山位于最高点，花红峪位于村落地带，故通视良好。而弯岭沟和平杏沟都是村落地带，故通视也良好，杉光山地势高，后腰岭位于村落地带，地势较低，故也通视。

5. 外业选点埋石

（1）选点。

由于 GPS 测量观测站之间不一定要求相互通视，而且网的图形结构也比较灵活，所以选点工作比常规控制测量的选点要简便。但由于点位的选择对于保证观测工作的顺利进行和保证测量结果的可靠性有着重要的意义，所以选点工作还应遵守以下原则：

① 应设在易于安装接受设备、视野开阔的较高点上。

② 目标要显著，视场周围 15°以上不应有障碍物，以减小 GPS 信号被遮挡或被障碍物吸收。

③ 应远离大功率无线电发射源（如电台、微波站等），其距离不小于 200 m；远离高压输电线和微波无线电信号传送通道，其距离不得小于 50。以避免电磁场对 GPS 信号的干扰；

④ 附近不应有大面积水域或不应有强烈干扰卫星信号接受的物体，以减弱多路径效应的影响。

⑤ 应选在交通方便，有利于其他观测手段扩展与联测的地方。

⑥ 基础稳定，易于点的保存。

⑦ 人员应按技术设计进行踏勘；地按要求选定点位。当利用旧点时，应对旧点的稳定性、完好性，以及觇标是否安全、可用性进行检查，符合要求方可利用。

⑧ 点之记：在埋石工作完成后按照统一格式绘制和整理点之记，采用标准 A4 纸张打印输出，确保点之记内容完整、格式统一、整齐美观。点之记中的交通路线图、交通情况、点位略图及点位说明要尽可能多地增加找点信息，以便查找点位，并力求简单，语言精练。位于测图范围内的 D 级 GPS 点无需绘制点之记。

（2）标志埋设。

① 埋石点的埋设规格如图 2-2-3 所示。

GPS 点应埋设具有中心标志的标石，以精确确定点位，点的标石和标志必须稳定、坚固、长久保存和利用。

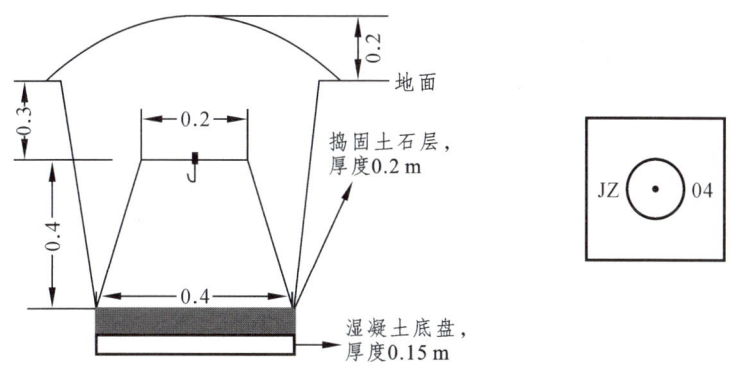

图 2-2-3 普通标石及标石顶面整饰（单位：m）

（3）GPS 点的埋设要求。

① 在水泥路面上埋设时，用切割机切割成 20 cm×20 cm 的正方形边框，边槽深 0.5 cm，宽 0.5 cm，中心用冲击钻钻孔，埋入标志，并用混凝土固紧，标石面与地面高度保持一致。

② 在沥青路面上埋设时，先将沥青面凿成 20 cm×20 cm 的正方形，深度以凿到路基碎石为准，清去杂土，灌入混凝土并埋入标志，标石面与地面高度保持一致。

③ 在岩石面上可采用浇灌岩标办法，标石规格为 20 cm×30 cm×15 cm 的混凝土标石，标石面与岩石表面高度保持一致。

④ 在房顶表面浇灌房标时，标石规格为 20 cm×30 cm×15 cm 的混凝土标石（见图 2-2-4），浇筑前应将与屋顶的接触面打毛，再打入 3~4 颗水泥钉并清洗干净，使标石底面与房顶接触牢固，房标禁止浇灌在隔热层上。

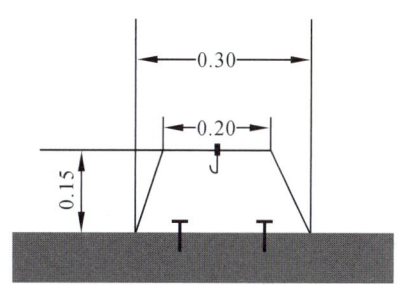

图 2-2-4 建筑物上标石（单位：m）

⑤ 在土质地面埋设标石时，标石规格为 20 cm×40 cm×40 cm 的混凝土标石（可以是预制的混凝土标石，也可以现场浇注）。标石面高出地面 1~2 cm，便于找点和利用。

⑥ 控制点埋设时，不锈钢标志面与标石面高度保持一致，以利于水准联测时标尺的自由转动。

（3）每个点位标石埋设结束后提交以下资料：点的记录；GPS 网的选点网图；土地占用批准文件与测量标志委托保管书；选点与埋石工作技术总结。

6. 仪器设备的选择

主要设备：5 台南方中海达 V300 型接收机[标称精度为±（5 mm+1×10^{-6}D）]以及科利达 KTS-400 全站仪若干台，仪器标称精度±（3 mm±2×10^{-6}D），检测精度（-2.14±1.6×10^{-6}D），测角精度为 M_β < ±2"。

7. 外野实测方案设计

（1）GPS 外业工作的原则。

GPS 外业工作一方面，要有较多的多余观测，以提高观测成果的精度和可靠性，另一方面，还要考虑各待测点的点位精度的均匀性和各观测时段的独立性。具体要求如下：GPS 网中各待测点的设站次数应相同；优先测量点间距离较近的点，同时沿最短距离迁站；应该联测相距较远的高等级已知点；GPS 网中各待测点每次重复设站都使用不同的接收机。

（2）天线安置要求。

① 用三脚架安置天线时，其对中误差不应大于 3 mm。

② 需在觇标的基板上安置天线时，应先卸去觇标顶部，将标志中心投影至基板上，然后以投影点安置天线。投影点示误三角形的最大边或示误四边形的长对角线不得大于 5 mm，投影方法见《国家三角测量规范》（GB/T 17942—2000）。

③ GPS 点上建有寻常标时，应在安置天线前放倒觇标或采取其他措施。

④ B 级及以上各级 GPS 测量，其定向标志线应指向正北，估计当地磁偏角修正后，其定向误差应不大于±5°，对于定向标志不明显的接收机天线，可预先设置标记，每次按此标记安置仪器。

⑤ 天线集成体上的圆水准气泡必须居中，没有圆水准气泡的天线，可调整天线基座脚螺旋，使在天线互为 120°方向上量取的天线高互差小于 5 mm。

（3）对仪器设备的要求。

① 用于 GPS 控制网观测的 GPS 接收机必须是符合 GPS 规范要求的双频机，其标称精度应优于 $5\ \text{mm} \pm 1 \times 10^{-6} D$。

② 为便于观测、提高精度和可靠性，采用 15～17 台 Trimbie5700 GPS 接收机参加作业，使全网一次同步完成（包括联测的大地控制点）。

③ GPS 天线的相对中心稳定。参加作业的 GPS 接收机，均采用带扼流圈的天线。

④ 对新购置的 GPS 接收机，应按 GPS 规范要求进行全面的检验，各项指标均符合要求后方可使用。凡经过检修或更换主要插件的接收机，以及受强烈撞击或更新天线与接收机匹配关系的接收机，均应同新购置接收机一样做全面检查。对原有的 GPS 接收机也应有当年的检验资料。

⑤ 天线及基座上的圆气泡及长气泡、光学对中器，天线高量尺，在作业前也应进行检校。

⑥ 接收机的检验。

（4）观测方法

① GPS 外业数据采集使用 4 台中海达 V300 GPS 接收机[标称精度为±（$5\ \text{mm} + 1 \times 10^{-6} D$）]进行。外业观测依据《全球定位系统（GPS）测量规范》（GB/T 18314—2009）中有关 D 级的作业要求采用静态边连式的观测方案，每测段同步观测视不同边长一般为 60～150 min，接收机的其他参数设置为：卫星截止高度角为 15°；数据采样间隔为

15 s；卫星图形强度因子 PDOP<4.0；同步接收卫星的个数不少于 5 颗。接收机用光学对准器对准；天线高度用钢尺在不同方向上测量两次，其差值不超过 4 mm 时，最后求平均值。

② 天线安置完成后，在离开天线适当位置的地面上安放 GPS 接收机，接通接收机与电源、天线、控制器的连接电缆，即可启动接收机进行观测。

③ 接收机锁定卫星并开始记录数据后，观测员可按照仪器随机提供的操作手册进行输入和查询操作。

④ 观测期间不得在天线附近 50 m 范围内使用电台，不得在 10 m 范围内使用对讲机或手机。

⑤ 每点观测数据，除存储在计算机硬盘外，必须在软盘或光盘上备份。

⑥ 在整个 GPS 控制网范围内，选 2 个国家大地控制点，与 GPS 控制网点同步联测，以便将 GPS 控制网点的坐标转换成 1954 年北京坐标系和 1980 年西安坐标系。

⑦ 其余有关规定参照《全球定位系统（GPS）测量规范》执行。

（5）数据的记录见表 2-2-11。

表 2-2-11 GPS 外业观测手薄样表

点号		点名		图幅编号	
观测员		日期段号		观测日期	
接收机名称及编号		天线类型机器编号		储存介质编号数据文件名	
近似纬度	° ′ ″N	近似经度	° ′ ″E	近似高程	m
采样间隔	s	开始记录时间	h min	结束记录时间	h min
天线高测定		天线高测定方法及略图		点位略图	
测前： 测后： 测定值_____ _____m 修正值_____ m 天线高_____ m 平均值_____ m					
时间（UTC）	跟踪卫星信号（PRN）及信噪比	纬度	经度	大地高/m	天气状况
记录					

8. 数据处理的方法与要求

（1）外业观测数据处理。

D级GPS控制网的野外数据处理宜利用GPS接收机的随机软件，按原码采用双差相位观测值进行基线解算，采用双差固定解作为最终结果。

外业观测采集的数据通过随机软件输入计算机内，应转成RINEX格式进行备份。

（2）外业观测数据质量检核。

① 重复基线边较差的检验。

同一条GPS基线边若观测了多个时段，可得多次基线边的观测结果，同一条基线边任意两个时段结果的互差不宜超过下式的规定：

② 同步环各坐标分量闭合差的检验。

采用单基线处理模式，对于采用同一种数学模型获得的基线解，由其同步时段若干基线组成的同步多边形环的坐标分量相对闭合差和全长闭合差应满足：

$$W_x \leqslant \frac{\sqrt{3}}{5}\delta$$

$$W_y \leqslant \frac{\sqrt{3}}{5}\delta$$

$$W_z \leqslant \frac{\sqrt{3}}{5}\delta$$

式中：n为多边形的边数，δ为GPS网相应级别规定的观测精度。

③ 异步环各坐标分量闭合差的检验。

由若干条独立基线边构成的异步闭合环，其闭合差应符合下式规定：

$$W_x \leqslant 3\sqrt{n}\delta$$

$$W_y \leqslant 3\sqrt{n}\delta$$

$$W_z \leqslant 3\sqrt{n}\delta$$

式中：n为多边形的边数，δ为GPS网相应级别规定的观测精度。

异步环多边形闭合差的大小，是基线向量质量检核的主要指标。如果闭合差超限，应及时分析原因，对其中部分成果进行重测。

基线处理采用标准参数解算，采用其它技术参数解算的基线以文本文件说明。

④ 相邻点间基线长度精度用下式表示：

$$\sigma = \pm\sqrt{a^2 + (b \cdot d)^2}$$

式中：σ为标准差（基线向量的弦长中误差mm），a为固定误差10 mm，b为比例误差系数，取20 ppm，d为相邻点间距离（km）。

（3）数据处理和平差计算

在基线向量检验符合要求后，按照《全球定位系统（GPS）测量规范》（GB/T 18314—2009）的要求，进行GPS网的无约束平差和约束平差。平差计算宜采用中海达公司的

HDS2003 随机软件进行。

① 数据预处理。

为了获得 GPS 观测基线向量并对观测成果进行质量检核，首先要进行 GPS 数据的预处理，根据预处理结果对观测数据的质量进行分析并做出评价，以确保观测成果和定位结果的预期精度。GPS 网数据处理分基线向量解算和网平差两个阶段。各阶段数据处理软件均采用随机所带软件。处理的主要内容有：GPS 卫星轨道方程的标准化、时钟多项式的拟合和标准化。

② 基线解算。

基线数据按同步时段为 1 单位进行，按多基线解时，每个时段需提供一组独立基线向量及其完全的方差——协方差阵；按单基线解时，须提供每条基线分量及其方差——协方差阵。可以采用不同的数据处理模型。

a. 无约束平差。

无约束平差以三维基线向量及其相应方差—协方差阵作为观测信息，以一个点的 WGS-84 三维坐标为起算依据，进行 GPS 网的无约束平差。平差结果须提供各点在 WGS-8 坐标系下的三维坐标、各基线向量及其改正数及其精度信息。无约束平差中，各基线分量改正数绝对值应满足：$V_{\Delta x} \leq 3\sigma$，$V_{\Delta y} \leq 3\sigma$，$V_{\Delta z} \leq 3\sigma$；$\sigma$ 为相应级别规定的精度（按网的实际平均边长计算）。

b. 约束平差。

利用无约束平差后的可靠观测量，在 1980 西安坐标系和市城市坐标系下进行三维约束平差或二维约束平差。平差中，对已知点坐标、已知距离和已知方位，可以强制约束，也可以加权约束。平差结果应输出在相应坐标系中的三维或二维坐标、基线向量改正数、基线边长、方位、转换参数及其精度信息。约束平差中，基线分量的改正数与无约束平差结果的同一基线相应改正数较差的绝对值应满足：$dV_{\Delta x} \leq 2\sigma$，$dV_{\Delta y} \leq 2\sigma$，$dV_{\Delta z} \leq 2\sigma$；$\sigma$ 为相应级别规定的精度（按网的实际平均边长计算）。

c. 精度指标。

D 级 GPS 控制网平差后网中最弱相邻点的相对点位中误差不大于 ±5 cm，D 级 GPS 网最弱边的边长相对中误差不应大于 1/45 000。

（4）GPS 高程拟合。

高差比较大的山地上等不便于进行水准高程联测的 D 级 GPS 点，其高程采用二次曲面拟合方式求得。平差时利用已联测等级水准的 C、D 级 GPS 控制点进行高程约束，所选择的约束点一般应在 4 点以上且须分布均匀。

2.2.2.7 提交成果

（1）水准观测记录、平差计算手簿；

（2）水平角外业观测记录、平差计算手簿；

（3）D 级 GPS 控制网技术设计书；

（4）GPS 控制点的点之记；

（5）GPS 控制网展点图及通视图；

（6）GPS 野外观测原始数据及平差计算资料；

（7）GPS 野外测量作业调度表；

（8）GPS 外业观测记录手簿；

（9）GPS-D 级控制点成果表；

（10）D 级 GPS 控制网技术总结报告和成果检查报告；

（11）接收设备、气象及其他仪器的检验资料；

（12）外业观测数据质量分析及野外检核计算资料；

（13）测区技术总结报告；

（14）测区检查报告；

（15）仪器检定报告。

2.3 地籍图根平面控制测量

图根平面控制测量是为满足地籍细部测量和日常地籍管理的需要,在基本控制(首级网和加密控制网)点的基础上进行加密,其控制成果直接服务于测量界址点和测绘地籍图。图根控制点的精度和密度应满足界址点坐标测量的精度要求,特别对于城镇中建筑物分布错综复杂、密集的地区,应考虑增加图根控制点的密度,以满足下一步地籍细部测量的实际要求。对于地籍图根控制点,应尽可能埋设永久性或半永久性标志,内业处理时,应有示意图、点之记描述。

地籍图根控制测量可采用 GNSS-RTK 模式、GNSS 快速静态定位模式或传统导线测量方式进行。

2.3.1 图根导线测量

地籍图根控制网的精度是以保证界址点坐标的精度(一级:中误差≤±5 cm;二级:中误差≤±7.5 cm)来参考的,只要界址点坐标的精度达标,那么地籍图的精度自然也就得到了保证。目前一、二级导线的平均边长都在 100 m 以上,如果用这样密度的控制点来测定复杂隐蔽的居民地的界址点的话,必然需要大量的过渡点,不但工作量大,效率低,在精度方面也难以保证。因此,经济又可靠的方法是布网时增加控制点的密度。根据实际需要,可在二级导线的基础上,布设适当的图根导线进行加密。

图根导线的布设形式有闭合导线、附合导线、无定向附合导线、支导线。在首级控制许可的情况下,尽可能采用附合导线和闭合导线,但如果控制点遭到破坏,不能满足要求,可考虑无定向附合导线、支导线。表 2-3-1 提供了两个等级的图根导线的技术指标,作业时可选用其中的一个。

表 2-3-1 图根导线技术参数表

等级	平均边长/m	附合导线长度/km	测距中误差/mm	测角中误差/(″)	导线全长相对闭合差	水平角观测测回数		方位角闭合差/(″)	距离测回数
						DJ$_2$	DJ$_6$		
一级	100	1.5	±12	±12	1/6 000	1	2	±24$\sqrt{n}$	2
二级	75	0.75	±12	±20	1/4 000	1	1	±40$\sqrt{n}$	1

图根导线的边长已充分考虑复杂居民点的实际情况,目的是在控制点上能够直接测到界址点,对于特别隐蔽的地方,界址点离开控制点的距离也会约束在较短的范围内。

2.3.2 GNSS-RTK 技术

实时动态(Real Time Kinematic,RTK)测量技术具备操作简便、工作效率高,精度不仅能达到导线测量的精度,而且误差分布均匀,不存在误差积累问题,利用它进行图根控制测量时不受天气、地形、通视等条件的限制，是其他方法无法比拟的。如今，RTK 技术已广泛应用于地籍图根平面控制测量及日常地籍测量的工作中。

GNSS-RTK 是基于载波相位测量的实时差分定位测量技术，能实时获取测站点在指导坐标系中的三维定位结果，精度能达到厘米级（$1\sim2\ \text{cm}\pm2\times10^{-6}D$），完全满足界址点对邻近图根点位中误差及界址线与邻近地物或邻近界线的距离中误差不超过 10 cm 的精度要求。其他的 GNSS 作业模式观测数据需在测后处理，不仅无法实时地给出观测站的定位结果，而且也无法对基准站和用户观测数据的质量进行实时地检核。

RTK 测量模式是在基准站上设置 1 台 GNSS 接收机，对所有可见卫星星座进行连续观测，并将已知 WGS-84 坐标和观测数据用数传电台或 GPRS/CDMA 数传终端立实时地传输给流动站。在流动站上的接收机，在接收卫星发送的信号的同时，还通过无线电接收设备接收基准站传输的观测数据，通过差分处理，实时解算载波相位整周模糊度，进而得到基准站和流动站之间的坐标差 $\Delta X、\Delta Y、\Delta Z$，坐标差再加上基准站坐标得到流动站的 WGS-84 坐标，最后通过坐标转换参数求出流动站每个点在相应坐标系的坐标。具体作业流程如图 2-3-1 所示。

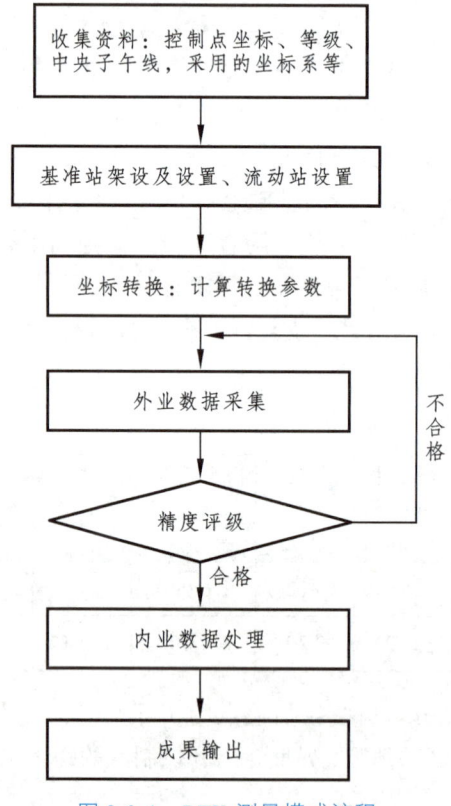

图 2-3-1　RTK 测量模式流程

（1）收集测区已有控制成果。

（2）基准站架设及设置。

GPS-RTK 定位的数据处理过程是基准站和流动站之间的单基线处理过程，基准站和流动站的观测数据质量好坏、无线电信号传播质量好坏对定位结果影响很大，因此基准站的位置的选择尤为重要。一般地，基准站应架设地势较高，视野开阔且空旷的地方，如山头或楼顶上。尽量避免架设在高压输变电设备、无线电通信设备收发天线等对 GPS 信号的接收和无线电信号的传输产生较大影响的物体附近。由于差分技术的前提是作差分的两站的卫星信号传播路径相同或类似，随着流动站与基准站之间距离的增大，误差的相关性大大减少，求解精度降低，所以流动站与基准站距离不能太大，一般不超过 10 km。

基准站设置主要包括新建项目、坐标系统管理、电台类型及数据链设置、基准站坐标输入、基准站工作启动等。完成上述设置后，可以启动基准站，开始测量并通过电台天线传送数据。

（3）流动站设置。

主要包括坐标系统管理、流动站电台频率类型、电台频道确认，有关坐标输入、流动站工作启动等。完成设置，启动流动站，开始测量工作。

（4）坐标转换。

GNSS-RTK 测量时，只有通过坐标转换将 GNSS 观测得到的 WGS-84 坐标转换到国家统一坐标或独立坐标中，从而得到待测点在国家统一坐标系或者地方独立坐标系中的坐标。WGS-84 坐标到国家平面坐标（如 CGCS2000）的转换，可采用高斯投影的方法。这时需要确定源坐标（WGS-84）与地方坐标（如国家平面坐标）两个大地测量基准之间的转换参数：四参数——2 个坐标轴平移量、1 个旋转角度、尺度比；七参数——3 个坐标平移量、3 个旋转角度、尺度比。通常情况下，一般利用已有的控制点成果求取坐标转换参数。

（5）成果精度评定。

GNSS-RTK 模式与静态测量模式相比，多出一些如数据链传输误差等这样的误差因素，更容易出错，所以必须进行质量控制，以保证实测精度和可靠性。研究表明，GNSS-RTK 模式确定整周模糊度的可靠性最高为 95%，需要进行已知点检核。一般采用已知点检核和重测比较法，确认符合要求后再进行测量。

（6）内业数据处理。

数据传输，即在接收机与计算机之间进行数据交换。GNSS-RTK 模式进行测量数据处理相对于 GNSS 静态相对定位测量模式简单，均通过手簿导入数据参数，传输模式均为现今常用方式，操作简单，直接将成果进行输出和打印，得到控制点成果。

思考题

1. 简述地籍控制测量的概念、原则和特点。
2. 简述我国统一的分带方法及其相互之间的转换。
3. 简述使用国家统一坐标系的优点。
4. 简述地籍图根控制测量的主要技术指标。
5. 简述利用 GNSS 定位测量技术进行地精基本控制测量各阶段的主要工作。
6. 简述利用全站仪进行地籍基本控制测量的操作步骤。
7. 简述 GNSS-RTK 图根控制测量作业流程。
8. 熟悉坐标转换工具的基本操作。

3 土地权属调查与测绘

项目引入

为了推进农村土地产权制度改革，搞好农村土地确权、登记、颁证工作，依法维护集体土地权利人的合法权益，维护农村社会稳定。结合全州自身的实际情况，××州人民政府决定统一部署开展农村集体土地确权登记工作。

该州位于××省西南部，地理位置位于东经××°××′~××°××′，北纬××°××′~××°××′之间。东西长200 km，南北宽170 km，政区面积16 800 km²。该县，南抵××自治区，西接××省，北靠××市。市辖1市5县、4个街道办事处、76个镇、47个乡、70个居民委员会、1 090个村民委员会、12 800个村民组。2010年末全州人口340万人，少数民族人口占42.47%。有汉、藏、苗、彝、回、亿佬、壮、瑶、侗、水、满、白、土家等35个民族。

该州整个地形西高东低，北高南低。最高点是××市××高原顶峰，海拔为2 300米。最低点在××县清水河边小落河口，海拔为200 m，高差为2 100 m，海拔大多在1 000~2 000 m。全州境内地形起伏大，类型多，过渡性显著，由此导致了一系列其他因素的变化，使水文、土壤、植被具有复杂性，内部差异明显，境内河流均属长江流域，河长大于10 km以上的有144条。

按照国家统一的技术标准，全面查清全州每宗集体土地权属、界址、面积和利用状况等信息，建立全州城乡一体化地籍调查数据库及信息管理系统。

3.1 土地权属确认

3.1.1 土地权属的确认方式

所谓土地权属的确认（简称确权）是指依照法律对土地权属状况的认定，包括土地所有权和土地使用权的性质、类别、权属主及其身份、土地位置等的认定。确权涉及用地的历史、现状、权源、取得时间、界址及相邻权属主等状况，是地籍调查中一件细致而复杂的工作。一般情况下，确权工作由当地政府授权的土地管理部门的主持，土地权属主（或授权指界人）、相邻土地权属主（或授权指界人）、地籍调查员和其他必要人员都必须到现场。具体的确认方式如下：

（1）文件确认。它是根据权属主所出示并被现行法律所认可的文件来确定土地使用权或所有权的归属，这是一种较规范的土地权属认定手段，城镇土地使用权的确认大多用此方法。

（2）惯用确认。它主要是对若干年以来没有争议的惯用土地边界进行认定的一种方法，是一种非规范化的权属认定手段，主要适用于农村和城市郊区。在使用这种认定方法时，为防止错误发生，要注意以下几点：一是尊重历史，实事求是，二是注意四邻认可，指界签字，三是不违背现行法规政策。

（3）协商确认。当确权所需文件不详，或认识不一致时，本着团结、互谅的精神，由各方协商，对土地权属进行认定。

（4）仲裁确认。在有争议而达不成协议的情况下，双方都能出示有关文件而又互不相让的情况下，应充分听取土地权属各方的申述，实事求是地、合理地进行裁决，不服从裁决者，可以向法院申诉，通过法律程序解决。

3.1.2 土地权属的确认

1. 农村地区（含城市郊区）土地所有权和使用权的确认

农村土地所有权和使用权的确认涉及村与村、乡与乡、乡村与城市、村与独立工矿及事业单位的边界等。它不但形式复杂，而且往往用地手续不齐全。因此，应将文件确认、惯用确认、协商确认或仲裁确认几种方式结合起来确认农村土地所有权和使用权。对完成了土地利用现状调查的地区，其调查成果的表册和图件是很有说服力的确权文件的，应予承认。

铁路、公路、军队、风景名胜区和水利设施等用地，其所有权属国家，使用权归各管理部门。由于这些用地分布广泛，并且比较零乱，其权属边界比较复杂。在进行土地权属调查时，按照土地使用原则和征地或拨地文件确认土地的使用权和所有权。

2. 城市土地使用权的确认

城市的土地所有权为国家所有，权属主只有土地使用权。城市土地使用权主要按下述文件确认。

（1）单位用地红线图。红线图是指在大比例尺的地形图上标绘用地单位的用地红线，并注有用地单位名称、用地批文的文件名、批文时间、用地面积、征地时间、经办人和经办单位印章等信息的一种图件。红线图的形成经过建设立项、上级机关批准、用地所在市县审批、城市规划部门审核选址、地籍管理部门和建设用地部门审定和办理征（拨）地手续、再由城市勘测部门划定红线等一系列法定手续。红线图是审核土地权属的权威性文件。在进行地籍调查时，可根据该红线图来判定土地权属，并到实地勘定用地范围的边界。

（2）房地产使用证。包括地产使用证、房地产使用权证或房产所有权证。1949年以来的几十年中，有的城市曾经核发过地产使用证。1978年至1986年，城市房地产部门组织过地籍测量，绘制过房产图，并发放过房地产使用权证或房产所有权证。这些文件可作为确权依据。

（3）土地使用合同书、协议书、换地书等。1949年至1986年的几十年中，企事业单位之间的调整、变更，企事业单位之间的合并、分割、兼并、转产等情况，它们所签订的各种形式的土地使用合同书、协议书、换地书等，本着尊重历史、注重现实的原则，可作为确权文件。

（4）征（拨）地批准书和合同书。1949年至1982年，企事业单位建设用地采取征（拨）地制度。权属主所出示的征（拨）地批准书和合同书，可作为确权文件。

（5）有偿使用合同书（协议书）和国有土地使用权证书。1986年之后，国家进一步明确了土地所有权与使用权分离的制度，改无偿使用土地为有偿使用土地。政府土地管理部门为国有土地管理人，以一定的使用期限和审批手续，对土地使用权进行出让、转让或拍卖。所签订的有偿使用合同书（或协议书）和发放国有土地使用权证是土地使用权确认的文件。

（6）城市住宅用地确权的文件。现阶段我国的城市住宅有三种所有制，即全民所有制住宅、集体所有制住宅和个人所有制住宅。一般情况下，住宅的权属主同时是该住宅所坐落的土地的权属主。单位住宅用地根据其征（拨）地红线图和有关文件确权；个人住宅用地（含购商品房住宅）根据房产证、契约等文件确权；奖励、赠与的房屋用地应根据奖励证书、赠与证书和有关文件（如房产证）确认土地使用权。

3.2 不动产单元的设定与编号

要达到科学管理土地的要求，地籍必须建立地块标识系统，包括土地的划分规则和编号系统。这不仅有利于土地利用规划、计划、统计与管理，而且便于资料整理以及信息化、自动化管理，便于检索、修改、存储、利用。

3.2.1 土地划分

土地划分是指为满足土地管理工作的需要所确定的地块所属地域上的空间层次。根据我国国情，划分的空间层次应与行政管理系统相一致。

3.2.1.1 地籍区和地籍子区

这两个名词是根据地籍工作的需要而设立的。在我国，地籍管理的基层单位为县、区级土地管理部门。实际工作中，地籍区相当于街道或乡镇，地籍子区相当于街坊或行政村。当然还有其他的划分方法。在德国的某些地方用二千分之一的地籍图的图幅范围为一个地籍区或地籍子区。

3.2.1.2 地块、宗地及丘

地块是可辨认出同类属性的最小土地单元。在地面上确定一个地块实体的关键在于根据不同的目的确定"同类属性"的含义。它可以是权利的，或生态的，或经济的，或利用类别的，等等。如地块具有权利上的同一性，则称为权利地块，实质上就是我们所说的宗地或丘；如地块具有利用类别上的同一性，则称分类地块，在土地利用现状调查中称图斑；如地块具有质量上的统一性，则称质量地块（均质地域）；如地块是受特别保护的耕地，则叫农田保护区或基本农田保护区；等等。地块的特征如下：

（1）在空间上具有连续性。

（2）空间位置是固定的，边界是相对明确的。

（3）"同类属性"既可以是某一种属性，也可以是某一类属性的集合，即可以采用土地的权利、质量、利用类别等中的一个属性或几个属性的组合作为"同类属性"来标识一个地块的具体空间位置。在地籍工作中，宗地、图斑、均质地域、农田保护区等都是具有确定的"同类属性"的地块。

宗地是指权利上具有同一性的地块，即同一土地权利相连成片的用地范围。根据地块的含义，宗地具有固定的位置和明确的权利边界，并可同时辨认出确定的权利、利用、质量和时态等土地基本要素。

房产测量讨论房屋用地单元是以丘为单位。表3-2-1是"地块""宗地"和"丘"三个概念的出处和含义对比。

表 3-2-1 "地块""宗地"和"丘"三个概念的出处和含义

标准名称	《房产测量规范》	《地籍调查规程》	《地籍测绘规范》
标准性质	国家标准	行业标准	行业标准
制定部门	建设部、国家测绘局	国家土地管理局	国家测绘局
发布年月	2000年2月	1993年6月	1994年11月
土地的调查与测绘单元	丘	宗地	地块
定义	地表上一块有界空间	权属界址线封闭的地块	一块有边界、有确定权属主和利用类别的土地
独立单元	独立丘	独立宗	地块
组合单元	组合丘	组合宗	无
再划分	支丘	子宗或别的名称	不再划分
核心内容	有界	权属	权属、利用

3.2.1.3 宗地的划分

根据权属性质的不同，宗地可分为土地所有权宗地和土地使用权宗地。依照我国相关法律法规，通常调查集体土地所有权宗地、集体土地使用权宗地和国有土地使用权宗地。

1. 基本方法

无论是集体土地所有权宗地，还是集体土地使用权宗地和国有土地使用权宗地，其划分如下：

（1）由一个权属主所有或使用的相连成片的用地范围划分为一宗地；

（2）如果同一个权属主所有或使用不相连的两块或两块以上的土地，则划分为两个或两个以上的宗地；

（3）如果一个地块由若干个权属主共同所有或使用，实地又难以划分清楚各权属主的用地范围的，划为一宗地，称组合宗。

（4）对一个权属主拥有的相连成片的用地范围，如果土地权属来源不同，或楼层数相差太大，或存在建成区与未建成区（如住宅小区），或用地价款不同，或使用年期限不同等情况，在实地又可以划清界限的，可划分成若干宗地。

2. 集体非农建设用地使用权宗地划分

在农村和城市郊区，依据宗地划分的基本原则，农村居民地内村民建房用地（宅基地）和其他建设用地，可按集体土地的使用权单位的用地范围划分为宗地，一般反映在农村居民地地籍图（岛图）上。

3. 集体土地所有权宗地的划分

（1）属同一农民集体经济组织或农村居民个人所拥有或使用的权属界址线所封闭的集体土地（含该集体所有的建设用地）划分为一宗地。

（2）同一所有者的集体土地被国有铁路、公路、河流、沟渠等线状地物分割的，应分别划分宗地。但对线状地物狭窄、图上难以准确反映其实地状况的，也可不单独分宗，但要在调查时注明，并相应扣除其面积。

（3）村集体经济组织或村民委员会共用学校、寺庙、祠堂、墓地、山林、荒山、自然河流、排灌沟渠、塘坝等可单独设宗。

4. 城镇以外的国有土地使用权宗地的划分

城镇以外，铁路、公路、工矿企业、军队等用地，都是国有土地，这些国有土地使用权界线大多与集体土地的所有权界线重合，其宗地的划分方法与前述相同。

5. 争议地、间隙地和飞地

争议地是指有争议的地块，即两个或两个以上土地权属主都不能提供有效的确权文件，却同时提出拥有所有权或使用权的地块。

间隙地是指无土地使用权属主的空置土地。

飞地是指镶嵌在另一个土地所有权地块之中的土地所有权地块。

飞地、插花地应单独设宗，宗地编码在原村或村民组宗地编码基础上递增。争议地，不得划入任何宗地，待争议调解、处理、确权后，再行划入相应宗地或单独设宗。

3.2.2 不动产单元的设定与编码

1. 不动产单元设定

（1）集体土地所有权宗地应设定不动产单元。

（2）无定着物的使用权宗地（宗海）应设为一个不动产单元。

（3）有定着物的使用权宗地（宗海），宗地（宗海）内的每个定着物单元与该宗地（宗海）应设为一个不动产单元。

2. 不动产单元编码

（1）代码结构。

按照每个不动产单元应具有唯一代码的基本要求，依据《信息分类和编码的基本原则和方法》（GB/T 7027—2002）规定的信息分类原则和方法，不动产单元代码采用七层28位层次码结构，由宗地（宗海）代码与定着物代码构成。

（2）不动产单元编码。

① 宗地（宗海）代码为五层19位层次码，采用 TD/T 1001 规定的编码规则，按层次分别表示县级行政区划、地籍区、地籍子区、宗地（宗海）特征码、宗地（宗海）顺序号，其中宗地（宗海）特征码和宗地（宗海）顺序号组成宗地（宗海）号。

② 定着物代码为二层 9 位层次码,按层次分别表示定着物特征码、定着物单元编号。

③ 不动产单元代码结构如下例:

某县第 9 地籍区第 11 地籍子区的集体所有权土地,宗地顺序号为 12 的宗地为一处农村宅基地,且该处宅基地上建有 3 栋住房,房屋同属于一个产权人。这 3 栋房屋可构成一个定着物单元,该定着物单元的幢顺序号可标识为 9999,编制不动产单元代码方法如下:

宗地代码:340123009011JC00012

定着物代码:F99990001

不动产单元代码:340123 009011 JC00012 F99990001

解释如下:

第一层次为县级行政区划,代码为 6 位,采用 GB/T 2260 规定的行政区划代码。

第二层次为地籍区,代码为 3 位,码值为 000~999;其中,海籍调查时,地籍区可用"000"表示。

第三层次为地籍子区,代码为 3 位,码值为 000~999;其中,海籍调查时,地籍子区可用"000"表示。

第四层次为宗地(宗海)特征码,代码为 2 位。

其中:

第 1 位用 G、J、Z 表示。"G"表示国家土地(海域)所有权,"J"表示集体土地所有权,"Z"表示土地(海域)所有权未确定或有争议。

第 2 位用 A、B、S、X、C、D、E、F、G、H、W、Y 表示。"A"表示集体土地所有权宗地,"B"表示建设用地使用权宗地(地表),"S"表示建设用地使用权宗地(地上),"X"表示建设用地使用权宗地(地下),"C"表示宅基地使用权宗地,"D"表示土地承包经营权宗地(耕地),"E"表示土地承包经营权宗地(林地),"F"表示土地承包经营权宗地(草地),"H"表示海域使用权宗海,"G"表示使用权无居民海岛,"W"表示使用权未确定或有争议的土地(海域),"Y"表示其他使用权土地(海域),用于宗地(宗海)特征扩展。

第五层次为宗地(宗海)顺序号,代码为 5 位,码值为 00001~99999,在相应的宗地(宗海)特征码后顺序编号。

第六层次为定着物特征码,代码为 1 位,用 F、L、Q、W 表示。"F"表示房屋等建筑物、构筑物,"L"表示森林或林木,"Q"表示其他类型的定着物,"W"表示无定着物。

第七层次为定着物单元编号,代码为 8 位。

3.3 土地权属调查

地权属调查是指以宗地为单位,对土地的权利、位置等属性的调查和确认(土地登记前具有法律意义的初步确认)。土地权属调查可分为土地所有权调查和土地使用权调查。在我国,初始土地所有权调查与土地利用现状调查一起进行,同时也调查城镇以外的国有土地使用权,如铁路、公路、独立工矿企事业、军队、水利、风景区的用地和国营农场、林场、苗圃的用地等。

3.3.1 土地权属调查的内容

(1)土地的权属状况,包括宗地权属性质、权属来源、取得土地时间、土地使用者或所有者名称、土地使用期限等。

(2)土地的位置,包括土地的坐落、界址、四至关系等。

(3)土地的行政区划界线,包括行政村界线(相应级界线)、村民小组界线(相应级界线)、乡(镇)界线、区界线以及相关的地理名称等。

(4)对城镇国有土地,调查土地的利用状况和土地级别。

3.3.2 技术流程

农村集体土地使用权确权技术流程如图 3-3-1 所示。

(1)发布公告:由市人民政府发布集体土地确权登记发证工作公告。

(2)提交证件:全市范围集体经济组织、村民个人在公告规定的时间内,向所在地的国土资源管理所提交集体土地确权登记有关文件、材料,申请集体土地确权登记发证的复核。提交的材料主要包括:

① 土地登记申请书或原市、县区政府颁发的《集体土地使用证》原件。

② 土地权属来源证明。

③ 申请人身份证明材料。

④ 个人申请登记应持的户口簿或户主身份证明;委托代理申请登记的,持委托书及代理人身份证明。

(3)查验证书:对各户权属相关证件的查验及土地登记资料的审查工作。

(4)实地勘测:集体土地确权登记发证工作人员按土地证书登记情况、结合集体土地所有权、使用权清理、地籍管理规范化建设、土地登记成果资料等,复查宗地的权属来源、四址界限、使用面积、批准用途等,并根据复查情况进行补充完善。

(5)登记发证:经查验与实地勘查相符,并达到"权属合法,界址清楚,面积准确,材料齐全,无争议"的村民集体土地所有权、使用权,由市(县、区)国土资源局按照《土地登记办法》的规定进行复核,继续延用原有登记成果资料,换发新版土地证书。对集体土地确权面积发生变化的宗地,依据有关的法律法规,由各国土资源所重新进行登记上报土地登记资料,由市(县、区)国土资源局核发土地证书。

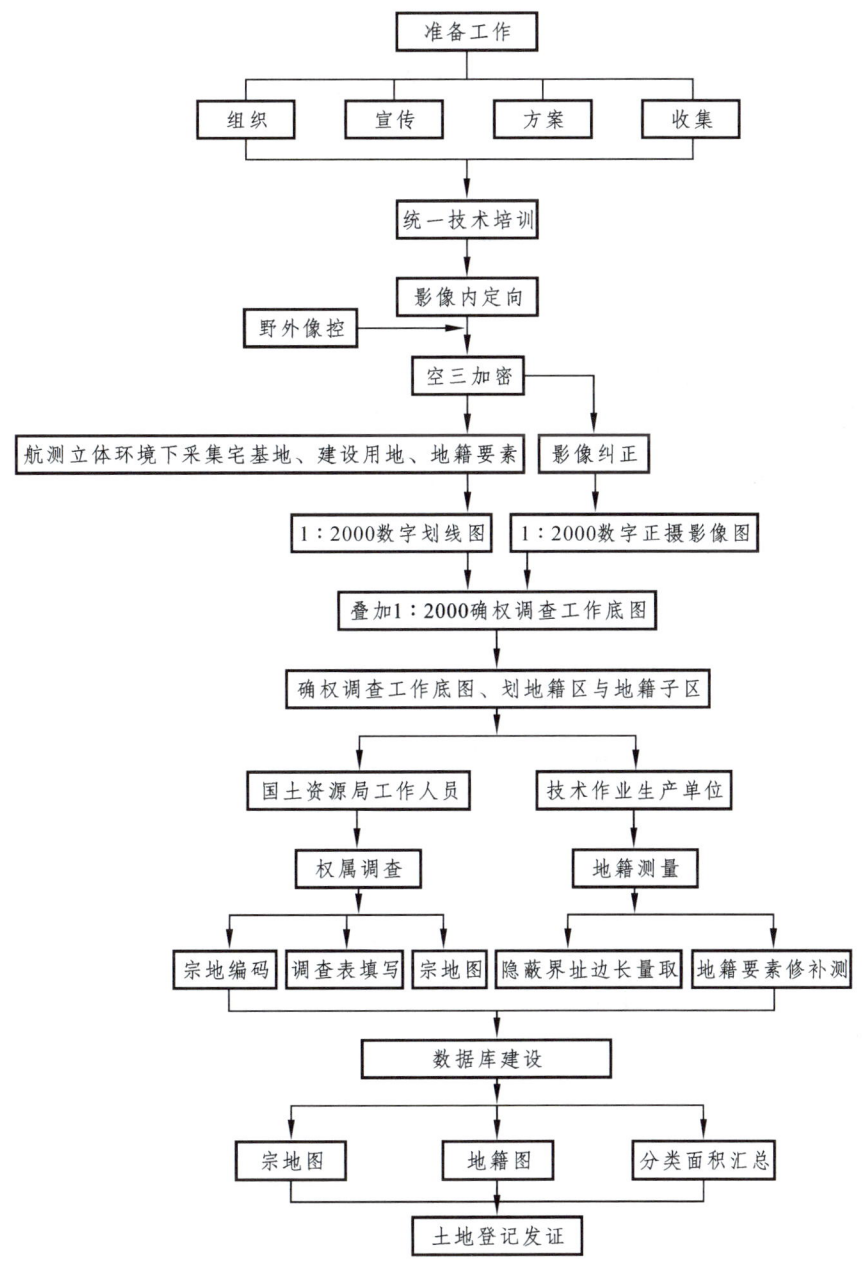

图 3-3-1　农村集体土地使用权确权技术流程

3.3.3　土地权属状况调查

权属调查人员在接收土地登记部门转来的申请文件后，在充分准备的情况下，备齐调查工作底图、地籍调查表以及测量工具，会同宗地边界双方委派的指界人员以及测绘人员，共同到实地进行调查工作。调查作业组一般由三到四人组成，一人协调联络，一人负责调查记录并绘宗地草图，两人进行丈量和确认界址点标志。当调查工作熟练时，根据情况调整工作人员。

实地调查的内容是宗地位置、土地使用者性质、土地权属性质、权源情况、土地利用状况和土地权属界址等。

3.3.3.1 土地位置和土地使用者

土地位置是指宗地所坐落的区、街道和门牌号码，一般与通信地址相一致。同时调查核实宗地四至，并落实宗地编号，逐一填写在地籍调查表中。宗地四至在表中可写四邻单位名称及宗地号，也可填写"详见宗地草图"。

土地使用者调查主要是核实土地使用者（单位）全称或户主姓名、单位性质、单位法人代表，以及上级主管部门全称。单位全称应与单位公章刻名相一致。土地使用者为经验单位应与营业执照一致，个人土地使用者应与身份证相一致。

单位性质分别为全民所有制、集体所有制、股份制、外资、联营、民营和个体等。个人用地可不填上级主管部门。

3.3.3.2 土地权属状况及土地利用状况

土地使用者所用土地的权属性质、用地权属来源、实际用途以及土地利用现状、共用情况和使用期限等，皆需要现场调查核实，填表登记。

对于一宗地内有不同类别的用地，如工厂内的居民区，学校内的商业用地等，均应认真查清，对于一宗地为多层建筑物，应以第一层建筑物的主要用途，按土地分类的规定确定其土地类别。

1. 用地来源

现场宗地权源调查主要是核实和填表，即现场初步核实土地权属来源证明材料是否合法、齐全以及与实际情况是否一致。现场填表是土地权属调查的文字依据，由调查人员将调查核实结果记载在地籍调查表中。

2. 土地用途

宗地的土地用途是指按照国家颁布饿土地分类文件的规定，调查该宗地的实际使用情况。

3. 权属性质

调查土地使用者结合土地权源，按照我国法律对土地权属的分类类别，进行对照归类，记入地籍调查表中。

4. 使用权

共用宗地的使用权为共有使用权，各个使用者编号可用支号表示。

5. 使用期限

使用期限是指权属证明材料上，批准土地使用者使用该地块的最高年限。在我国，城镇国有土地使用权出让的最高年限规定为：住宅用地 70 年；工业用地 50 年；教育、科技、文化、卫生、体育用地 50 年；商业、旅游、娱乐用地 40 年；综合或者其他用地 50 年。

3.3.4 土地权属界址调查

界线调查时，必须向土地权属主发放指界通知书，明确土地权属主代表到场指界时间、地点和需带的证明与权源材料。

1. 界址调查的指界

界址调查的指界是指确认被调查宗地的界址范围及其界址点、线的具体位置。现场指界必须由本宗地及相邻宗地指界人亲自到场共同指界。若由单位法人代表指界，则出示法人代表证明。当法人代表不能亲自出席指界时，应由委托的代理人指界，并出示委托书和身份证明。由多个土地所有者或使用者共同使用的宗地，应共同委托代表指界，并出示委托书和身份证明（见表 3-3-1 和表 3-3-2）。

表 3-3-1 地籍调查法人代表身份证明书

```
_____ 同志，在我单位任 _____ 职务，系我单位法人代表，特此证明。
                                              单位全称（盖章）
                                                年    月    日
附注：
1. 该代表人办公地点：
   联系电话：
2. 企事业单位、机关、团体的主要负责人为本单位的法定代表人。
```

表 3-3-2 指界委托书

```
_____ 县（市、区）土地管理局
今委托 _____ 同志（性别：_____ 年龄：_____ 职务：_____）
全权代表本人出席 _____ 区 _____ 街
号土地权属界线现场指界。
                                              委托人：（盖章）
                                              单位：（盖章）
                                              委托代理人：（盖章）
                                              委托日期：   年   月   日
附注：
受委托人办公地点：
联系电话：
```

对现场指界无争议的界址点和界址线，要埋设界标，填写宗地界址调查表，各方指界人要在宗地界址调查表上签字盖章，对于不签字盖章的，按违约缺席处理。

对于违约缺席指界的，根据不同情况按下述办法处理：

（1）如一方违约缺席，其界址线以另一方指定的界址线为准确定。

（2）如双方违约缺席，其界址线由调查员依据有关图件和文件，结合实地现状决定。

（3）确定界址线（简称确界）后的结果以书面形式送达违约缺席的业主，并在用地现场公告，如有异议的，必须在结果送达之日起十五日内提出重新确界申请，并负责重新确界的费用，逾期不申请，确界自动生效。

2．权属主不明确的界线调查

（1）征地后未确定使用者的剩余土地和法律、法规规定为国有而未明确使用者的土地，在国有土地使用权、乡（镇）集体土地所有权和村集体土地所有权界线调查的基础上，根据实际情况划定土地界线。

（2）暂不确定使用者的国有公路、水域的界线，一般按公路、水域的实际使用范围确界。

（3）不明确或暂不确定使用者的国有土地与相邻权属单位的界线，暂时由相邻权属单位单方指界，并签订《权属界线确认书》，待明确土地使用者并提供权源材料后，再对界线予以正式确认或调整。

3．乡镇行政境界调查

调查队会同各相邻乡（镇）土地管理所依据既是村界又是乡（镇）界的界线，结合民政部门有关境界划定的规定，分段绘制相邻乡（镇）行政境界接边草图，并将该图附于《乡（镇）行政界线核定书》，并由调查队将所确定的乡（镇）行政界线标注在航片或地形图上，提供内业编辑。

3.3.5 土地权属界址

3.3.5.1 界址线、界址点及界标

土地权属界址（简称界址）包括界址线、界址点和界标。

所谓土地权属界址线（简称界址线）是指相邻宗地之间的分界线，或称宗地的边界线。有的界址线与明显地物重合，如围墙、墙壁、道路、沟渠等，但要注意实际界线可能是它们的中线、内边线或外边线。

界址点是指界址线或边界线的空间或属性的转折点。

界标是指在界址点上设置的标志。界标不仅能确定土地权属界址或地块边界在实地的地理位置，为今后可能产生的土地权属纠纷提供直接依据和和睦邻里关系，同时也是测定界址点坐标值的位置依据。《城镇地籍调查规程》设计了 5 种界标，分别如图 3-3-2～图 3-3-6。

（1）混凝土界址标桩（地面埋设用）如图 3-3-2 所示。

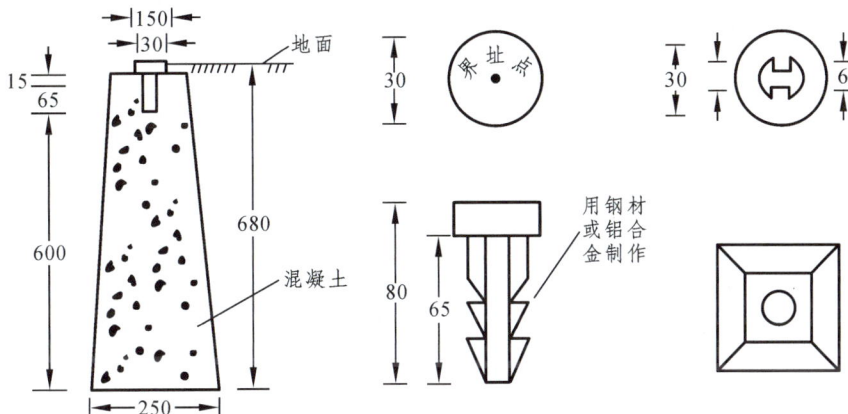

图 3-3-2　混凝土界址标桩（单位：mm）

（2）石灰界址标桩（用于地面填设）如图 3-3-3 所示。

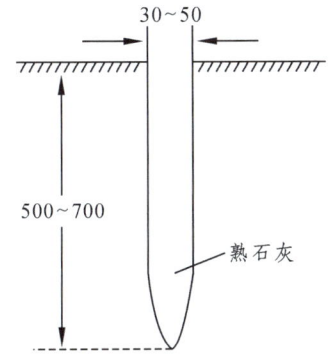

图 3-3-3　石灰界址标桩（单位：mm）

（3）带铝帽的钢钉界址标桩（在坚硬的地面上打入埋设）如图 3-3-4 所示。

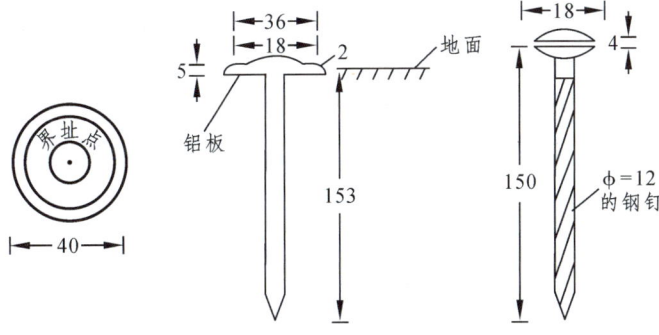

图 3-3-4　带铝帽的钢钉界址标桩（单位：mm）

（4）带塑料套的钢棍界址标桩（在房、墙角浇筑）如图3-3-5所示。

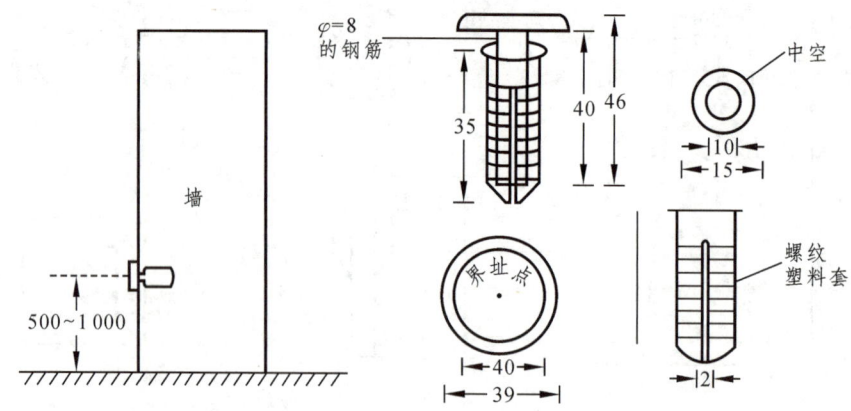

图3-3-5　带塑料套的钢棍界址标桩（单位：mm）

（5）喷漆界址标志（在墙上喷漆）如图3-3-6所示。

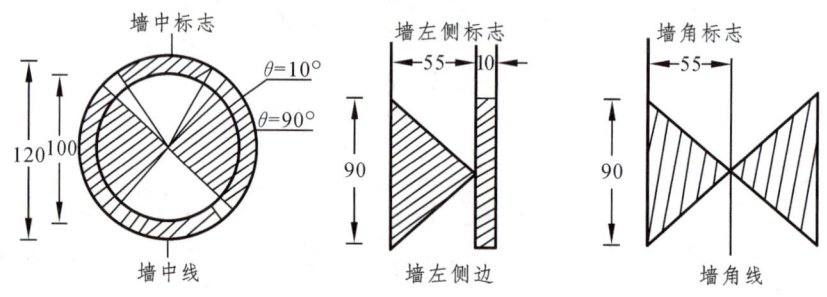

图3-3-6　喷漆界址标志（单位：mm）

3.3.5.2　界址确定

界址确定是宗地现场调查的一项关键性工作，调查员应根据权源证件确界，有关事项明确如下。

（1）必须由本宗地和邻宗地的指界人共同现场指界。双方均无争议时，即一致认定界址；当双方有界址争议时，如无法解决按照使用现状采用未确界表示，并认真记录纠纷原因。

（2）如果使用范围无明显地物线，且没有权属纠纷，可根据实际使用情况确定线。

（3）墙体为界标物时，应明确墙体用地的归属，尤其要注意确定其公用界址点位置；墙基线外占用人行道的台阶、雨罩等构筑物用地一般不确。

（4）临街建筑物一般应按底层硬界定界，不占用道路红线、不影响公用通行的门前空地，可根据有效的权属资料，依据《城镇地籍调查规程》的要求定界；临街建筑物的挑檐、雨罩、临时搭建物、装饰性的凸出部分不作为确界的依据。

（5）不临街建筑物的挑檐，有协议的，依据协议定界，无协议的一般不做为定界的依据。

（6）永久性的门廊、有柱雨棚、裙楼等可作为定界的依据；临时搭建物不作为确界的依据。

（7）在单位门口形成内折"八"字形的交通用地时，只要不占用公共道路（含人行道），就可以确权给该宗地；界址线呈折线形状，其短折线长度不足 10 cm 时，可舍去内侧拐点，按外侧拐点连线确界；界址线呈圆弧形状时，可以短折线取代圆弧线，但应确保其矢距小于 20 cm。

（8）在两宗地界址物间存在着宽度为 1.0 m 以内的非通道性狭弄时，有协议按协议确界，无协议的以双方各半确权。

（9）共用宗要查清各自地面使用部分的面积和共用部分的界线。

住宅楼以墙体拐点连线（含围墙内天井及凹凸部分用地）定界；综合楼用地，以用地红线和实地情况定界。

（10）城镇、村居民户的宅基地，以有合法证照的建筑物墙界定界；有院落无争议也可划入宗地内。

（11）新征（拨）用、出让的土地及在建工程项目用地的界址线，以批准的用地红线作为依据，城市规划道路、绿地、市政公用设施等用地予以扣除。

3.3.5.3 界址点编号

1. 农村集体土地所有权界址点编号

（1）县（市、区）界线上的界址点，以字母"AJ"开头全县（市、区）统一顺序编制，如 AJ_1、AJ_2、AJ_3、……、AJ_n。原县（市、区）行政区域界线上的界桩编号可直接采用。

（2）乡（镇）界线上的界址点，以字母"BJ"开头，全县统一顺序编制。如 BJ_1、BJ_2、BJ_3、……、BJ_n。

（3）村界上的界址点，以字母"CJ"开头，以乡（镇）为单位，统一顺序编制。如 CJ1、CJ2、……、CJ_n。飞地按粉红色封闭线圈定，可不标定界址点。

（4）村民组的界址点，以字母"ZJ"开头，以村为单位，统一顺序编制。如 ZJ_1、ZJ_2、ZJ_3、……、ZJ_n。飞地按粉红色封闭线圈定，可不标定界址点。

（5）村或村民组内的国有宗地（如国有林场、茶场、农场等）用粉红色封闭线圈定，可不标定界址点。

（6）界址点不得重号。

2. 农村集体土地使用权界址点编号

农村集体土地使用权调查界址点编号，按照宗地内编号，如 J_1、J_2、J_3、……、J_n，从西北角顺时针编号，不得重号。

3.3.6 地籍调查表

3.3.6.1 宗地草图

宗地草图是描述宗地位置、界址点、线和相邻宗地关系的实地草编记录。在进行权属调查时，调查员填写并核实所需要调查的各项内容，实地确定了界址点位置并对其埋设了标志后，现场草编绘制宗地草图。为城镇土地使用权宗地草图。

利用软件展绘的细部点图，野外根据实地连线绘制街坊草图，并采用钢尺补充勘丈相关距离数据，勘丈界址边、界址点与邻近地物点距离（拴距）、地物点间距等，将边长数据、地名、楼房层次等地籍、地形要素名称注记在草图上，供室内图形编辑。

1. 宗地草图记录的内容

（1）本宗地号和门牌号，权属主名称和相邻宗地的宗地号、门牌号、权属主名称；
（2）本宗地界址点，界址点序号及界址线，宗地内地物及宗地外紧靠界址点线的地物等；
（3）界址边长、界址点与邻近地物的相关距离和条件距离；
（4）确定宗地界址点位置，界址边长方位所必须的建筑物或构筑物；
（5）概略指北针和比例尺、丈量者、丈量日期。

2. 宗地草图的特征

（1）它是宗地的原始描述；
（2）图上数据是实量的，精度高；
（3）所绘宗地草图是近似的，相邻宗地草图不能拼接；

3. 宗地草图的作用

（1）它是地籍资料中的原始资料；
（2）配合地籍调查表，为测定界址点坐标和制作宗地图提供了初始信息；
（3）可为界址点的维护、恢复和解决权属纠纷提供依据。

4. 界址边勘丈

界址边勘丈采用钢尺或手持式测距仪丈量，勘丈两次，读至 mm，两次丈量较差，长度在 50 m 以内不超过 20 mm+3（L 为边长，单位为 m），50 m 以上者不超过 10 cm。界址边长取中数，以 m 为单位，保留小数点后三位，注记在宗地草图相应位置，并记录到界址点调查表中。

绘制宗地草图时，图纸质量要好，能长期保存，其规格为 32 开、16 开或 8 开，过大宗地可分幅绘制；草图按概略比例尺，使用 2H～4H 铅笔绘制，要求线条均匀，字迹清楚，数字注记字头向北向西书写；过密的部位可移位放大绘出；应在实地绘制，不得涂改注记数字；用钢尺丈量界址边长和相关边长，并精确至 0.01 m。界址边长注记在相应界址边外侧，建筑物边长注记在建筑内侧。宗地草图要求做到现场绘制，一切注记数据应是准确勘丈的记录，不得涂改，不得复制。

3.3.6.2 权属调查表的填写

地籍调查表是地籍调查的主要原始资料，填写时必须做到图、表与实地一致。项目填写齐全，准确无误，字迹应清晰、工整，不得潦草。力求无涂、擦、刮现象。除宗地草图栏用铅笔填绘外，其余均用碳素墨水填写，每宗地（包括共用宗地）填写一份，共用宗按实际土地使用者数目进行填写，如下所示。

编号：

地 籍 调 查 表

宗地代码：522_____JC00____

土地权利人：____李_____

2013 年 3 月 26 日

兴义市国土资源局印制

基 本 表					
土地权利人	李﹍		单位性质	个人	
			证件类型	身份证	
			证件编号	522﹍	
			通讯地址		
土地权属性质	宅基地使用权		使用权类型		
土地座落	﹍省﹍市﹍镇﹍村﹍组 号﹍				
法定代表人或负责人姓名	李﹍	证件类型	身份证	电话	
		证件编号	522﹍		
代理人姓名		证件类型		电话	
		证件编号			
国民经济行业分类代码					
预编宗地代码			宗地代码	522﹍JC00﹍	
所在图幅号	比例尺	1:2000			
	图幅号	2745.000-461.000			
宗地四至	北:﹍组集体土地 东:﹍组集体土地 南:﹍组集体土地 西:乡道				
批准用途			实际用途	宅基地	
	地类编码			地类编码	072
批准面积/㎡		宗地面积/㎡		建筑占地面积/㎡	
				建筑面积/㎡	
使用期限		年 月 日至		年 月 日	
共有/共用权利人情况					
说明					

界址点号	界标种类				界址间距/m	界址线类别							界址线位置			说明
	钢钉	水泥桩	喷涂			道路	沟渠	围墙	围栏	田埂	墙壁		内	中	外	
1			√								√				√	
2			√								√				√	
3			√								√				√	
4			√								√				√	
5			√								√				√	
6			√								√				√	
7			√								√				√	
8			√								√				√	
9			√								√				√	
10			√								√				√	
11			√								√				√	
12			√								√				√	
13			√								√				√	
1			√													

界址标示表

界址签章表						
界址线			邻宗地		本宗地	
起点号	中间点号	终点号	相邻宗地权利人（宗地代码）	指界人姓名（签章）	指界人姓名（签章）	日期
1	2-13	1			李	2013.3.26

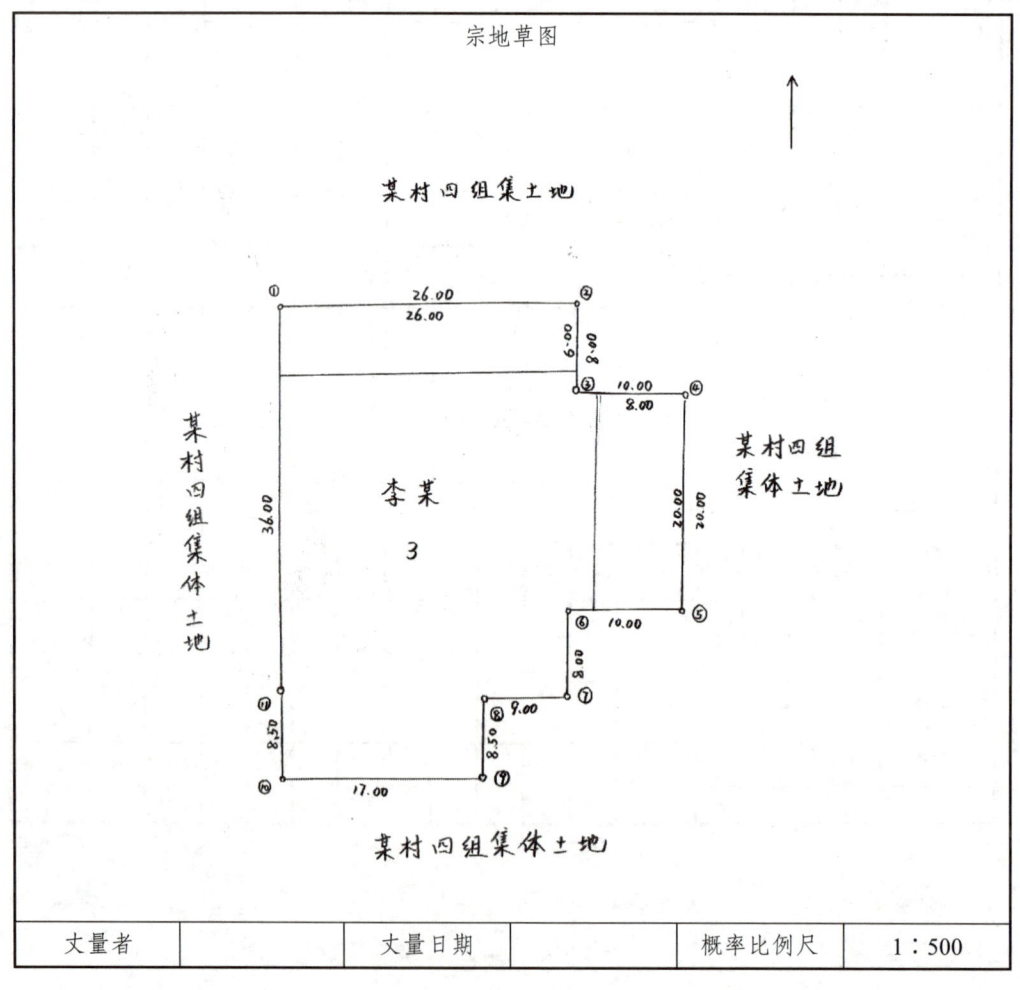

丈量者		丈量日期		概率比例尺	1：500

调查审核表	
权属调查记事	本宗地经权利人指界，界址清楚，无争议。 调查员签名： ▮▮▮▮　　日期：2013.3.25
地籍测量记事	采用解析测量方法，外业采用手持测距仪及皮尺勘丈宗地界址边长及其相邻宗地地物间距。 测量员签名： ▮▮▮▮　　日期：2013.3.25
地籍调查结果审核意见	 审核人签名： ▮▮▮▮　　审核日期：2013.3.29

3.3.6.3 注意事项

（1）法律程序要完备。

调查单元（宗地）应是已提交登记申请书且其权属证明材料经过审核合格的。

（2）表图填制要齐全。

地籍调查的成果主要由表册和图件组成。表册的填写、图件的绘制须按统一表格和图例填制，内容应齐全、清楚。

（3）调查记录要清楚整齐。

地籍调查的资料是具有法律性的土地档案，必须做到事实记述清楚；记录内容不得随意涂改，划改处须加盖划改人印章；在事实记录或结论意见的文字中结论明确，不得出现推断性词语。

（4）数据要准确可靠。

调查记录及成果中抄录的各项数据必须准确可靠。

（5）档案材料要齐全。

应对地籍调查资料进行核对整理，做到调查材料完整和调查内容全面准确。

3.3.7 土地权属界址的审核与调处

外业调查后，要对其结果进行审核和调查处理。使用国有土地的单位，要将实地标绘的界线与权源证明文件上记载的界线相对照。若两者一致，则可认为调查结束；否则需查明原因，视具体情况作进一步处理。对集体所有土地，若其四邻对界线无异议并签字盖章，则调查结束。

有争议的土地权属界线，短期内确实难以解决的，调查人员填写《土地争议原由书》一式5份，权属双方各执1份，市、县（区）、乡（镇、街道）各1份。调查人员根据实际情况，选择双方实际使用的界线，或争议地块的中心线，或权属双方协商的临时界线作为现状界线，并用红色虚线将其标注在提供市、区的《土地争议原由书》和航片（或地形图）上。争议未解决之前，任何一方不得改变土地利用现状，不得破坏土地上的附着物。

3.4 界址点测量

3.4.1 界址点测量

地籍图核心内容是界址点。界址点测量方法一般有解析法和图解法两种。无论采用何种方法获得的界址点坐标，一旦履行确权手续，就成为确定土地权属主用地界址线的准确依据之一。界址点坐标取位至 0.01 m。

（1）解析法。根据角度和距离测量结果按公式解算出界址点坐标的方法叫解析法。地籍图根控制点及以上等级的控制点均可作为界址点坐标的起算点。可采用极坐标法、正交法、截距法、距离交会法等方法实测界址点与控制点或界址点与界址点之间的几何关系元素，按相应的数学公式求得界址点坐标。在地籍测量中要求界址点精度为 ±0.05 m 时必须解析法测量界址点。所使用的主体测量仪器可以是光学经纬仪、全站型电子速测仪、电磁波测距仪和电子经纬仪或 GPS 接收机等。

（2）图解法。在地籍图上量取界址点坐标的方法称图解法。作业时，要独立量测两次，两次量测坐标的点位较差不得大于图上 0.2 mm，取中数作为界址点的坐标。采用图解法量取坐标时，应量至图上 0.1 mm。此法精度较低，适用于农村地区和城镇街坊内部隐蔽界址点的测量，并且是在要求的界址点精度与所用图解的图件精度一致的情况下采用。

通常以地籍基本控制点或地籍图根控制点为基础（视界址点精度要求）测定界址点坐标。具体的方法有极坐标法、交会法、内外分点法、直角坐标法等。在野外作业过程中可根据不同的情况选用不同的方法。

在我国，考虑到地域之广大和经济发展不平衡，对界址点精度的要求有不同的等级，具体规定见表 3-4-1。

表 3-4-1 《城镇地籍调查规程》中对界址点精度的规定

级别	界址点相对于对邻近控制点的点位中误差/cm		相邻界址点之间的允许误差/cm	适用范围
	中误差	允许误差		
一	5.0	10.0	10	地价高的地区、城镇街坊外围界址点街坊内明显的界址点
二	7.5	15.0	15	地价较高的地区，城镇街坊内部隐蔽的界址点及村庄内部界点
三	10.0	20.0	20	地价一般的地区

注：界址点相对于对邻近控制点的点位中误差系指采用解析法测量的界址点应满足的精度要求；界址点间距允许误差是指采用各种方法测量的界址点应满足的精度。

3.4.2 界址点测量的外业实施

3.4.2.1 准备工作

界址点测量的准备工作包括资料准备、野外踏勘、资料整理和误差表准备。

1. 界址点位的资料准备

在土地权属调查时所填写的地籍调查表中详细地说明了界址点实地位置的情况，并丈量了大量的界址边长，草编了宗地号，详细绘有宗地草图。这些资料都是进行界址点测量所必需的。

2. 界址点位置野外踏勘

踏勘时应有参加地籍调查的工作人员引导，实地查找界址点位置，了解权属主的用地范围，并在工作图件上（最好是现势性强的大比例尺图件）用红笔清晰地标记出界址点的位置和权属主的用地范围。如无参考图件，则要详细画好踏勘草图。对于面积较小的宗地，最好能在一张纸上连续画上若干个相邻宗地的用地情况，并充分注意界址点的共用情况。对于面积较大的宗地，要认真地注记好四至关系和共用界址点情况。在画好的草图上标记权属主的姓名和草编宗地号。在未定界线附近则可选择若干固定的地物点或埋设参考标志，测定时按界址点坐标的精度要求测定这些点的坐标值，待权属界线确定后，可据此补测确认后的界址点坐标。这些辅助点也要在草图上标注。

3. 踏勘后的资料整理

这里主要是指草编界址点号和制作界址点观测及面积计算草图。进行地籍调查时，一般不知道各地籍调查区内的界址点数量，只知道每宗地有多少界址点，其编号只标识本宗地的界址点。因此，在地籍调查区内统一编制野外界址点观测草图，并统一编上草编界址点号，在草图上注记出与地籍调查表中相一致的实量边长及草编宗地号或权属主姓名，主要目的是为外业观测记簿和内业计算带来方便。

3.4.2.2 野外界址点测量的实施

界址点坐标的测量应有专用的界址点观测手簿。记簿时，界址点的观测序号直接用观测草图上的草编界址点号。观测用的仪器设备有光学经纬仪、钢尺、测距仪、电子经纬仪、全站型电子速测仪和GPS接收机等。这些仪器设备都应进行严格的检验。

测角时，仪器应尽可能地照准界址点的实际位置，方可读数。角度观测一测回，距离读数至少两次。当使用钢尺量距时，其量距长度不能超过一个尺段，钢尺必须检定并对丈量结果进行尺长改正。

使用光电测距仪或全站仪测距，则不仅可免去量距的工作，而且还可以隔站观测，免受距离长短的限制。用这种方法测距时，由于目标是一个有体积的单棱镜，因此会产生目标偏心的问题。偏心有两种情况：其一为横向偏心。如图3-4-1所示，P点为界址点的位置，P'点为棱镜中心的位置，A为测站点，要使$AP=AP'$，则在放置棱镜时必

须使 P、P' 两点在以 A 点为圆心的圆弧上，在实际作业时达到这个要求并不难；其二为纵向偏心。如图 3-4-2 所示，P、P'、A 的含义同前，此时就要求在棱镜放置好之后，能读出 PP'，用实际测出的距离加上或减去 PP'，以尽可能减少测距误差。这两种情况的发生往往是因为界址点 P 的位置是墙角。

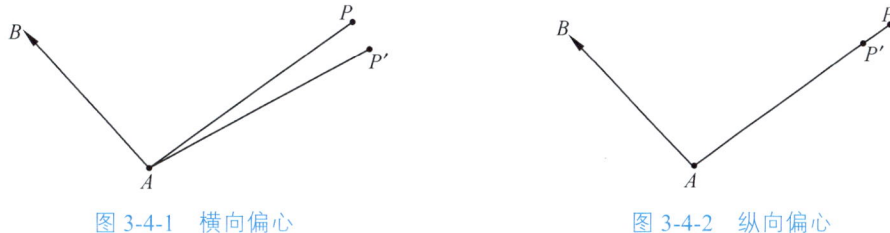

图 3-4-1　横向偏心　　　　　　　　　图 3-4-2　纵向偏心

3.4.2.3 野外观测成果的内业整理

界址点的外业观测工作结束后，应及时地计算出界址点坐标，并反算出相邻界址边长，填入界址点误差表中，计算出每条边的 Δ_1。如 Δ_1 的值超出限差，应按照坐标计算、野外勘测、野外观测的顺序进行检查，发现错误及时改正。

当一个宗地的所有边长都在限差范围以内才可以计算面积。

当一个地籍调查区内的所有界址点坐标（包括图解的界址点坐标）都经过检查合格后，按界址点的编号方法编号，并计算全部的宗地面积，然后把界址点坐标和面积填入标准的表格中，并整理成册。

3.4.2.4 界址点误差的检验

界址点误差包括界址点点位误差、界址间距误差。表 3-4-2 中 Δs 为界址点点位误差，表 3-4-3 中的 ΔS_1 表示界址点坐标反算出的边长与地籍调查表中实量的边长之差，ΔS_2 表示检测边长与地籍调查表中实量的边长之差。ΔS_1 和 ΔS_2 为界址点间距误差。

表 3-4-2　界址点坐标误差表

界址点号	测量坐标		检测坐标		比较结果		
	X/m	Y/m	X/m	Y/m	Δx/cm	Δy/cm	Δs

表 3-4-3　界址间距误差表

界址边号	实量边长/m	反算边长/m	检测边长/m	ΔS_1/cm	ΔS_2/cm	备注

在界址点误差检验时常用的中误差计算公式为

$$m = \pm\sqrt{\frac{[\Delta\Delta]}{2n}} = \pm\sqrt{\frac{\sum_{i=1}^{n}\Delta_i^2}{2n}} \tag{3-4-1}$$

3.4.3 界址点测量方法

3.4.3.1 极坐标法

极坐标法是测定界址点坐标最常用的方法。

如图 3-4-3 所示,已知数据 $A(X_A, Y_A)$,$B(X_B, Y_B)$,观测数据 β, S,则界址点 P 的坐标 $P(X_P, Y_P)$ 为

$$X_P = X_A + S\cos(\alpha_{AB} + \beta)$$
$$Y_P = Y_A + S\sin(\alpha_{AB} + \beta) \quad (3\text{-}4\text{-}2)$$

其中,$\alpha_{AB} = \arctan\dfrac{Y_B - Y_A}{X_B - X_A}$。

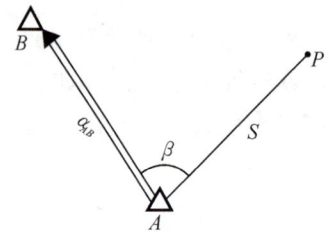

图 3-4-3 极坐标法图示

测定 β 角的仪器有光学经纬仪、电子经纬仪、全站型电子速测仪等,S 的测量一般都采用电磁波测距仪、全站型电子速测仪或鉴定过的钢尺。

3.4.3.2 交会法

交会法可分为角度交会法和距离交会法。

1. 角度交会法

角度交会法是分别在两个测站上对同一界址点测量两个角度进行交会以确定界址点的位置。如图 3-4-4 所示,A、B 两点为已知测站点,其坐标为 $A(X_A, Y_A)$、$B(X_B, Y_B)$,观测 α、β 角,P 点为界址点,其坐标计算公式(公式推导见有关测量学教材)如下:

$$\left.\begin{array}{l} X_P = \dfrac{X_B \cot\alpha + X_A \cot\beta + Y_B - Y_A}{\cot\alpha + \cot\beta} \\ Y_P = \dfrac{Y_B \cot\alpha + Y_A \cot\beta - X_B + X_A}{\cot\alpha + \cot\beta} \end{array}\right\} \quad (3\text{-}4\text{-}3)$$

角度交会法一般适用于在测站上能看见界址点位置,但无法测量出测站点至界址点的距离。交会角 $\angle P$ 应在 $30° \sim 150°$。A、B 两测站点可以是基本控制点或图根控制点。

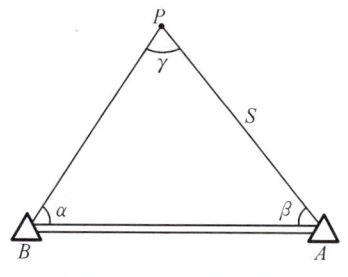

图 3-4-4 角度交会

2. 距离交会法

距离交会法就是从两个已知点分别量出至未知界址点的距离以确定出未知界址点的位置的方法。如图 3-4-5 所示,已知 $A(X_A, Y_A)$,$B(X_B, Y_B)$,观测 S_1、S_2,P 点为界址点,其坐标计算公式(公式推导见有关测量学教材)如下:

$$\left.\begin{array}{l} X_P = X_B + L(X_A - X_B) + H(Y_A - Y_B) \\ Y_P = Y_B + L(Y_A - Y_B) + H(X_B - X_A) \end{array}\right\} \quad (3\text{-}4\text{-}4)$$

式中:

$$\left.\begin{array}{l} L = \dfrac{S_2^2 + S_{AB}^2 - S_1^2}{2S_{AB}^2} \\ H = \sqrt{\dfrac{S_2^2}{S_{AB}^2} - L^2} \end{array}\right\} \quad (3\text{-}4\text{-}5)$$

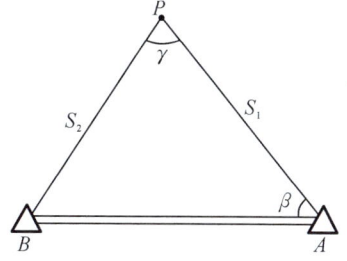

图 3-4-5 距离交会

由于测设的各类控制点有限,因此可用这种方法来解析交会出一些控制点上不能直接测量的界址点。A、B 两已知点可能是控制点,也可能是已知的界址点或辅助点(为测定界址点而测设的)这种方法仍要求交会角 $\angle P$ 在 30°~150°。

以上两种交会法的图形顶点编号应按顺时针方向排列,即按 B、P、A 的顺序。进行交会时,应有检核条件,即对同一界址点应有两组交会图形,计算出两组坐标,并比较其差值。若两组坐标的差值在允许范围以内,则取平均值作为最后界址点的坐标。或把求出的界址点坐标和邻近的其他界址点坐标反算出的边长与实量边长进行检核,其差值如在规范所允许范围以内,则可确定所求出的界址点坐标是正确的。

3.4.3.3 内外分点法

当未知界址点在两已知点的连线上时,则分别量测出两已知点至未知界址点的距离,从而确定出未知界址点的位置。如图 3-4-6 所示,已知 $A(X_A、Y_A)$,$B(X_B、Y_B)$,观测距离 $S_1=A_P$,$S_2=B_P$,此时可用内外分点坐标公式和极坐标法公式计算出未知界址点 P 的坐标。

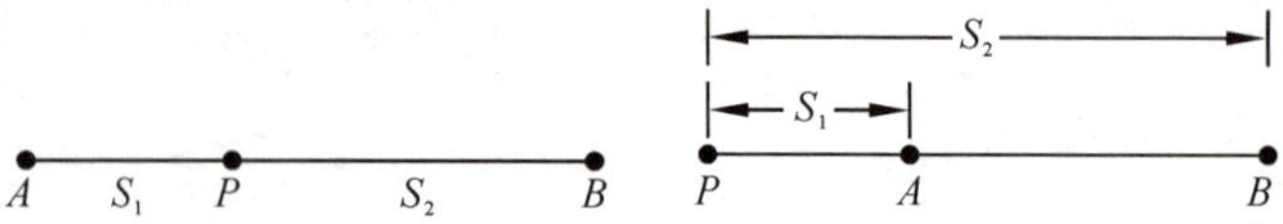

图 3-4-6 内外分点法

由距离交会图可知:当 $\beta=0°$,$S_2 < S_{AB}$ 时,可得到内分点图形;当 $\beta=180°$,$S_2 > S_{AB}$ 时,可得到外分点图形。

从公式中可以看出,P 点坐标与 S_2 无关,但要求作业人员量出 S_2 以供检核之用,以便发现观测错误和已知点 A、B 两点的错误。

内外分点法计算 P 点坐标的公式为

$$\left. \begin{array}{l} X_P = \dfrac{X_A + \lambda X_B}{1+\lambda} \\ Y_P = \dfrac{Y_A + \lambda Y_B}{1+\lambda} \end{array} \right\} \quad (3\text{-}4\text{-}6)$$

式中:内分时,$\lambda = S_1/S_2$;外分时,$\lambda = -S_1/S_2$。由于内外分点法是距离交会法的特例,因此距离交会法中的各项说明、解释和要求都适用于内外分点法。

3.5 地籍图的绘制

3.5.1 地籍图的概念

按照特定的投影方法、比例关系和专用符号把地籍要素及其有关的地物和地貌测绘在平面图纸上的图形称地籍图。地籍图、地籍数据和地籍表册通过特定的标识符建立有序的对应关系。

地籍图具有国家基本图的特性。一个国家的整个国土范围由于被占有或使用或利用而被分割成许多地块和土地权属单位,并且无一遗漏,整个国土面积,不论城镇、农村,还是边远地区,均必须测设地籍图。

地籍图只能表示基本的地籍要素和地形要素。一张地籍图,并不能表示出所有应该要表示或描述的地籍要素。它主要直观地表达自然的或人造的地物和地貌,对应的地籍空间要素的属性在地籍图上只能用标识符来对此进行有限的表达,这些标识符与地籍数据和地籍表册建立了一种有序的对应关系,从而使地籍资料有机地联系在一起。这是因为地籍图一方面受到比例尺的限制,另一方面还应符合图的可读性和美学要求。

地籍图比例尺的选择应满足地籍管理的需要。地籍图需准确地表示土地的权属界址及土地上附着物等的细部位置,为地籍管理提供基础资料,特别是地籍测量的成果资料将提供给很多部门使用,故地籍图应选用大比例尺。考虑到城乡土地经济价值的差别,农村地区地籍图的比例尺比城镇地籍图的比例尺可小一些。即使在同一地区,也可视具体情况及需要采用不同的地籍图比例尺。

我国地籍图比例尺系列一般规定为:城镇地区(指大、中、小城市及建制镇以上地区)地籍图的比例尺可选用 1∶500、1∶1 000、1∶2 000,其基本比例尺为 1∶1 000;农村地区(含土地利用现状图和土地所有权属图)地籍图的测图比例尺可选用 1∶5 000、1∶1 万、1∶2.5 万、1∶5 万,其基本比例尺为 1∶1 万。

3.5.2 地籍图的分类

3.5.2.1 按管理的程序分类

按管理程序分类的目的是满足土地登记和土地权属管理的需要,其分类内容为:

1. 宗地草图

如前所述,宗地草图是描述宗地位置、界址点、界址线和相邻宗地关系的实地记录,在地籍调查的同时实地绘制,是处理土地权属的原始资料。

2. 地籍图

地籍图是地籍测量的基本成果之一,是按照《地籍调查规程》和《地籍测绘规范》的规定,实施地籍测量的成果。一般按矩形或正方形分幅,又称为分幅地籍图。

3. 宗地图

宗地图一般以一宗地为单位绘制,是土地证书和宗地档案的附图。从基本地籍图上下载或蒙绘,按照宗地的大小确定其比例尺。

3.5.2.2 按测制和成图方法分类

1. 全野外数字地籍图

用全站仪在野外测量地籍要素及部分地形要素的数据,输入计算机,可用机助成图的方法输出地籍图,并可建立地籍信息管理系统。也可将原有白纸地籍图用数字化仪进行数字化,然后输入计算机,做成数字地籍图。这种地籍图的精度较低,但是,它具有数字地籍图的特征。

2. 航测地籍图

用航测影像绘制地籍图,也可做成数字地籍图。

3.5.3 地籍图的内容

地籍图上应表示的内容,一部分可通过实地调查得到,如街道名称、单位名称、门牌号、河流、湖泊名称等,而另一部分内容则要通过测量得到,如界址位置、建筑物、构筑物等。

3.5.3.1 地籍图内容的基本要求

(1)以地籍要素为基本内容,突出表示界址点、线;
(2)有必需的数学要素;
(3)必须表示基本的地理要素,特别是与地籍有关的地物要素应予表示;
(4)地籍图图面必须主次分明、清晰易读,并便于根据多用户需要加绘专用图要素。

3.5.3.2 地籍图内容选取的基本要点

(1)具有宗地划分或划分参考意义的各类自然或人工地物和地貌,即这些地物或地貌本身就是权属界线或在界线的附近,如墙、埋设的界标、沟、路、坎、建筑物底层的投影线等。

(2)具有土地利用现状分类划分意义或划分参考意义的各种地物或地貌,如田埂、地类界、沟、渠、建筑物底层的投影线等。

(3)土地上的重要附着物,如水系、道路、构筑物、建筑物等,这些地物都是地籍图具有地理性功能的重要因素。

(4)在土地表面下的各种管线及构筑物,在图上不表示,如下水道、自来水管、井盖等。

(5)地面上的管线只表示重要的,如万伏以上高压线、裸露的大型管道(工厂内部的可以根据需要考虑）等。

（6）另外，还有界址点、控制点等点要素。

以上各类要素都是我们在实地上可以感觉到和触摸到的实体，这部分要素回答了宗地或地块在"哪里"、是"多少"的问题。

（7）注记部分，也就是地表自然情况的符号表示，如房屋结构和层数、植被、地理名称等。

（8）标识符，它在地籍图上占有非常重要的位置，它是对地面客体（如土地权属单位、地块）的标识，以便使地籍数据集、地籍簿册和地籍图形集之间有机地连接在一起。标识符的含义和表达的具体内容在地籍数据集和地籍簿册中都有准确和详细的描述。地籍图上主要表示的标识符有：地籍区（街道）号、地籍子区（街坊）号、宗地号、界址点号、利用分类代码、控制点号、房产编号等。

标识符间接地回答了宗地或地块是"谁的""怎么样"和"为什么"的问题。

3.5.3.3 地籍图的基本内容

1. 地籍要素

（1）界址：包括各级行政界址和土地权属界址。不同等级的行政境界相重合时只表示高级行政境界，境界线在拐角处不得间断，应在转角处绘出点或线。当土地权属界址线与行政界线、地籍区（街道）界或地籍子区（街坊）界重合时，应结合线状地物符号突出表示土地权属界址线，行政界线可移位表示。

（2）地籍要素编号：包括街道（地籍区）号、街坊（地籍子区）号、宗地号或地块号、房屋栋号、土地利用分类代码、土地等级等，分别注记在所属范围内的适中位置，当被图幅分割时应分别进行注记。如宗地或地块面积太小注记不下时，允许移注在宗地或地块外空白处并以指示线标明。

（3）土地坐落：由行政区名、街道名（或地名）及门牌号组成。门牌号除在街道首尾及拐弯处注记外，其余可跳号注记。

（4）土地权属主名称：选择较大宗地注记土地权属主名称。

2. 地物要素

（1）作为界标物的地物如围墙、道路、房屋边线及各类垣栅等应表示。

（2）房屋及其附属设施：房屋以外墙勒脚以上外围轮廓为准，正确表示占地状况，并注记房屋层数与建筑结构。装饰性或加固性的柱、垛、墙等不表示；临时性或已破坏的房屋不表示；墙体凸凹小于图上 0.4 mm 不表示；落地阳台、有柱走廊及雨篷、与房屋相连的大面积台阶和室外楼梯等应表示。

（3）工矿企业露天构筑物、固定粮仓、公共设施、广场、空地等绘出其用地范围界线，内置相应符号。

（4）铁路、公路及其主要附属设施，如站台、桥梁、大的涵洞和隧道的出入口应表示，铁路路轨密集时可适当取舍。

（5）建成区内街道两旁以宗地界址线为边线，道牙线可取舍。

（6）城镇街巷均应表示。

（7）塔、亭、碑、像、楼等独立地物应择要表示，图上占地面积大于符号尺寸时应绘出用地范围线，内置相应符号或注记。公园内一般的碑、亭、塔等可不表示。

（8）电力线、通信线及一般架空管线不表示，但占地塔位的高压线及其塔位应表示。

（9）地下管线、地下室一般不表示，但大面积的地下商场、地下停车场及与他项权利有关的地下建筑应表示。

（10）大面积绿化地、街心公园、园地等应表示。零星植被、街旁行树、街心小绿地及单位内小绿地等可不表示。

（11）河流、水库及其主要附属设施如堤、坝等应表示。

（12）平坦地区不表示地貌，起伏变化较大地区应适当注记高程点。

（13）地理名称注记。

3. 数学要素

（1）图廓线、坐标格网线的展绘及坐标注记。

（2）埋石的各级控制点位的展绘及点名或点号注记。

（3）图廓外测图比例尺的注记。

3.5.4 宗地图的绘制

3.5.4.1 宗地图的概念

宗地图是以宗地为单位编绘的地籍图。它是在地籍测绘工作的后阶段，当对界址点坐标进行检核后，确认准确无误，并且在其他的地籍资料也正确收集完毕的情况下，依照一定的比例尺制作成的反映宗地实际位置和有关情况的一种图件。日常地籍工作中，一般逐宗实测绘制宗地图。宗地图样图如表 3-5-1 所示。

3.5.4.2 宗地图的内容

通常要求宗地图的内容与分幅地籍图保持一致，具体内容如下：

（1）所在图幅号、地籍区（街道）号、地籍子区（街坊）号、宗地号、界址点号、利用分类号、土地等级、房屋栋号。

（2）用地面积和实量界址边长或反算的界址边长。

（3）邻宗地的宗地号及相邻宗地间的界址分隔示意线。

（4）紧靠宗地的地理名称。

（5）宗地内的建筑物、构筑物等附着物及宗地外紧靠界址点线的附着物。

（6）本宗地界址点位置、界址线、地形地物的现状、界址点坐标表、权利人名称、用地性质、用地面积、测图日期、测点（放桩）日期、制图日期。

（7）指北方向和比例尺。

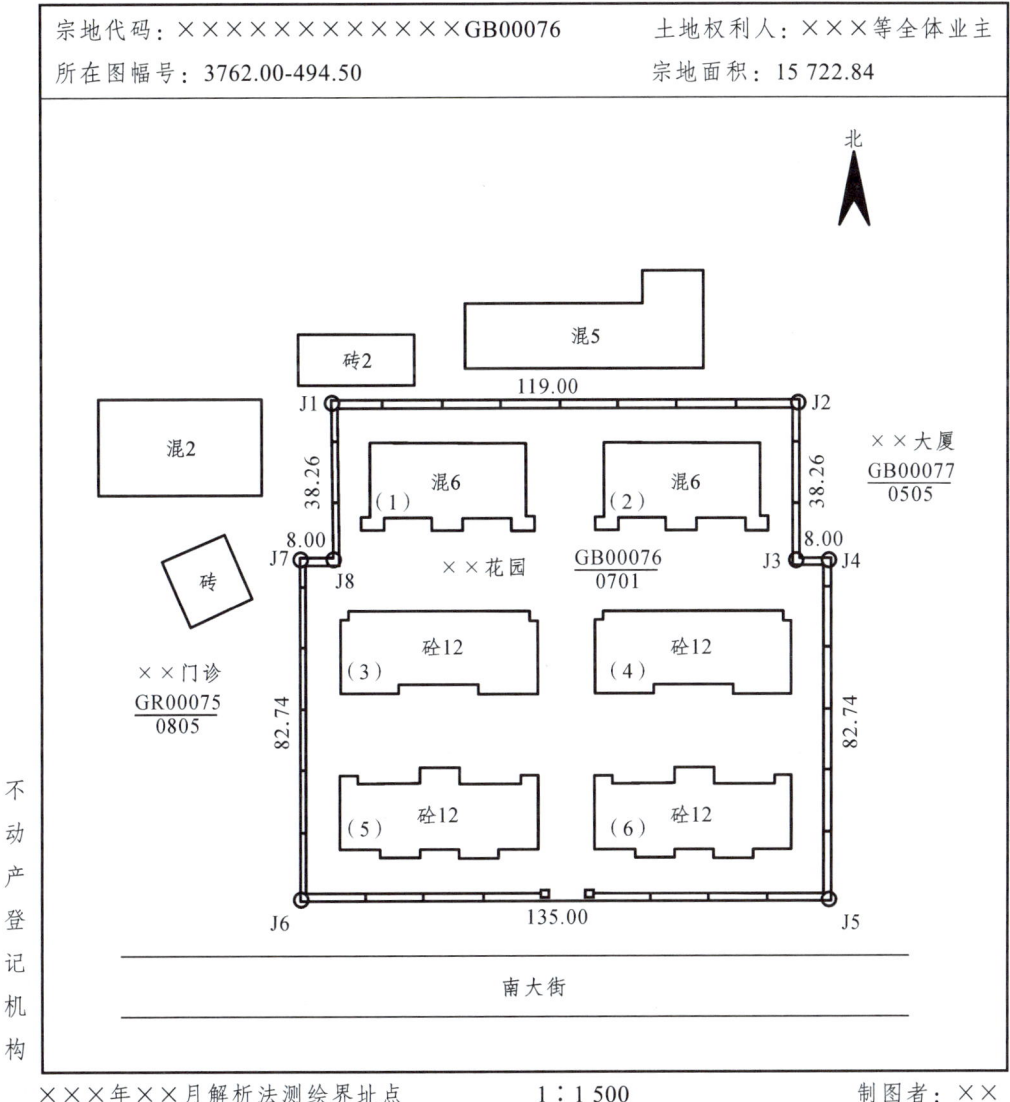

表 3-5-1　宗地图　　　　　　　　　　　　　单位：m·m²

（8）为保证宗地图的正确性，宗地图要检查审核，宗地图的制图者、审核者均要在图上签名。

3.5.4.3　宗地图的特性

根据宗地图的概念和内容，宗地图有以下特性：

（1）是地籍图的一种附图，是地籍资料的一部分。

（2）图中数据都是实量或实测得到，精度高并且可靠。

(3)其图形与实地有严密的数学相似关系。
(4)相邻宗地图可以拼接。
(5)标识符齐全,人工和计算机都可方便地对其进行管理。

3.5.4.4 宗地图的作用

基于以上特性,宗地图有以下作用:

(1)宗地图是土地证上的附图,它通过具有法律手续的土地登记过程的认可,使土地所有者或使用者对土地的使用或拥有有可靠的法律保证,宗地草图却不能做到这一点;

(2)是处理土地权属问题的具有法律效力的图件,比宗地草图更能说明问题。

(3)在变更地籍测绘中,通过对这些数据的检核与修改,可以较快地完成地块的分割与合并等工作,直观地反映了宗地变更的相互关系,便于日常地籍管理。

3.5.4.5 宗地图的编绘技术要求

编绘宗地图时,应做到界址线走向清楚,坐标正确无误,面积准确,四至关系明确,各项注记正确齐全,比例尺适当。

宗地图图幅规格根据宗地的大小选取,一般为 32 开、16 开、8 开等,界址点用 1.0 mm 直径的圆圈表示,界址线粗 0.3 mm,用红色或黑色表示。

宗地图在相应的基础地籍图或调查草图的基础上编制,宗地图的图幅最好是固定的,比例尺可根据宗地大小选定,以能清楚表示宗地情况为原则。

3.5.5 南方 CASS 软件绘制地籍图

3.5.5.1 概　述

南方公司的 CASS 系列数字地籍测量系统是我国开发较早的数字地籍测量软件之一。CASS 地籍版集地形地籍测绘与管理于一体,它依据国家最新颁布的有关地形及地籍调查测量的标准而开发的,提供的成果标准而且规范,真正做到了图形管理与地籍属性数据管理的有机统一,实现了图数交互查询(即由宗地的属性可查询宗地的图形,由宗地图形可查询该宗地的所有属性数据),为地籍管理提供了非常直观的图形化界面,其地籍模块的技术特色有:

(1)根据权属文件自动生成地籍图。

(2)修改界址点号、重排界址点号、注记界址点点名、删除界址点注记、调整界址点顺序、界址点修圆等。

(3)实现宗地的合并、分割、重构。

(4)完全自动的宗地图生成,可以单个宗地图的生成或批量生成。

(5)地籍信息数据库的建立。用户可以在"当前街道"编辑框中直接输入数据库的路径及文件名;也可以在已有街道中用鼠标选择;用户还可以新建街道,并在对话框中输入数据库的路径及文件名。然后输入宗地信息，包括宗地上建筑物的信息。

（6）地籍信息数据库的操作。利用地籍数据库，用户可以实现由图查库、由库查图或根据宗地号查询宗地信息，如宗地面积、界址点坐标、建筑物等。并对宗地信息或建筑物信息进行修改。

（7）报表输出。可以输出以街道为单位的宗地面积汇总表、界址点坐标表、街道分类面积汇总表等。

3.5.5.2　CASS 绘制地籍图

1. CASS 10.1 的文件结构

（1）坐标数据。

CASS 地籍参数配置及文件结构

坐标数据文件是 CASS 最基础的数据文件，扩展名是"DAT"，无论是从电子手簿传输到计算机还是用电子平板在野外直接记录数据，都生成一个坐标数据文件，其格式为：

1 点点名，1 点编码，1 点 Y（东）坐标，1 点 X（北）坐标，1 点高程

……

N 点点名，N 点编码，N 点 Y（东）坐标，N 点 X（北）坐标，N 点高程

（2）编码引导文件。

编码引导文件是用户根据"草图"编辑生成的，文件的每一行描绘一个地物，数据格式为（如 WMSJ.YD 所示）：

Code，N1，N2，……，Nn，E

其中：Code 为该地物的地物代码；Nn 为构成该地物的第 n 点的点号。值得注意的是：N1、N2、……、Nn 的排列顺序应与实际顺序一致。每行描述一地物，行尾的字母 E 为地物结束标志。

最后一行只有一个字母 E，为文件结束标志。

显然，引导文件是对无码坐标数据文件的补充，二者结合即可完备地描述地图上的各个地物。

（3）权属引导文件。

该文件的作用是以宗地为单位描述权属信息及界址点信息。它与坐标数据文件结合可生成权属信息文件。其格式如下（如 south.yd 所示）：

宗地号，宗地名，土地类别，界址点号，界址点号，……，界址点号，E

宗地号，宗地名，土地类别，界址点号，界址点号，……，界址点号，E

……

宗地号，宗地名，土地类别，界址点号，界址点号，……，界址点号，E

E

说明：

① 每行描述一宗地，行尾的字母 E 为宗地结束标志；

② 最后一行只有一个字母 E，为文件结束标志；

③ 宗地号的编号方法：

宗地号 = 街道号（地籍区号）+ 街坊号（地籍子区）+ 宗地号（地块号）

系统默认： 3位数字(×××) 2位数字(××) 5位数字(×××××)

街道号和街坊号的位数可通过地籍参数配置给定。

（4）权属信息文件。

CASS 10.1 的原始测量数据文件扩展名是".qs"。该文件内容包括宗地号、宗地名、土地类别、界址点及其坐标等。可用来绘制权属图和出各种地籍报表。该文件的数据格式如下：

宗地号

宗地名

土地类别

界址点号

界址点坐标 Y（东方向）

界址点坐标 X（北方向）

……

界址点号

界址点坐标 Y（东方向）

界址点坐标 X（北方向）

E

……

宗地号

宗地名

土地类别

界址点号

界址点坐标 Y（东方向）

界址点坐标 X（北方向）

……

界址点号

界址点坐标 Y（东方向）

界址点坐标 X（北方向）

E

E

说明：

① 宗地编号方法同权属引导文件；

② 界址点坐标 X（北方向）的下一行的字母 E 为宗地结束标志；

③ 文件最后一行的字母 E 为文件结束标志；

④ 界址点坐标的单位为"m"。

⑤ 每块宗地结束行的字母 E 后面是可选项，表示宗地面积，用逗号隔开，当使用"用界址线生成权属"功能生成权属信息文件时有此项信息。

注：该文件只保留小数点后三位小数。

2．地籍参数配置

在地籍成图之前，需要对 cass 软件地籍方便进行一些参数设置。比如、地籍区号、地籍子区号、宗地号、坐标小数点位、界址点前缀、成图人员名称等内容。

3．地籍成图

地籍成图菜单板如图 3-5-1 所示。

图 3-5-1 地籍成图菜单面板

（1）绘制权属线。

功能：直接绘制具有宗地号、权利人、土地利用类别属性的宗地界线。输入宗地号地类注记位置：用鼠标直接指定或坐标指定注记位置。

（2）复合线转为权属线。

功能：将封闭的复合线转换为权属线。

CASS 权属线的绘制

（3）权属文件生成。

功能：生成地籍图成图所需的权属信息文件（关于"权属信息文件"请参阅第五章），生成权属信息文件有如下图所示的四种方法：

① 权属合并。

功能：将权属引导文件（权属引导文件由手工编辑，格式详见《参考手册》第五章）和与界址点对应的坐标数据文件结合，生成地籍图成图所需的权属信息文件。

② 由图形生成。

功能：通过手工定界址点生成权属信息文件。结果同经"权属合并"生成的文件一样。

③ 由复合线生成。

功能：通过闭合的复合线生成权属信息文件。

④ 由界址线生成。

功能：通过选择闭合界址线生成权属信息文件。本功能要求所选的界址线必须是加过地籍号、权利人、地类编码等属性的。CASS10.1 中的绘出界址线后就会提示输入以上信息。如果在提示时没有输入该属性，则可以通过修改宗地属性来加入该属性。

⑤权属信息文件合并。

功能：将几个权属文件合并为一个整体。

（4）依权属文件绘权属图。

功能：依照权属信息文件绘制权属图。

（5）修改界址点号。

CASS 界址点相关操作

功能：将原来老的界址点的编号改为新的编号。

操作过程：点取本命令菜单后提示选择界址点圆圈，可单个选取，也可拉框选取，回车后在界址点旁出现一个修改框，按回车键可在所有界址点间切换。

（6）重排界址点号。

功能：改变界址点的起点号，使本宗地其他界址点号依次改变。

操作过程：点取本命令菜单后见系统提示。

提示：①手工选择要重排的界址点；②指定区域边界<1>选择操作类型。

选择对象：选 1 则单个或拉框选界址点，选 2 则选区域边界。

输入界址点号起始值：<1>给出重排的起始值"5"后回车。

排列结束，最大界址点号为 10 重新注记界址点名则注记新的界址点名。

（7）设置最大界址点号。

功能：设置当前最大的界址点号，则下一宗地的起始界址点号为当前最大界址点号加 1。即不论当前的最大界址点号是多少，可以设置任何一个数作为下一宗地界址点号的起始值的参照（在新设置的最大值上加 1）。比如要下一宗地的起始界址点号为 1，则可设置当前最大界址点号为 0。

（8）修改界址点号前缀。

功能：批量修改界址点号的前缀。

操作过程：点取本菜单命令后见系统提示。

提示：请输入固定界址点号前缀字母（直接回车去除前缀）：确定界址点号前缀。

选择对象：选择需要修改的界址点。

（9）删除无用界址点。

功能：此功能用于删除没有界址线连接的界址点。

（10）注记界址点点名。

①全图注记。

功能：注记全图的界址点点名。

②局部注记。

功能：注记图上局部区域界址点的点名。

③删除注记。

功能：去掉界址点的点名注记。

（11）界址点圆圈修饰。

①剪切。

功能：根据出图需要对界址点圆圈进行修饰以使其符合出图标准。

操作过程：执行此菜单后，见命令区提示。

提示：执行本功能后不可存盘！在出图时才用此命令。

是否继续？（1）否（2）是。因为修饰后会使界址线断开，所以用户应只在出图时应用此功能，且应用完后不要存盘。

② 消隐。

功能：消隐与剪切的目的是一样的，但是剪切会剪断界址线，而消隐则不会。

（12）调整宗地内界址点顺序。

功能：调整界址点成果输出时的顺序。图面上的界址点号不变，但在界址点成果输出中界址点的前后顺序会发生改变。

操作过程：执行本菜单后，见命令区提示。

提示：选择宗地：选择要调整界址点顺序的宗地。

请选择指定界址线起点方式：（1）西北角（2）手工指定输入界址点新的起始位置。

请选择界址点排列方式：（1）逆时针（2）顺时针选择新的界址点排列方式。

（13）界址点生成数据文件。

功能：根据图上已有界址点生成界址点数据文件。

操作过程：选取本菜单命令后，给出一用来保存数据的文件名（文本文件），再依提示选择指定的界址点或相应的宗地即可。

（14）查找宗地。

功能：可以输入单个条件进行指定查询，亦可输入多个条件进行组合查询，默认的是进行宗地号的查询，执行完毕，将自动定位到查询得到的第一个宗地。其中，"宗地号"查询栏支持模糊查询，这样，当没有查询结果为空时，程序将尽量返回与查询条件最接近的宗地号。

（15）查找界址点。

功能：在当前的地籍图中查找指定的界址点。

（16）宗地加界址点。

功能：在已有宗地上添加界址点。

操作过程：选取本菜单命令之后，按提示依次选择要插入点和新界址点的位置。

提示：请指定插入点位置。

指定添加点的新位置：<原位置>。

（17）宗地合并。

功能：将相邻且具有至少一条公共边的两块宗地合并为一宗地。

操作过程：选取本菜单命令后按提示依次选择要合并的宗地即可。

提示：选择第一宗地：选择第一宗地。

选择另一宗地：选择地二宗地。

【注意】：合并后的宗地面积、建筑物面积分别累加，合并后宗地号、权利人、地类与所选地第一宗地相同。但可利用"修改宗地属性"命令来修改。另外，宗地合并每次只能合并两宗地，若有多块宗地需合并则可以重复执行该命令两两合并。

（18）宗地分割。

功能：将一宗地依公共边分割成两宗地。

操作过程：先用复合线画出分割这宗地的分界线。然后执行本命令，依提示操作。

提示：选择要分割的宗地：选择宗地边界。

选择分割线：选取事先画好的复合线。

【注意】：分割之后的两宗地属性都相同，需用"修改宗地属性"来修改。

（19）宗地重构。

功能：根据图上界址线重新生成一遍图形，当宗地界址点或边发生移动时可通过宗地重构实时调整宗地面积。

操作过程：执行本命令后选取需重构的宗地即可。

（20）修改建筑物属性。

① 设置结构和层数。

功能：设置和改变建筑物结构及层数。

② 注记建筑物边长。

功能：自动将所选建筑物所有边长计算出来并自动注记在各边上。

③ 计算宗地内建筑面积。

功能：计算单块宗地内建筑物的总面积。

④ 注记建筑占地面积。

功能：将宗地内建筑物加上面积和边长注记。该面积为建筑物首层面积。

⑤ 建筑物注记重构。

功能：将宗地内建筑物注记，进行重新生成。

（21）修改宗地属性。

功能：为宗地提供一个属性管理器，可方便地查询、修改、添加宗地的属性。

操作过程：选取本命令菜单后弹出如图 5-17 所示的对话框，然后可根据实际的情况来添加或修改相应的内容。

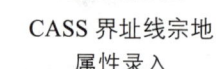

CASS 界址线宗地属性录入

（22）修改界址线属性。

功能：编辑界址线的属性。

（23）修改界址点属性。

功能：编辑界址点的属性。

（24）输出宗地属性。

功能：将宗地的属性输出到 ACCESS 数据库中。

操作过程：选取本菜单命令后生成一个*.mdb 数据库文件，依提示给出文件名保存即可。此文件可直接在 ACCESS 数据库中打开。

（25）读入宗地属性。

功能：把宗地的属性（*.mdb）调入当前图形。

（26）绘制地籍表格。

功能：提供多种地籍表格的绘制输出。

① 界址点成果表。

功能：依据权属信息文件，绘制界址点成果表，包含宗地号、宗地面积、界址点坐标及界址线边长。

② 界址点成果表（execl）。

功能：依据权属信息文件，绘制界址点成果表并直接输入到 execl 中，包含宗地号、宗地面积、界址点坐标及界址线边长。

③ 界址点坐标表。

功能：通过鼠标定点或选取已有封闭复合线，生成界址点坐标表。

④ 以街坊为单位界址点坐标表。

功能：得到一个街坊的界址点坐标表。

⑤ 以街道为单位宗地面积汇总表。

功能：依据权属信息数据文件，生成指定街道的宗地面积汇总表。

⑥ 城镇土地分类面积统计表。

功能：根据土地类别，生成城镇土地分类面积统计表。

⑦ 城镇土地分类面积统计表（excel）。

功能：根据土地类别，生成城镇土地分类面积统计表 excel。

⑧ 街道面积统计表。

功能：统计权属信息文件，统计各街道的面积。

⑨ 街坊面积统计表。

功能：依据权属信息文件，统计指定街道中各街坊的面积。

⑩ 面积分类统计表。

功能：依据权属信息文件，统计文件中各地类的面积。

⑪ 街道面积分类统计表。

功能：依据权属信息文件，统计指定街道中各地类的面积。

⑫ 街坊面积分类统计表。

功能：依据权属信息文件，统计指定街道中各地类的面积。

（27）绘制宗地图框。

功能：给已作的宗地图加绘相应的图框，并将图形进行适当比例的缩放以适应指定图框的尺寸。

① 单块宗地。

功能：用鼠标划出包含某界址线的矩形区域，加 32 开的宗地图框，并适当缩放图形。

操作过程：执行此菜单后，见命令区提示。

② 批量处理。

功能：单块宗地处理一次只能绘一幅宗地图，如一幅地籍图里有成百上千宗地，处理起来会很麻烦，这时就可以用鼠标在图上批量选取界址线，只要选中的界址线加过属性，就可以一次性画出排成一排多幅宗地图。

批量处理宗地图的操作方法与"单块宗地"相同，只是界址线外切割的范围是程序自动确定的，与要处理宗地的大小有比例关系。

如地籍图较大，生成的宗地图很可能和地籍图叠在一起，看起来很混乱，但这没有关系，宗地图保存到文件的时候会自动过滤掉不属于宗地图的实体。

（28）界址点点之记图。

功能：绘制界址点的点之记图，并加绘图框，标注尺寸。

操作：

① 执行"插入点之记图框"，软件会提示"请指定第一个点之记的存放位置："设置相关信息后，在指定点一次添加四个并列点之记图框，当超过四个点时，软件会自动添加一页。

② 执行"绘制点之记图"，命令行提示如下：

请拉框选择界址点：

选择对象：找到 1 个

请指定点之记范围一角：

请指定点之记范围另一角：

绘制点之记方式（1）框内全选（2）手动选择。

CASS 会自动将选择的界址点点之记图绘制到点之记图框内。

③ 执行"尺寸标注"，在绘好的点之记图上标注界址点和附近地物的距离。

思考题

1. 界标设置的注意事项是什么？
2. 地籍调查表的内容有哪些？
3. 宗地草图的作用是什么？
4. 宗地图的内容有哪些？
5. 地籍图与地形图的区别有哪些？
6. Cass 软件地籍相关参数如何设置？
7. 界址点测量的注意事项有哪些？

4　无人机倾斜摄影地籍图测绘

项目引入

　　某农村房地一体不动产确权登记项目需要开展不动产权籍调查测绘工作，测区以丘陵地貌为主，地势高差在 25~35 m，面积约为 3.5 km^2，没有军事和机场等禁飞区，适合开展无人机航测作业。项目应用无人机航测系统获取地面高分辨率倾斜影像数据，再利用 ContextCapture 软件构建三维模型，最后使用 EPS 三维测图平台，快速采集地形要素。

　　作业内容包括：
　　（1）无人机航飞及像控测量；
　　（2）三维建模；
　　（3）根据模型绘制地籍图。
　　提交成果包括：
　　（1）1∶500 的地籍图；
　　（2）权籍调查影像专题图。

4.1 倾斜摄影测量基础知识

4.1.1 摄影测量

摄影测量学是通过影像研究信息的获取、处理、提取和成果表达的一门信息科学。

摄影测量学要解决的两大问题是几何定位和影像解译。几何定位就是确定被摄物体的大小、形状和空间位置。影像解译就是确定影像对应地物的性质。在影像上进行量测和解译，主要工作在室内进行，无需接触物体本身，因而很少受气候、地理等条件的限制；所摄影像是客观物体或目标的真实反映，信息丰富、形象直观，人们可以从中获得所研究物体的大量几何信息和物理信息；适用于大范围地形测绘，成图快、效率高；产品形式多样，可以生产纸质地形图、数字线划图、数字高程模型、数字正摄影像等。

4.1.2 摄影测量的分类

摄影测量学可从不同角度进行分类。

（1）按摄影距离的远近分，可分为航天摄影测量、航空摄影测量、地面摄影测量、近景摄影测量和显微摄影测量。

航天摄影测量：传感器搭载在航天飞机或卫星上，摄影距离大于 100 km。主要用于卫星遥感影像测绘地形图或专题图。

航空摄影测量：传感器搭载在航空飞机或航空器上，摄影距离在 1~10 km，是当前摄影测量生产各种中小比例尺地形图的主要方法。

地面摄影测量：通常传感器搭载在无人机上。且摄影高度在 0.1~1 km。是生产各种大比例尺地形图的主要方法。也常用于小区域工程测图和补测航摄漏洞。

近景摄影测量：利用对物距不大于 300 m 的目标物摄取的立体像对进行的摄影测量，而非地形目标的测量。

显微摄影测量：通过显微装置获取微小物体图像进行相应处理的一种摄影测量方法。

（2）按用途分类，有地形摄影测量与非地形摄影测量。

地形摄影测量主要用于测绘国家基本地形图，工程勘察设计和城镇、农业、林业、土地等部门的规划与资源调查用图和相应的数据库；

非地形摄影测量用于解决资源调查、变形观测、环境监测、军事侦察、弹道轨迹测量、爆破以及工业、建筑、考古、地质工程、生物医学等方面的科学技术问题。

（3）按摄影瞬间光轴的方向，可分为竖直摄影测量，水平摄影测量和倾斜摄影测量。

竖直摄影测量也称为垂直摄影测量，摄影时航摄仪主光轴偏离铅垂线 3°以内的航空摄影，如图 4-1-1 所示，以测绘地形图为目的的航空摄影测量多采用此方式。

水平摄影测量是航摄仪主光轴方向接近水平方向的摄影测量，被摄物体主要位于竖直面内，如陡崖、墙面等，通常用于近景摄影测量。

倾斜摄影测量是摄影时航摄仪主光轴偏离铅垂线大于 3°的航空摄影，目前主要用于生产三维实景模型。

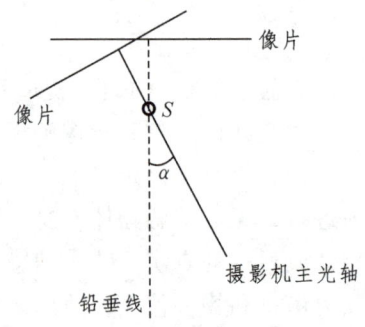

图 4-1-1　摄影机主光轴与铅垂线关系

（4）按处理的技术手段分，有模拟法摄影测量、解析法摄影测量和数字摄影测量。

模拟摄影测量的结果通过机械或齿轮传动方式直接在绘图桌上绘出各种图件来，如地形图或各种专题图，它们必须经过数字化才能进入计算机；解析和数字摄影测量的成果是各种形式的数字产品和目视化产品，数字产品包括数字地图、数字高程模型、数字正射影像图、测量数据库、地理信息系统和土地信息系统等。

4.1.3　倾斜摄影测量

倾斜摄影技术是国际摄影测量领域近十几年发展起来的一项高新技术，该技术通过在同一飞行平台上搭载多台传感器，同时从多个不同角度采集影像，获取到丰富的建筑物顶面及侧视的高分辨率纹理。通过摄影测量原理和计算机技术生成的数据成果直观反映地物的外观、位置、高度等属性，还可通过先进的定位、融合、建模等技术，得到和现实完全一致的三维模型。

传统航空摄影只能从垂直角度拍摄地物，得到的影像大多只有地物顶部的信息，缺乏地物侧面详细的轮廓和纹理信息，不利于全方位的模型重建。倾斜摄影则通过在同一平台搭载多台传感器，同时从垂直、侧视等不同的角度采集影像，有效弥补了传统航空摄影的局限。图 4-1-2 为五相机系统，在同一飞行平台上搭载 5 台传感器，可同时从一个垂直、四个倾斜共五个不同的角度采集影像，较完整的获取地物顶部及侧面纹理信息。

倾斜摄影测量技术以大范围、高精度、高清晰的方式全面感知复杂场景，通过高效的数据采集设备及专业的数据处理流程生成的数据成果直观反映地物的外观、位置、高度等属性，为真实效果和测绘级精度提供保证。同时有效提升模型的生产效率，采用人工建模方式一两年才能完成的一个中小城市建模工作，通过倾斜摄影建模方式只需要三至五个月时间即可完成，大大降低了三维模型数据采集的经济代价和时间代价。目前，国内外已广泛开展倾斜摄影测量技术的应用，倾斜摄影建模数据也逐渐成为城市空间数据框架的重要内容。应用倾斜摄影测量技术，能够快速的生成目标区域的实景三维，该实景三维广泛应用于：地籍测绘、城市规划、数字水利、文物保护、应急救灾、智慧城市、智慧旅游、电力巡检、等等。

图 4-1-2　五相机系统倾斜摄影示意

4.1.4　航摄常用参数

在飞机或其他航空飞行器上，利用航摄机摄取地面影像获得航摄相片的工作统称为航空摄影。航空摄影获取的航摄像片是航空摄影测量成图的原始依据。其质量关系到后期作业的难易和量测的精度。航空摄影的飞行质量主要包括以下摄影参数内容。

1. 航　高

摄影航高简称航高，指航摄仪物镜中心 S 在摄影瞬间相对于某一基准面的高度。如图 4-1-3 所示，当基准面为平均海面时，称绝对航高 H_0；基准面为地面上某一基准面时，称相对航高 H。

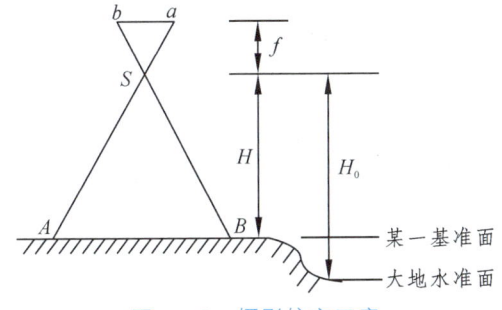

图 4-1-3　摄影航高示意

2. 航摄比例尺

航摄比例尺是航摄像片上的线段长度 l 与相应实地水平距离 L 之比。一张航空像片上各部分的比例尺并不一致,通常只表示概略比值。在近似垂直摄影的情况下,航摄比例尺是航摄仪主距 f 与相对航高 H 之比,通常用分子为 1 的分数来表示。

$$\frac{1}{m}=\frac{l}{L}=\frac{f}{H} \qquad (4\text{-}1\text{-}1)$$

航摄比例尺的选择,从保证成图精度、缩短成图时间、降低成图成本出发,一般取决于测图比例尺,见表 4-1-1。

表 4-1-1　航摄比例尺与测图比例尺关系

比例尺类型	航摄比例尺	测图比例尺
大比例尺	1∶2 000~1∶3 000	1∶500
	1∶4 000~1∶6 000	1∶1000
	1∶8 000~1∶12 000	1∶2 000,1∶5 000
中比例尺	1∶15 000~1∶20 000	1∶5 000
	1∶10 000~1∶35 000	1∶10 000
小比例尺	1∶20 000~1∶30 000	1∶25 000
	1∶35 000~1∶55 000	1∶50 000

在作航摄计划时,选定了航摄机和航摄比例尺后,根据式(4-1-1),航高 H 即已确定。飞机应按预定航高 H 飞行,其差异一般不得大于 5%,同一航线内各摄影站的航高差不得大于 50 m。

3. 像片重叠度

用于地形测量的航摄像片,为了能够进行立体测图,必须使像片覆盖整个测区,而且相邻像片应有一定的重叠。同一条航线内相邻像片间的重叠影像称为航向重叠,相邻航线间的重叠称为旁向重叠,如图 4-1-4 所示。重叠大小用像片的重叠部分与像片边长比值的百分数表示,称为重叠度。

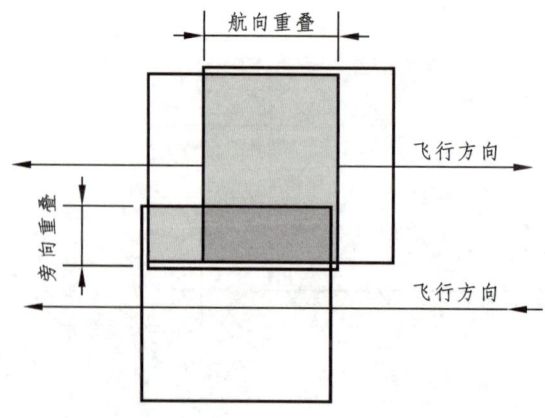

图 4-1-4　像片重叠度示意

在传统摄影测量学中,航向重叠度一般规定为 60%,最小不小于 53%,最大不大于 75%;旁向重叠度一般规定为 30%,最小不小于 15%,最大不大于 50%。

无人机进行航测时,由于无人机像幅小,飞行姿态不稳定,其像片重叠度要大些,根据项目需求不同,可分为以下三种。一是航测生产地形图:航向重叠度一般设置为 80%;旁向重叠度一般设置为 60%;二是项目要求只需要生产正射影像(DOM),航向重叠度一般设置为 70%,旁向重叠度一般设置为 60%;三是无人机倾斜三维建模要求航向重叠度和旁向重叠度至少均为 70%。

4. 航线弯曲度

航线弯曲是指由于气流影响导致摄影航线形成一条弯度不大的曲线。其弯曲度是用图幅内一条航线中各张像片主点与首末两张像片主点连线的最大偏离度来表示。如图 4-1-5 所示,最大弯曲矢量 L 与航线长度 D 的百分比表示。航线弯曲度过大,影响旁向重叠,导致内业测图困难,一般要求不大于 3%。

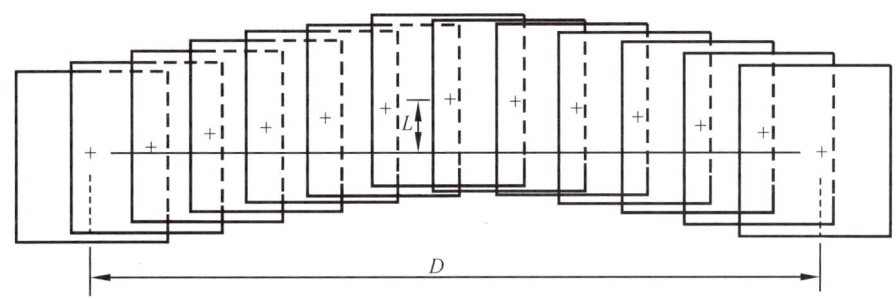

图 4-1-5　航线弯曲度示意

5. 像片旋偏角

相邻两像片的主点连线与像幅沿航带飞行方向的两框标连线之间的夹角称为像片的旋偏角,如图 4-1-6 所示。像片旋偏角是由于摄影时航摄机定向不准确而产生的。旋偏角不但会影响像片的重叠度,而且还给航测内业作业增加难度。因此,对像片的旋偏角,一般要求小于 6°,个别最大不应大于 8°,而且不能连续三片有超过 6°的情况。

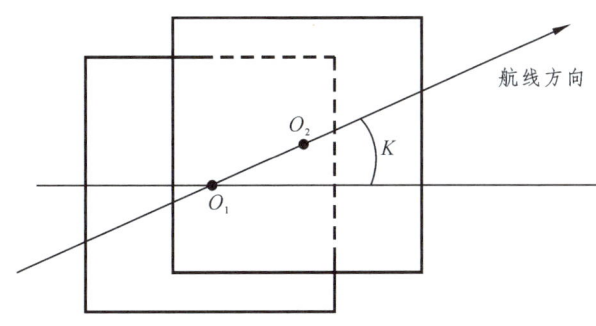

图 4-1-6　像片旋偏角

4.1.5　4D 产品

无人机倾斜摄影的 4D 产品是指数字地表模型（DSM）、数字线化图（DLG）、数字高程模型（DEM）、数字正射影像图（DOM）。

1. 数字地表模型

数字地表模型（Digital Surface Model，简称 DSM）是在高斯投影平面上规则格网点平面坐标（X, Y）及其高程（H）的数据集$\{(X_i, Y_i, H_i), i=1, 2, \cdots, n\}$。这个数据集描述的是真实地表的高程分布状态，其中包含各种地物，例如房屋、树木等。

2. 数字高程模型

数字高程模型（Digital Elevation Model，简称 DEM）与 DSM 相似，同样是高斯投影平面上规则格网点平面坐标（X, Y）及其高程（H）的数据集$\{(X_i, Y_i, H_i), i=1, 2, \cdots, n\}$。但是 DEM 是在 DSM 的基础上除去了地物高程，代表的是地面的高程分布情况。

3. 数字线划图

数字线划地图（Digital Line Graphic，简称 DLG）是包含地形要素（包括居民地、交通、独立地物、管线、境界等）的矢量数据集，它对各类要素进行分层分类存储并保存了各要素间的空间关系和相关属性信息。

4. 数字正射影像图

数字正射影像图（Digital Orthophoto Map，简称 DOM）是利用数字高程模型 DEM 对无人机摄影相片进行逐像元的纠正，再按影像镶嵌，根据将国家基本比例尺地形图图幅范围裁剪生成的影像数据。

DOM 同时具有地图几何精度和影像特征的图像，具有精度高、信息丰富、直观真实等优点，可作为地图分析背景控制信息，也可从中提取自然资源和社会经济发展的历史信息或最新信息，为防灾减灾和公共设施建设规划等应用提供可靠依据；还可从中提取和派生新的信息，实现地图的修测更新。

4.2 无人机倾斜摄影地籍测绘主要流程

房地一体是近年地籍测绘的一项重要工作。在 2019 年，中央一号文件明确提出"加快宅基地使用权登记"，进一步推进了农村房地产与房地一体化的房地产登记，明确了农村居民点、集体建设用地和房屋的房地产权，依法保护了农民的合法权益。房地一体确权工作的主要内容是调查宅基地和集体建设用地的权属，对地上房屋及其附属设施进行测量，为不动产登记发证提供依据。

无人机倾斜摄影测量技术具备高效快捷、成本低廉、操作简单、机动灵活等优势，近些年广泛应用于农村房地一体不动产确权登记工作中，无人机倾斜摄影测量技术提高了农村房地一体不动产成图的速度，大大提高了测绘作业效率，有效节省了人力、物力和财力，获取的数据精度也完全满足相关规范要求。

基于无人机倾斜摄影测量的农村房地一体项目的工作流程：首先，在测区内布设像控点，采用 GNSS-RTK 测量地面像控点空间坐标，通过无人机搭载单镜头或多镜头像机获取不同角度真彩色影像；其次，利用相关软件进行空中三角测量，获取密集匹配点云，再进行纹理映射，生成测区实景三维模型；再次，利用三维测图软件基于三维模型采集农房主体、附属结构及四至地物地貌，绘制地籍图；最后，对绘制的地籍图进行外业核实与精度检查，形成最终的成果资料。

其主要生产流程如图 4-2-1 所示。

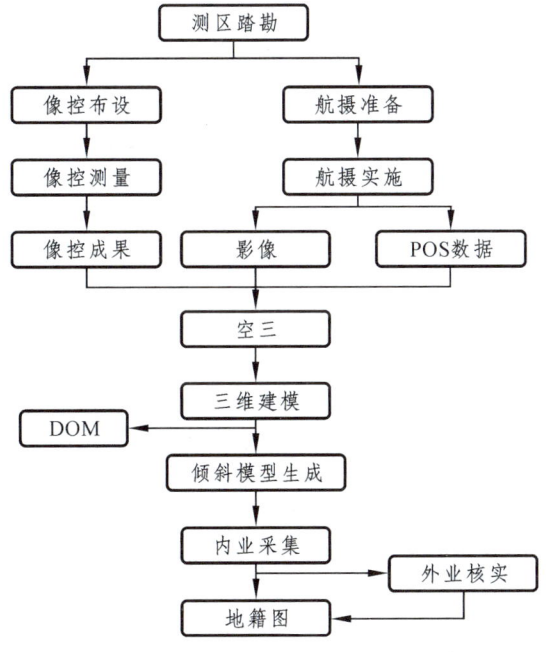

图 4-2-1　无人机倾斜摄影地籍测绘主要流程

4.3 无人机倾斜摄影测量的外业工作

倾斜摄影测量外业实施主要由地面飞控系统、无人机、控制测量三个部分组成。飞控部分主要规划设计无人机的飞行航线、航高、以及对无人机飞行监视控制和数据通信等；无人机部分主要由机载定位系统和多视相机组成；控制测量主要是航测区域的控制网设计和像控点的测量。无人机航拍前需要对测区进行现场踏勘，首先根据已有 GPS 控制点位合理布设像控点，像控点的数量和位置依据实际测量规程要求的精度和测区范围的大小均匀布设。其次根据申请的空域时间和范围合理规划飞行航线，保证影像的航向重叠、旁向重叠、分辨率等符合作业要求。再次，要在已知的高精度点位上架设基站，在无人机起飞规定时间前开机，降落后在规定时间内关机。在测量时，需要量取天线高，记录基站开关机的具体时间，并进行像控点的测量。最后组装无人机和设置相机参数，实施无人机航拍，飞行结束后，分别下载无人机数据和基站数据。

4.3.1 像控点的布设及测量

1. 资料的收集和准备

（1）测量设备的准备。

需要准备的设备：用于摄影测量的无人机、用于像控点采集的 GNSS 接收机、GNSS 接收机对中杆、用于拍照记录的手机或相机、用于绘制像控点的油漆或像控点标志，及其他相关设备。

外出作业时应检查：无人机电池是否充足及满电、无人机及遥控器是否插入内存卡、GNSS 设备电池是否充满电、相机电池是否充满电、相机储存卡内存是否足够；作业完成后需给设备电池充电、导出和备份数据、检查仪器设备。

（2）基础控制点资料的收集。

根据项目需求，收集必要的等级控制点。如控制点的分布情况不满足 RTK 的测量要求，需要在已有控制点的基础上进行加密控制点。若选择使用 CORS 系统进行测量，则无需进行等级控制点的收集，但应提前准备好 CORS 账号，完成 GNSS 接收的相关设置。

（3）坐标系统的确定。

根据项目需求，分析已有资料，确定测区所用的坐标系统、投影方式、高程基准。并在 GNSS 接收机内设置好相关坐标系统参数。

（4）其他资料的收集。

外出作业前应收集测区的地形图、交通图、地名录、天气、地域文化等资料。

（5）确定测区范围。

根据项目需求，确定测区范围，测量区域范围应略大于项目要求区域大小。在无人机配套地图软件或其他地图软件内绘制测区范围图形，导出矢量范围文件（后缀为

kml 的文件）。

2. 像控点的布设

（1）像控点的布点方式。

规则矩形和正方形：小面积区域最少布设 5 个控制点。航飞区域内 4 个角各一个，区域中间 1 个；大面积区域相应的增加控制点。

不规则图形：根据地形布设控制点，保证布设的控制点能均匀的覆盖整个测区。

河道、公路等带状区域：这种区域常采用"Z"字形布点，也就是垂直于带状两边各两个控制点，带状区域中间一个控制点。

（2）像控点的选点。

像控点应该选择在航摄像片上影像清晰、目标明显的像点。实地选点时，也应考虑侧视相机是否会被遮挡。对于弧形地物、阴影、狭窄沟头、水系、高程急剧变化的斜坡、圆山顶、跟地面有明显高差的房角、围墙角等以及航摄后有可能变迁的地方，均不应当做选择目标。

像控点也可采用特殊并明显的地物标志，例如：路上的车道实线以及斑马线的角；目标清晰的道路交角；篮球场上的实线；草地角等，如图 4-3-1 所示。

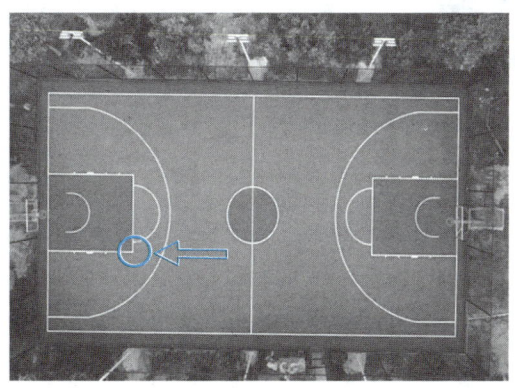
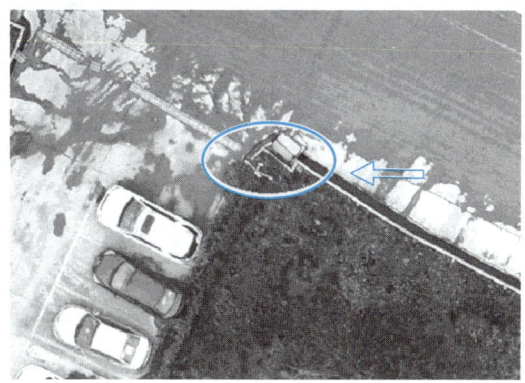

图 4-3-1　像控点的选点示意

总则：所选的像控点必须是在航片上能够辨认清晰的，没有遮挡的目标。目标成像不清晰、与周围环境色差小、与地面有明显高差的目标，会影像空三内业的刺点误差,因此均不能用作像控点。

(3)像控点的标志。

像控点可用油漆现场绘制像控标志,标志可刷成"L"形或"十"形,并标好像控点点号。像控点标识建议直角模具涂刷(见图4-3-2)和标靶板(见图4-3-3)的方式。

① 像控点现场涂刷标识,应用直角模具涂刷,或者用航测专用标识;涂刷大小>50 cm,并且菱角不虚边;编号涂刷,字体清晰,字体高度>30 cm。

图4-3-2 像控点的标志1(直角模具涂刷)

② 标靶板的效果比自己做的木板效果要好很多,黑白相间的颜色使得内业刺点的时候更加精准。无人机标靶板尺寸以60 cm×60 cm左右的KT板制作最好。

图4-3-3 像控点的标志2(标靶板)

3. 像控点的测量

(1)若采用架设基站RTK模式,需进行坐标系的校正。

因为GPS RTK测量结果使用的是WGS-84坐标系统,如项目要求测量成果使用其他坐标系统,则需要在观测之前进行坐标系校正,求出WGS-84坐标系与目标坐标系之间的转换关系。

校正方法:

① 首先要有至少5个目标坐标系的基础控制点坐标数据,其中4个用作校正,1个用于校正后的检验。注意已知点最好要分布在整个作业区域的边缘,能控制整个区域,一定要避免已知点的线形分布。

② 在电子手簿上输入已知控制点的坐标，并把 GPS 流动站接收机架在已知点上，测得 WGS-84 的坐标数据。

③ 根据已知点的已知坐标数据和 WGS-84 坐标系的坐标数据，计算七参数，求得两坐标系之间的转换关系。

④ 检查一下水平残差和垂直残差的数值，看其是否满足项目的测量精度要求，参差应不超过 2 cm。检校没问题之后才可以进行下一步作业。

（2）若使用 CORS 测量模式进行控制点的采集。

开机连接 CORS 得到固定解后一般不要立即测量，首先检查一下水平残差 HRMS 和垂直残差 VRMS 的数值，看其是否满足项目的测量精度要求，正常情况下不超过 2 cm。

（3）观测。

① 两次观测，每次采集 30 个历元，采样间隔 1 s。在采集过程中保证对中杆的气泡始终处于居中状态。

② 接收机在观测过程中不应在接收机近旁使用对讲机或手机，雷雨过境时应关机停测，并取下天线，以防雷电。

③ 两次观测成果需野外比对结果，比对值为两次初始化采集的最后一个历元的空间坐标，较差依照平面较差不超过 5 cm，大地高较差不超过 5 cm 的精度标准执行；不符合要求时，加测一次，如果三次各不相同，则在其它时间段重新观测。

④ 每日观测结束后，应及时将数据从 GPS 接收机转存到计算机上，确保观测数据不丢失，并拷贝备份由专人保管。

（4）像控点的拍照。

对观测处进行至少 3 次拍照，分别为 1 张近照、2 张远照。近照要求摄清天线摆放位置以及对中位置或者是杆尖落地处，一张不够描述，可拍摄多张。远照的目的是反映刺点处与周边特征地物的相对位置关系，便于空三内业人员刺点。周边重要地物有：房屋、道路、花圃、沟渠等。为描述清楚，远照可摄多张。如图 4-3-4 所示。

4. 外业资料与数据的整理

控制点、检查点成果表分开保存，每个点均保存大地坐标和投影平面坐标。一般采用大地坐标系 CGCS2000，投影坐标为高斯-克吕格投影 3°分带。

导出 GPS 观测数据并整理坐标数据成果表，表中应注明所用坐标系、投影方式、高程基准。格式如图 4-3-5 所示。

图 4-3-4 像控点拍照

×××控制点成果表					
坐标系统：1980西安坐标系					
投影方式：高斯-克吕格投影3°分带,中央子午线114°					
高程基准：1985国家高程基准					
序号	点名	X(m)	Y(m)	Z(m)	备注
1	hpA3	2668217.322	626430.153	80.937	

图 4-3-5 坐标数据成果表

整理控制点、检查点照片，每一个控制点分别建立一个文件夹，把所拍的控制点照片分类，并放入相应点的文件夹中，使点号、点位与照片一一对应。在文件夹外保存所有控制点和检查点的后缀为 csv 的文件。

4.3.2 外业航飞实施

对于城镇规划范围内以及房屋高度较高、房檐结构复杂或者地形高差较大的地区，建议使用搭载五镜头相机（见图 4-3-6）航摄以提高三维倾斜摄影的精度和工作效率；城镇规划区范围外、地形高差不大、房屋结构简单、规整的农村房地一体工作，采用单镜头实施三维倾斜摄影可以满足规范要求。外业航飞实施一般有以下几个方面的工作。

1. 任务提出、目标确认和空域申请

无人机在航空摄影前，用户应该根据具体的作业任务提前做好规划，航摄计划中的技术部分包括的主要内容有：了解测区概况；确定测区范围；选用合理的摄影机；

确定摄影比例尺和航高；确定拍摄日期及无人机起降的具体位置等。为了确保无人机低空飞行安全，提高空域资源利用率，在进行航拍前，负责人员需按照相关规定向航空管理部门申请测区空域的飞行许可。如果没有获得批准，需要重新拟定飞行计划，做好充分的准备，再次向空域管理部门提出申请。

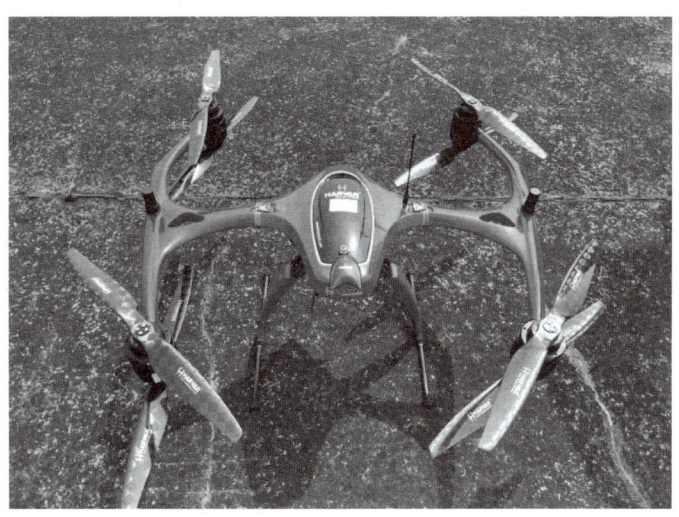

图 4-3-6　五镜头多旋翼无人机外业航飞

2. 航线设计、作业飞行

依据无人机具体的飞行任务和低空数字航空摄影规范的相关规定，首先对航摄技术参数进行设置，以保证无人机按照规定的轨迹飞行，具体包含以下几个方面：

（1）设置航高。根据不同比例尺航摄成图的要求，结合测区的地形条件及影像用途，参考测图比例尺和地图分辨率对比表 4-3-1，选择影像的地面分辨率。根据式（4-3-1）计算航高。

航飞范围设定、航飞外业实施、航飞外业数据导出

$$H = \frac{f \times GSD}{a}$$
（4-3-1）

式中：H 为摄影航高；f 为物镜镜头焦距；a 为像元尺寸；GSD 为航摄影像地面分辨率。

表 4-3-1　测图比例尺和地面分辨率值对比表

测图比例尺	地面分地辨率/cm
1∶500	≤5
1∶1000	8～10
1∶2000	15～20

（2）设置像片重叠度。依据低空数字航空摄影的相关规范，像片重叠应该满足以

下要求：航向重叠度在通常情况下应该为 60%～80%，但是不得小于 53%；旁向重叠度在通常情况下应该为 15%～60%，但是不得小于 8%。

（3）设置航线参数。依据测区大小，确定飞行航向和航线长度。

在做好地面的准备工作之后，应选择晴朗无云的天气，利用带有航摄仪的无人机对地面进行拍摄。无人机拍摄作业过程如下：

① 在预先选好的无人机起飞地点，组装无人机和航摄仪，同时进行系统地面联机测试。

② 根据任务要求对各项技术参数，如相机曝光参数和航线参数等进行合理设置，并把地面控制系统中设置的参数数据导入到飞行导航与控制系统中。

③ 无人机进入航摄区域后，地面监控系统通过数据传输系统向空中控制系统发送数据和控制命令，使无人机根据预先设置的航线进行飞行，同时控制无人机的摄影机进行拍摄，并将飞行数据保存起来或者通过无线电实时反馈给地面监控站。

④ 地面人员对获取到的数据进行检查，漏拍的地区和需要重点拍摄的区域应该及时补拍。无人机结束飞行任务后，对其进行回收，并检查仪器的相关功能是否良好，最后结束航拍任务。

4.4 倾斜影像三维建模

"3D 建模"通俗来讲就是利用三维制作软件通过虚拟三维空间构建出具有三维数据的模型。目前常规建模技术主要分为四类：传统人工建模、三维激光扫描建模、数字近景摄影测量建模、倾斜摄影测量建模。其中倾斜摄影测量技术也颠覆了传统低空摄影测量只能从垂直角度获取数据的局限，在无人机上同时搭载多个传感器，从多个角度获取影像数据，能够更加真实全面立体反映地表物体的局部细节和整体层次。通过倾斜摄影测量技术可以获取丰富的纹理信息数据，生成密集三维点云和 TIN 格网模型，结合自动化实景建模模型，实现三维场景的快速、高效、低成本的真实还原，为诸多项目提供了建模服务。

目前主流的倾斜影像三维建模软件主要有 Pix4D、PhotoScan、ContextCapture（CC）等。

基于 CC 软件的倾斜摄影测量三维建模的主要流程是：航空摄影中获得的所有图像经过预处理，实现色彩均匀性和失真校正。从 POS 系统中提取外方位元素，采用多视角联合调整方式，自动匹配各级图像中的同名点，完成空中三角测量。通过软件的自动分析，选择匹配的图像单元，进行点云密集匹配和特征匹配，自动完成纹理映射，最终输出测区的实际 3D 模型数据。

4.4.1 数据准备及预处理

在建模开始前对外业数据进行整理，包括航拍照片、相机内方位元素、POS 数据、像控点数据的准备和编辑。

空三数据准备及预处理

1. 航拍照片

首先对照片名进行整理，对于单镜头照片名是唯一的，对于多镜头照片名有重复，需对照片重命名（见图 4-4-1），使所有照片名唯一。所有照片应色彩一致，明亮清晰，在天气区别很大（如晴天和阴天）的情况下航飞的不同架次的照片亮度和清晰度会不同，直接建模将影响模型效果，因此需对照片进行匀光匀色等预处理，使照片质量色彩均匀、明亮清晰。

2. 相机内方位元素

内方位元素表示摄影中心与像片之间相关位置（姿态）的参数，是摄影测量中的重要参数。包括相片主距和像主点坐标，亦即在摄影测量中，需确定摄影机物镜后节点相对于相片面的三个参数：相片主距 f，即物镜后节点到像主点的距离；像主点在相片框标坐标系中的 x 坐标值 x_0；像主点在相片框标坐标系中的 y 坐标值 y_0。通过摄影机检验得知，这三个参数均为已知值。若导入照片后建模软件没有识别出传感器参数就需要手动填写，包括相机名、传感器尺寸（Sensor size）、焦距（Focal length）等，如图 4-4-2 所示。

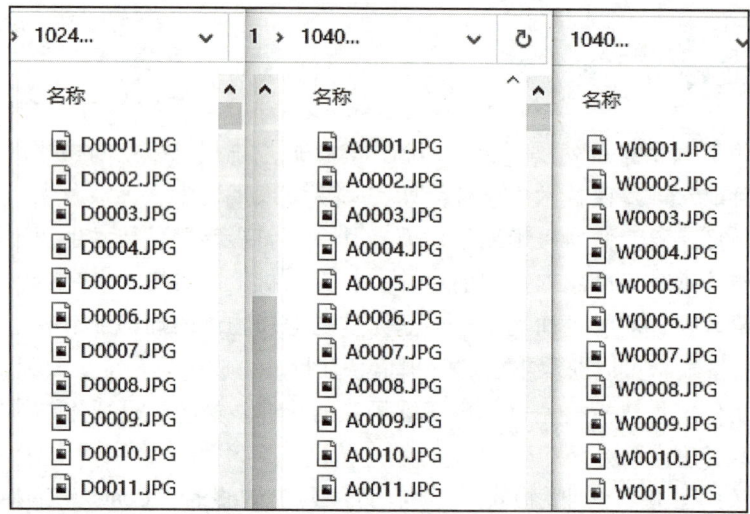

图 4-4-1　多镜头照片整理

Camera	Sensor size	Focal length	35 mm eq.
DJI FC6310R	12.8333 mm	8.65666 mm	24.2837 mm
DJI FC6310R	12.8333 mm	8.65749 mm	24.286 mm
DJI FC6310R	12.8333 mm	8.65107 mm	24.268 mm
DJI FC6310R	12.8333 mm	8.65961 mm	24.2919 mm
DJI FC6310R	12.8333 mm	8.65407 mm	24.2764 mm

图 4-4-2　相机参数填写

3. POS 数据

航摄像片的外方位元素是在恢复内方位元素（即恢复了摄影光束）的基础上，确定摄影光束在摄影瞬间的空间位置和姿态的参数，称为外方位元素。一张像片的外方位元素包括六个参数，其中三个是直线元素，用于描述摄影中心的空间坐标值；另外三个是角元素，用于描述像片的空间姿态。

POS 定位定向系统用全球定位系统（GNSS）和惯性测量装置（IMU）直接测定航片外方位元素的航空摄影导航系统。POS 是英语 position 的简写。POS 数据，是系统利用动态全球定位系统定位技术精确测定摄站空间位置，利用惯性测量装置测定摄影瞬间传感器姿态，通过精确时钟将两者结合起来以确定航片的外方位元素。将该系统用于航空遥感对地定位和影像获取，可减少乃至免除野外控制测量工作、降低劳动强度、缩短航测作业周期。

在 CC 建模处理中应保持 POS 名与照片名的一致性，如图 4-4-3 所示。

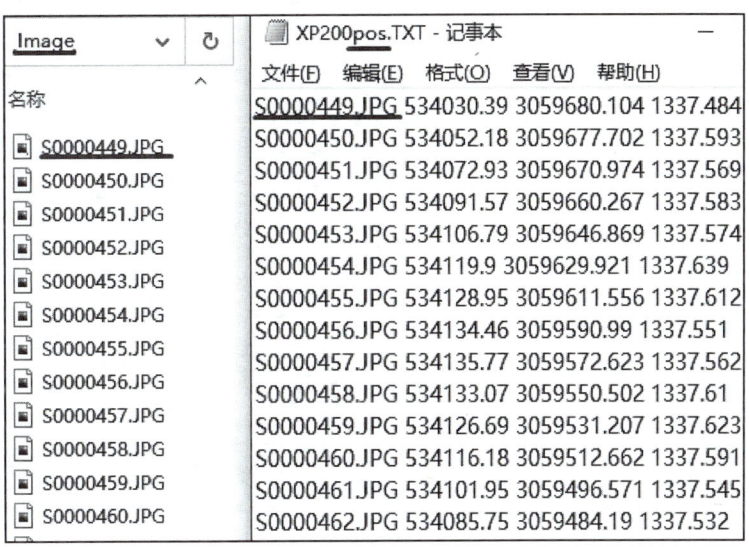

图 4-4-3　POS 数据名与照片名的一致性检查

4. 像控点数据

像控点是在进行无人机航测时，通过使用 RTK 或全站仪（大多数情况都是使用 RTK）在所拍摄的测区内建立具有标志性的真实坐标点，通过所做的像控点，可以对后期无人机航测出的坐标点进行校正，从而完成无人机测绘工作。在建模之前应准备好像控点坐标数据及像控点外业实拍的远近景照片。

4.4.2　空中三角测量

空中三角测量是立体摄影测量中，根据少量的野外控制点，在室内进行控制点加密，求得加密点的高程和平面位置的测量方法。

空中三角测量

待完成外业数据的处理，包括航拍照片、相机内方位元素、POS 数据、像控点数据的准备和编辑等工序后，即可进行 CC 空三测量阶段。大致包括以下几个步骤：新建工程、导入照片及 POS 数据、空三计算。

1. 新建工程

打开 Contextcapture Center Master 程序软件，新建工程（New project），设置工程名称及路径，如图 4-4-4 所示。

2. 导入照片（Photos）及 POS 数据

导入本机照片，如需集群处理,则需要导入网络路径下的照片。导入照片如图 4-4-5 所示。

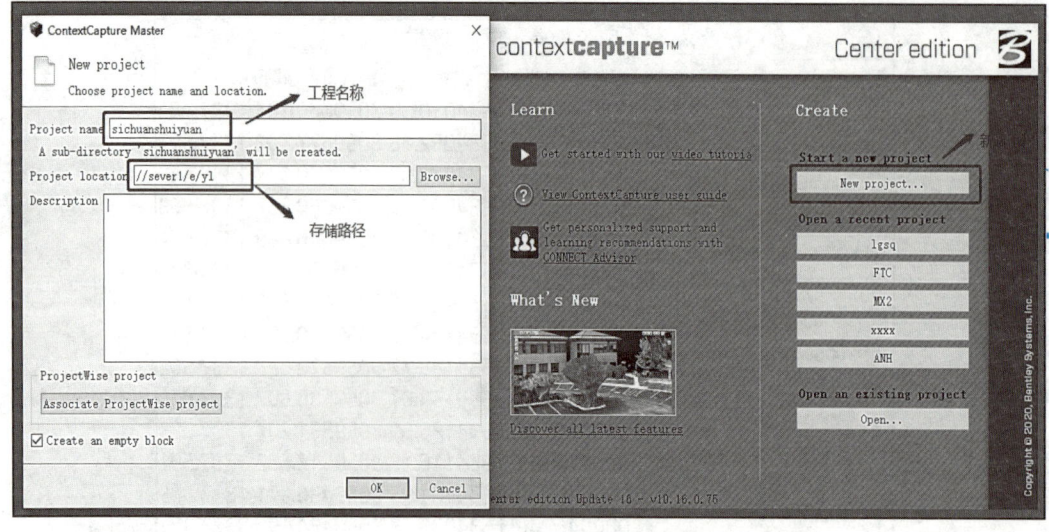

图 4-4-4　新建工程

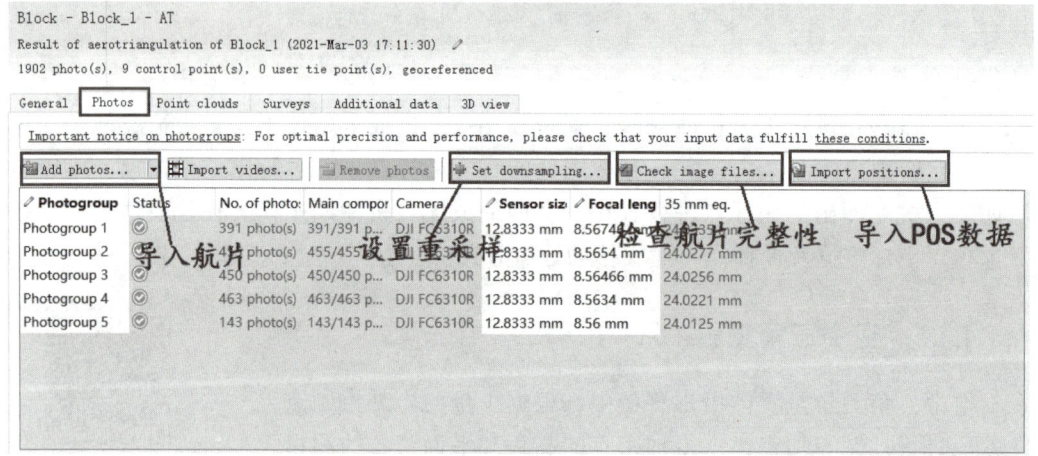

图 4-4-5　导入照片

Set downsampling（设置重采率）：该参数只会在空三的过程中对照片进行重采样空三，建模时仍旧使用原始分辨率影像。

Check image files...（检查航片完整性）：建模失败的时候可以用此功能进行数据完整性检查。

Import positions...（导入 POS 数据）：如果有多个照片组（Photogroup）则必须保证每个照片组中的照片名称唯一，否则会导入失败；且 POS 路径必须为英文。

3. 空三计算

（1）常规空三流程。

空三参数设置，如第一次使用，则建议直接按照默认参数，只需"下一步"即可，进行任务运算，如图 4-4-6 所示。

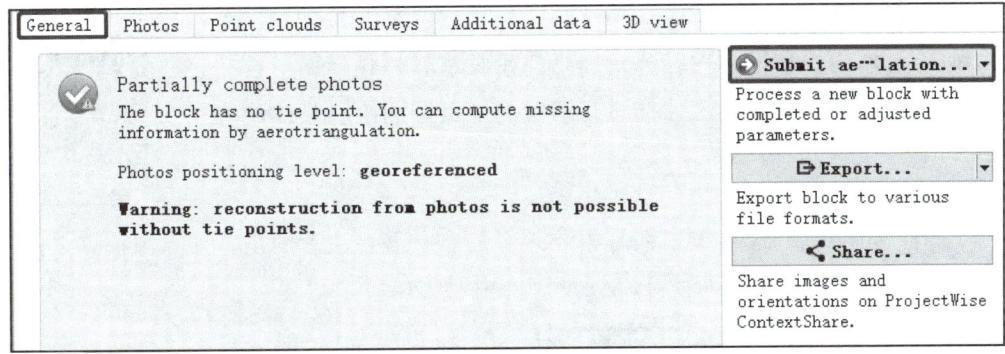

图 4-4-6　常规空三流程

（2）空三检查。

① 首先保证"General"选项卡中显示 Georeferencing 情况的空三结果（见图 4-4-7），才能进行建模操作。

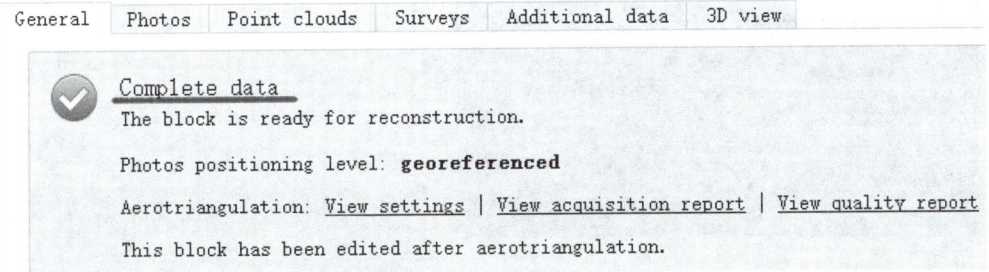

图 4-4-7　空三检查（a）

② 然后在特征点的三维视图中检查有没有明显的分层或交叉现象（见图 4-4-8）。主要查看是否存在以下几种情况：

a. 航片有没有交叉；

b. 特征点在道路或房屋区域有没有分层；

c. 检查像控点又没的平面和高层误差是否过大；

d. 检查航片位置。

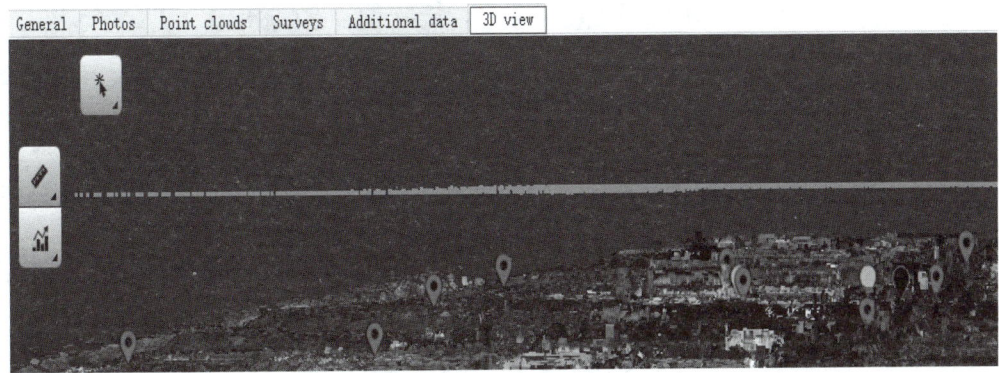

图 4-4-8　空三检查（b）

（3）空三刺点。

像控点的作用是保证所建模型与地面实际更好的相吻合，这样的模型才能应用于实际，才能进行后续的地籍图测绘。具体的步骤如下：

空三刺点

① 导入像控点。

点击"surveys"选项卡，在其中导入像控点。需要注意的是，导入像控点之前需要先选择投影坐标系及中央子午线，如图4-4-9所示。

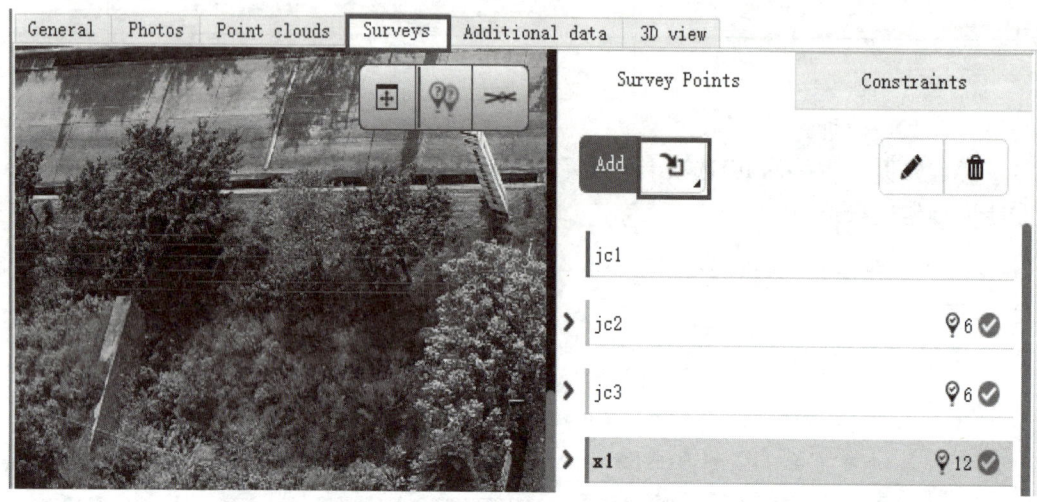

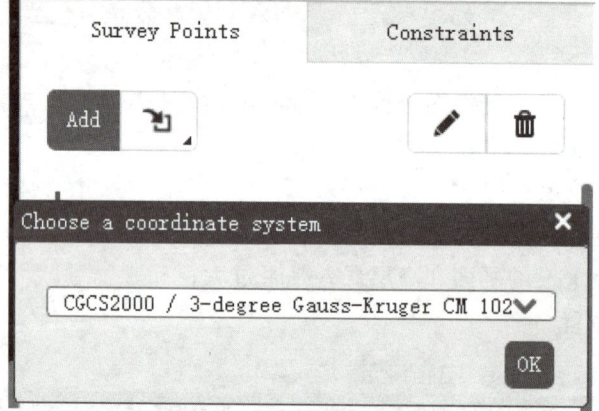

图 4-4-9　导入像控点

② 刺点。

点击"surveys"选项卡，对每一个控制点进行刺点，每张照片刺完点，点击"accept position"，如图4-4-10所示。

一般情况清晰的像控点都要刺，刺点一般尽量分布在多个航带的照片上，每个航带刺点数量不少于 9 张，若是边缘点或者某些航线照片较少可以低于此标准，一般不低于 3 张。

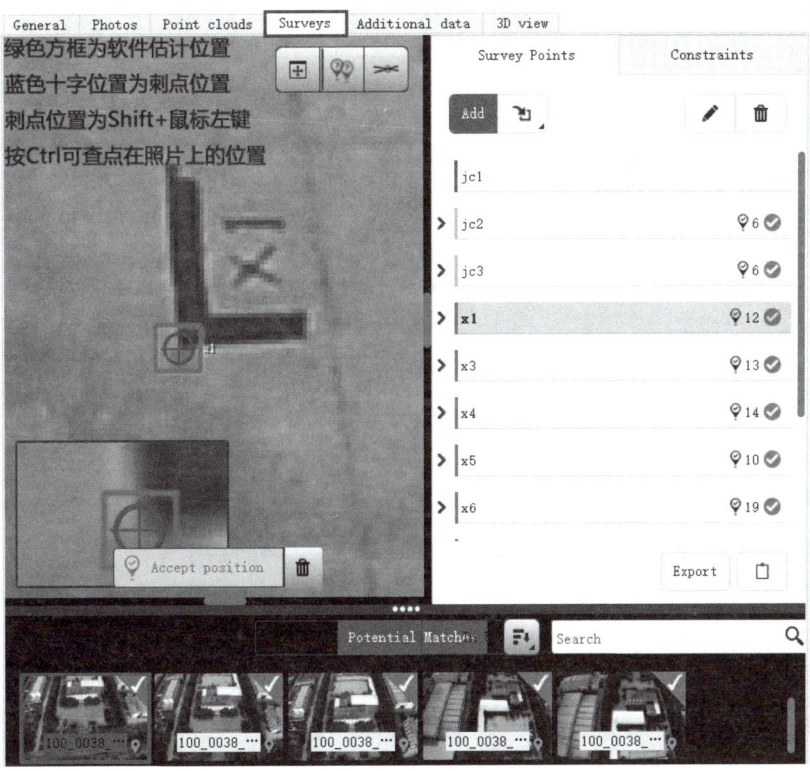

图 4-4-10 空三刺点

③ 刺点完成后再次提交空三任务，注意需要选择使用控制点约束，空三完成后查看空三报告，如图 4-4-11 所示。

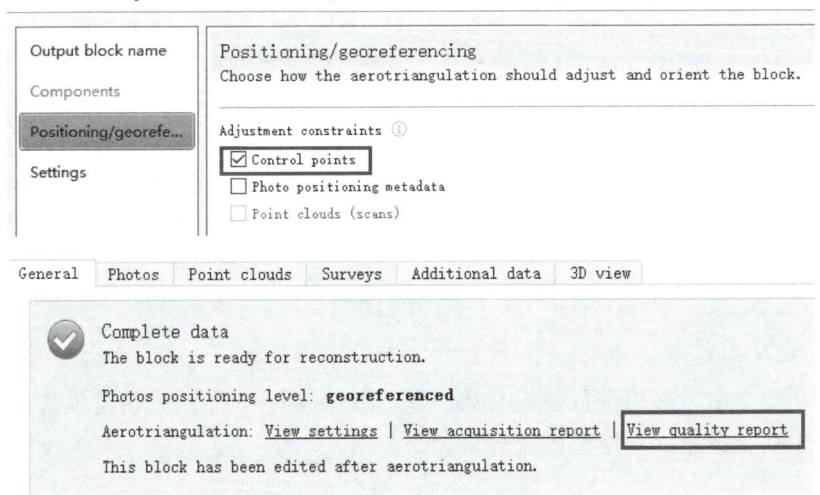

图 4-4-11 提交空三任务

4.4.3 三维模型构建

空三结束后，即可进行三维建模阶段。在空三结果中开启一个模型重建，使用"General"选项卡中右下角的"New reconstruction"按钮，如图 4-4-12 所示。

三维建模型构建

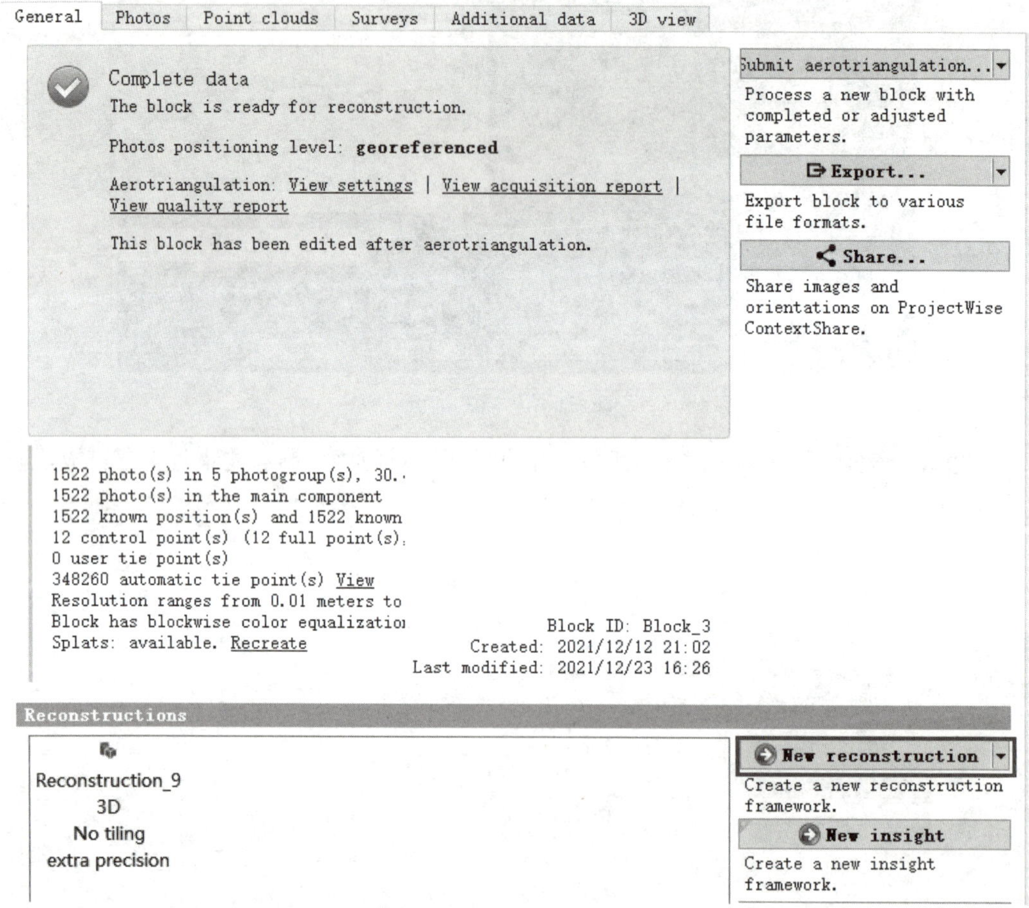

图 4-4-12　模型重建窗口

1. 重建参数设置

建模开始之前，必须进行建模参数设置，如图 4-4-13 所示，为建模之前必须设置的参数。包括坐标系、建模范围及分块大小。

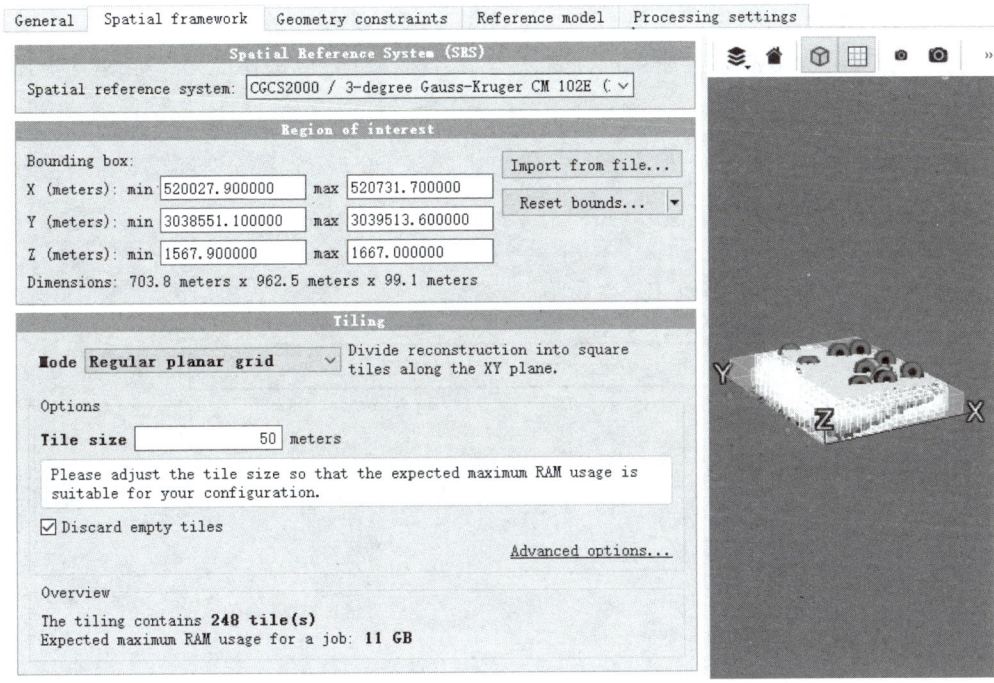

图 4-4-13 重建参数设置窗口

2. 生成产品

选择"Reconstruction1",点击"General"选项卡中的"Submit new production"按钮,如图 4-4-14 所示。

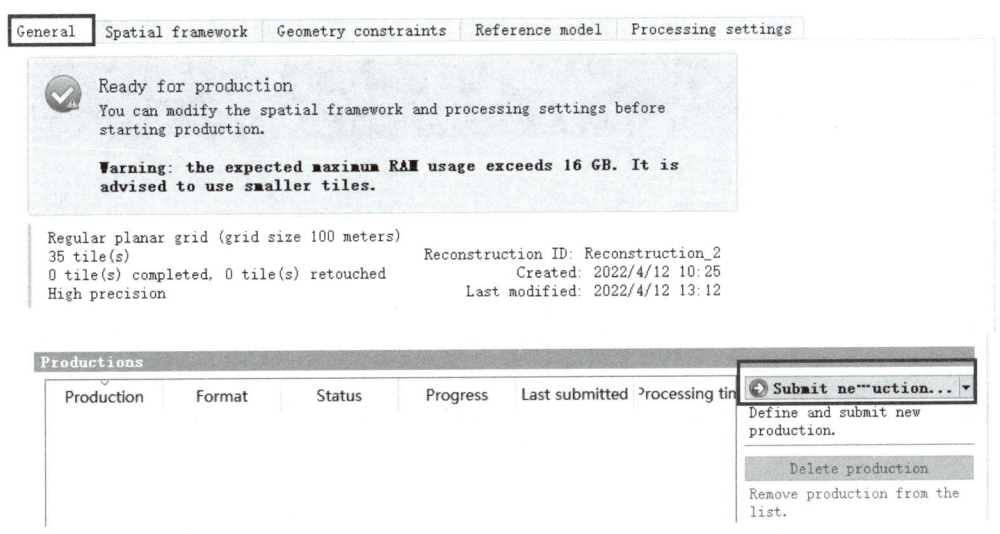

图 4-4-14 生产产品窗口

点击"Submit new production"进入下一步窗口界面,随即依次对所生成产品进行命名,选择产品类型,选择三维模型格式,确定产品的坐标系及平移量,再定义产品的范围。以上所有的工作完成后，方可进入提交产品阶段，进入提交产品窗口，对所生成产品名称进行重命名，如果选择默认产品名称，可直接选择提交，如图 4-4-15、图 4-4-16 所示。

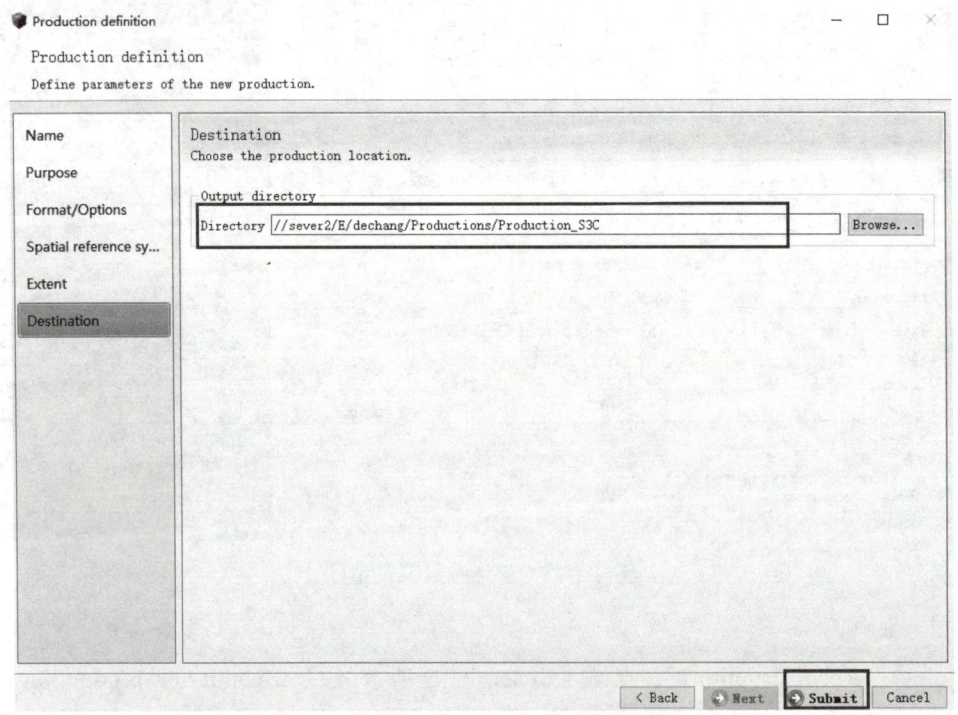

图 4-4-15 产品命名窗口及提交

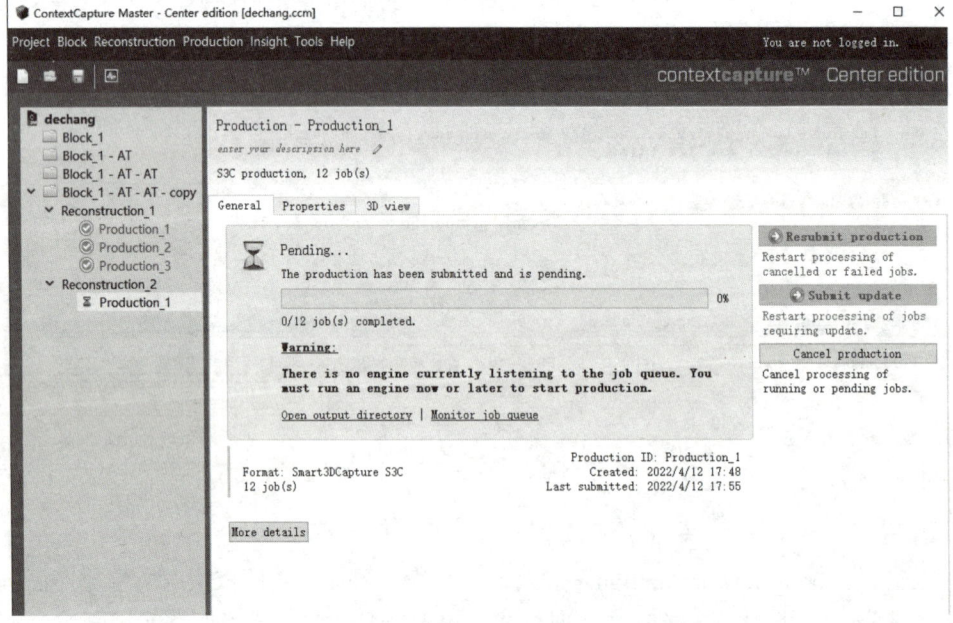

图 4-4-16 产品提交成功后的状态

3. 模型浏览与检查

建模完成后对模型完整性和质量进行检查，建模成果如图 4-4-17 所示。

图 4-4-17　建模成果

4.4.4　DOM 的生产

生成三维模型后，根据三维模型可制作测区正射影像图 DOM。并根据测区调绘信息，制作权籍调查的影像专题图。

由于 DOM 是数字的，在计算机上可局部放大，具有良好的判读性能与量测性能和管理性能等，常应用在农村土地发证，指认宗界地界，数字化点位信息，土地利用调查，等等。DOM 可作为独立背景层与地名注名、坐标注记、标记经纬线、图廓线公里格、公里格网及其他要素层复合，制作专题图。

DOM 的制作一般是通过相片上选取一些地面控制点，并利用原来已经获取的该相片范围内的数字高程模型（DEM）数据，对影像同时进行倾斜改正和投影差改正，将影像重采样成正射影像。将多个正射影像拼接镶嵌在一起，并进行色彩平衡处理后，按照一定范围裁切出来的影像，这就是正射影像图。

基于 CC 软件的 DOM 生产步骤大致为：

（1）三维模型成功生成后，在重建区块再次提交生成产品，如图 4-4-18 所示。

（2）选择产品类型。

点击"Submit new production"进入下一步窗口界面，对所生成产品进行命名，产品类型选择"Orthophoto/DSM"，产品格式为"TIFF"，其他的参考坐标系、生成范围及保存路径都是按默认参数设置。设置完成后点击下一步，进入提交产品阶段，对所生成产品名称进行重命名，如果选择默认产品名称，可直接选择提交。

（3）TIFF 影像拼接。

产品运行结束后，成果中包含 DSM 和正射影像图的 TIFF 影像，并且是以分片式存储。如果我们需要得到整个三维模型的正射影像图和 DSM，就必须将它们拼接成一整个影像图。这个功能可借助 ArcGIS 镶嵌工具实现。

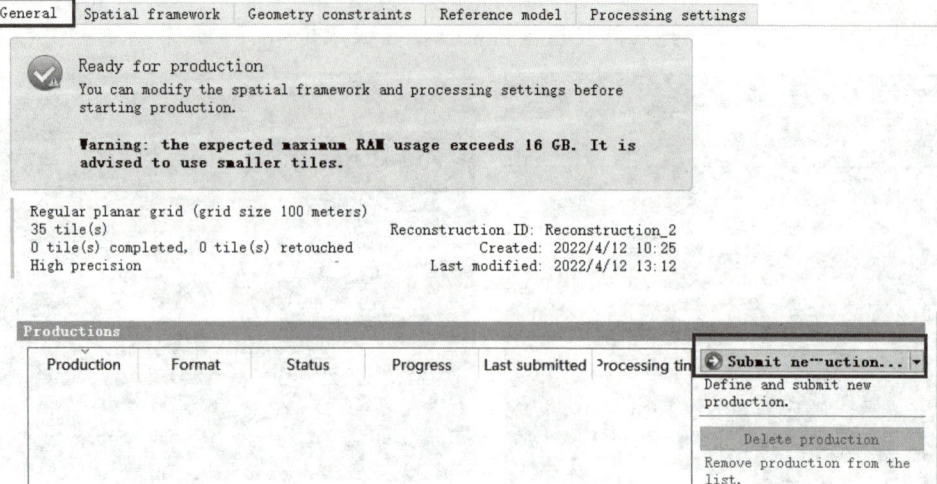

图 4-4-18　重建区块提交生成产品窗口

4.5 内业数据采集及地籍图出图

4.5.1 内业数据采集

完成测区实景三维模型及 DOM 数据的制作后，就可以采用三维测图软件对以上数据进行导入，由作业员进行点、线、面测图，并按照国标要求赋予图层与属性信息。常用的三维测图软件有清华山维 EPS、CASS 3D、iData3D、SV365 等。

EPS 三维测图系统是北京山维科技股份有限公司基于 EPS 地理信息工作站研发的自主版权产品，是一款较好用的航测成图软件，支持垂直摄影测图、倾斜摄影测图和激光点云测图三种测图方式，其地形要素编码支持导出 CASS 图式，是软件本身的一大优势。系统支持大数据浏览以及高效采编库一体化的三维测图，直接对接不动产、地理国情等专业应用解决方案。图 4-5-1 为清华山维 EPS 三维测图软件界面。

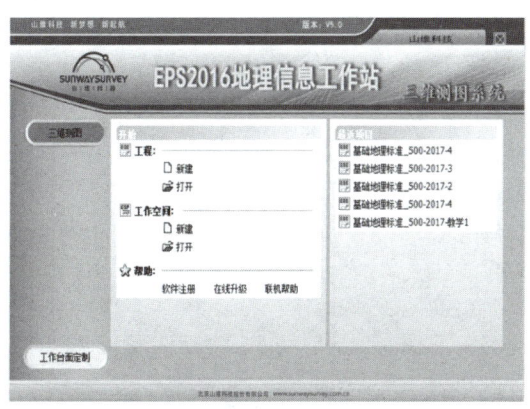

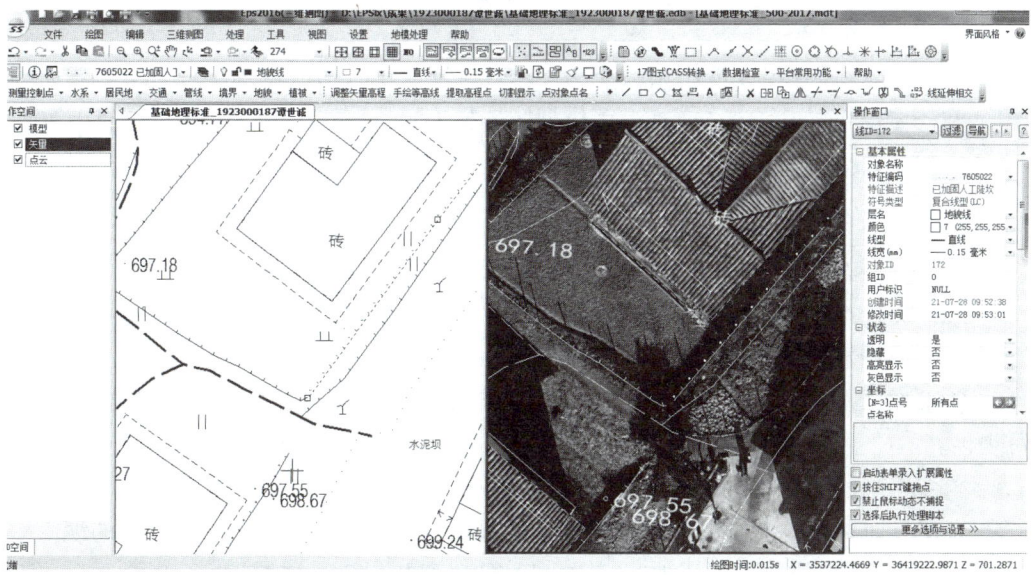

图 4-5-1 清华山维 EPS 三维测图软件界面

基于清华山维 EPS 三维测图软件采集农房一体数据，具体步骤如下：

1. 模型数据检查与加载

在数据采集前先将 ContextCapture 软件生产的 OSGB 格式数据转换为 EPS 三维测图软件能识别的 DSM 格式数据。

打开 EPS 软件，新建工程，首先对模型数据检查，数据无误后，在 EPS 三维测图主界面进行 osgb 数据转换。新建工程后，将瓦片数据通过主窗口中三维测图-osgb 数据转换生成 DSM 实景倾斜模型，如图 4-5-2 所示。

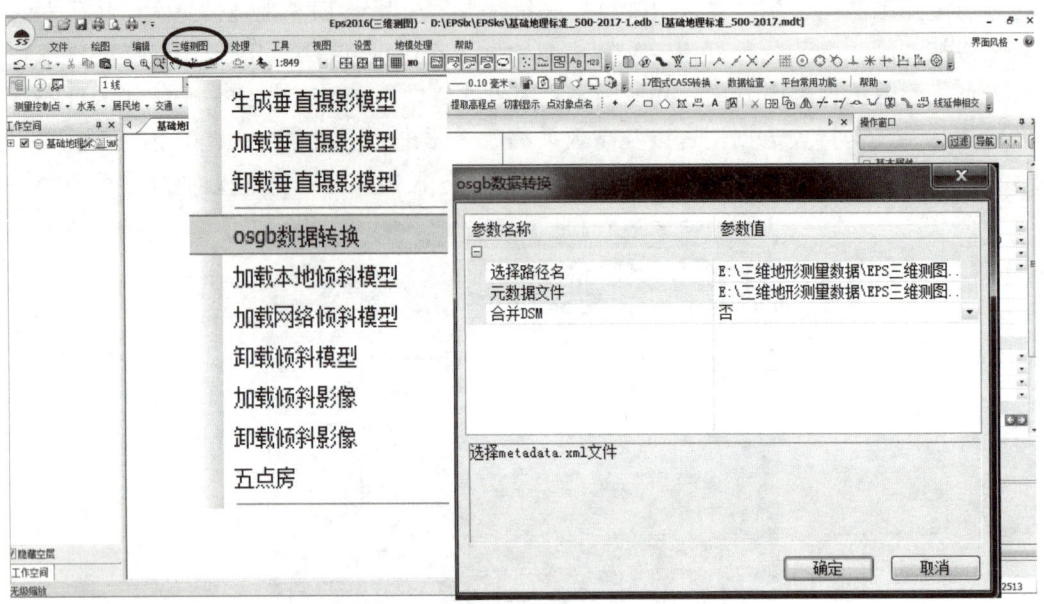

图 4-5-2　osgb 数据转换

加载本地倾斜模型或网络倾斜模型，通过主窗口中"三维测图"—"本地倾斜模型"，在三维窗口加载 DSM 实景表面模型，选择 Data 目录下生成的 DSM 文件，如图 4-5-3 所示，并导入控制点，检查模型精度是否合格。

2. 数据采集与编辑

（1）调用编码。

EPS 绘制的所有地物和注记，对象的表达以要素类型为基础，用不同的要素编码表达，绘制地物需选择相应的编码。常用的编码调用方式有以下几种：

① 通过"设置"—"编码查询窗口"，调出编码查询窗口，此窗口编码类型全面，可视化。

② 通过"设置"—"对象属性条"，调用编码，可输入编码或汉字或首字母进行查询。

③ 在界面工具条上设置"常用编码工具条"，"菜单"下列出了绘图常用的编码，包括测量控制点、水系、居民地、交通、管线、境界、地貌、植被八个大类。

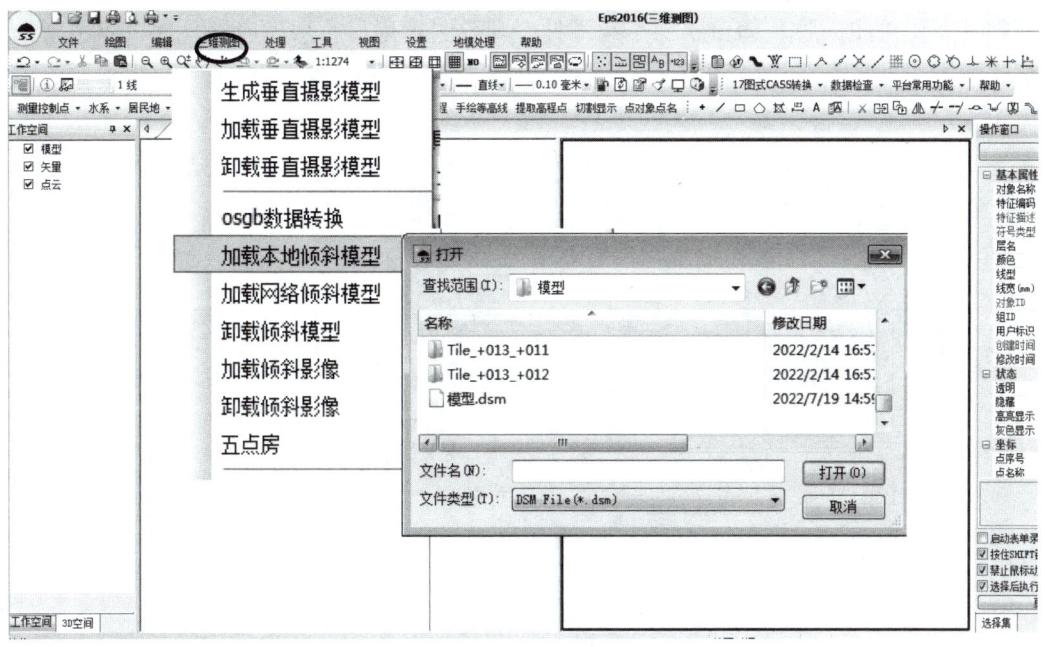

图 4-5-3　加载本地倾斜模型

（2）点、线、面绘制。

① 点地物绘制。

使用加点功能，绘制以点状表示的地物，如高程点、路灯、独立树等。

操作步骤：

工具条[加点] ✛，启动功能，在"编码栏"输入代码，鼠标在绘图界面点击即可。

② 线/面地物绘制。

使用画线功能，绘制以线状或面状表示的地物，包括房屋、道路、地类界、斜坡等。绘制中，地物宽度不同的分段绘制，使用捕捉以避免悬挂。

操作步骤：

工具条[加线] ／ 或[加面] ⬠

启动功能，在"编码栏"输入代码

鼠标依次点击模型的各节点，右键确认或 C 键闭合。

3. 地形房产要素采集

在三维实景模型上直接采集房屋主体结构、房屋附属及四至地物地貌。数据采集完成后，还需标注采集要素属性信息。以几种常见居民地设施三维采集为例：

（1）建成房屋：在采集平台居民地及设施面中选择"建成房屋"，开启左 Ctrl 按键，根据房屋模型的实际形状贴合 1.2 m 左右的墙面进行采集，在房屋的第一条边点击 2 个节点，其余 3 条边各点击一个点，结束时"Shift+C"闭合，弹出"结构类型"窗口，选择结构类型及房屋层数。开启左 Ctrl 按键后会生成白膜，注意

建成房屋采集

采集时需要关注白膜,如白膜基本看不见,则说明采集点在房屋内侧,如白膜清晰完整,则说明采集点在房屋外侧,白膜若隐若现表明恰好采集在墙面上。采集示意图如图4-5-4所示。

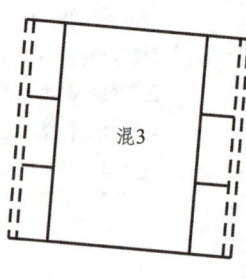

图4-5-4　建成房屋采集示意

（2）阳台：在采集平台居民地及设施面中根据实际模型选择"阳台",沿外轮廓实际形状采集,注记按实际层数注记如"阳台3",采集示意图如图4-5-5所示。

阳台采集

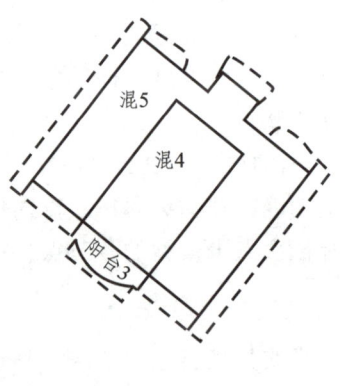

图4-5-5　阳台采集示意

（3）飘楼：在采集平台居民地及设施面中根据实际模型选择"廊房（骑楼、飘楼）",沿外轮廓实际形状采集,按实际层数注记,如"飘楼2",采集示意图如图4-5-6所示。

 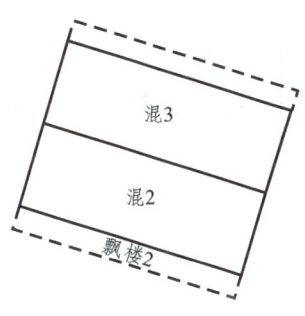

图 4-5-6　飘楼采集示意

（4）檐廊：在采集平台居民地及设施面中根据实际模型选择"檐廊"，沿外轮廓实际形状采集。也可以通过工具条中"距离（过点）平行线"将已有房屋线段复制平移，再通过"延伸"使线相交，并替换属性为檐廊，采集示意图如图 4-5-7 所示。

檐廊采集

 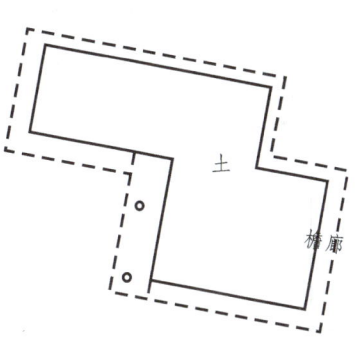

图 4-5-7　檐廊采集示意

（5）台阶：在采集平台居民地及设施面中根据实际模型选择"台阶"，由低处向高处顺时针描绘，依次点击绘制台阶外某角点，鼠标移到对角上的内角点上，利用快捷键 J 自动填充台阶符号，C 键闭合，结束绘制，采集示意图如图 4-5-8 所示。

台阶采集

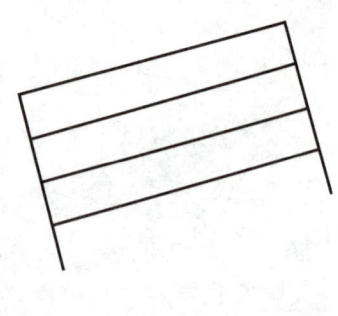

图 4-5-8　台阶采集示意

（6）围墙：在采集平台居民地及设施面中根据实际模型选择"围墙（依比例）"或"围墙线"，沿模型实际形状采集，采集时需注意以外墙为准，围墙与街道边线重合或间距在图上小于 0.3 mm 时，只表示围墙符号，采集示意图如图 4-5-9 所示。

围墙采集

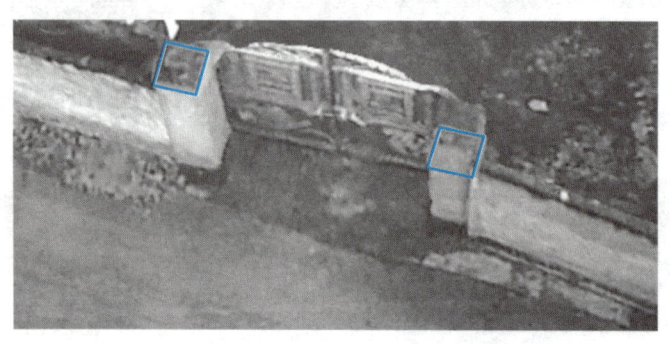
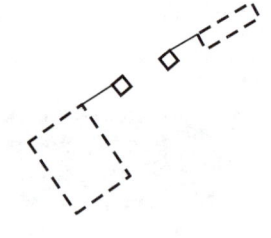

图 4-5-9　围墙采集示意

4.5.2　精度分析与外业核实

在地籍测绘的工作当中，要求最高的就是界址点精度，其表现形式在实际情况中通常以临近控制点的精度的方式来体现。因此，当其出现在地籍图当中的时候，就更要符合其中的规范。其共分为三个等级，将以一、二、三这种形式表示。一等级中误差为±5.0，二等级中误差为±7.5，三等级中误差为±10.0。允许误差从一等级到三等级分别为±10.0、±15.0、±20.0。界址点并不是仅仅满足了绝对精度指标后就相当于满足了所有条件的，因为此外还包括一些相对指标的存在。其相对指标的意义是距离较近的界址点之间的间距误差以及界址点相对于邻近地物点的间距误差。其限差距离方面也有着一定的要求。当真实环境为测量较为困难的隐蔽地形时，相邻界址点间距误差为±0.3 cm、界址点相对于礼金地物点间距误差为±0.3 cm、邻近地物点的间距误差为±0.4 cm、地物点相对于邻近控制点的点位误差为±0.5 cm，其中图上的允许误差分别为

±0.6 cm、±0.6 cm、±0.8 cm 和±1.0 cm。

内业采集完成后，需对采集精度进行检查，再导入检查点进行检查。无人机倾斜摄影是内业外业相结合的工作，虽已进行内业精度检查，但仍存在一些情况需要外业核实。外业核实包括对地籍测量成果中界址点精度和界址点间相对精度进行检查。除此之外，对于一些无法在内业完整采集的房屋数据，如树木等遮挡造成个别房屋模型不完整，多种原因造成的极少数房屋模型不清楚，以及房屋过于密集且房屋结构复杂造成的遮挡等，需要进行外业补测与核实。

外业核实是以三维测图成果为工作底图开展工作，并现场入户进行调查。在调查的同时对部分房屋结构复杂、三维模型不清晰的情况利用 GNSS RTK、全站仪、钢尺等进行辅助测量，外业补测主要开展以下工作：

（1）使用全站仪测量重要界址点，检查界址点点位精度；

（2）利用钢尺丈量界址边，对边长超限的界址边利用 GNSS RTK 或全站仪重新采集界址点；

（3）对三维实景模型不清晰或不规整的房屋拐点重新采集特征点；

（4）丈量房产面积，面积超限的房屋重新采集。

4.5.3 地籍图出图

把外业核实内容在图上进行修改后，三维采集成果可在 EPS 软件中进行底图数据质检，对数据合法性等进行检查，检查没有问题后在不动产工具条中点击地籍处理，自动生成界址点线等，开展地籍图的相关处理工作。也可在 EPS 中导出不同格式的三维采集数据再用其他软件平台进行地籍数据的处理，但换其他平台需要注意几何信息、属性信息的检查修改和属性的一一对应。

思考题

1. 什么是倾斜摄影测量技术？与传统的摄影测量技术相比有何优势？
2. 简述无人机倾斜摄影测量地籍测绘的主要流程。
3. 简述无人机倾斜摄影测量像控点选点原则及布设方式。
4. 倾斜影像三维建模需要准备哪些数据？
5. 简述在 EPS 三维采集平台进行建成房屋采集的一般步骤。
6. 地籍图出图前的外业核实补测工作包括哪些内容？

5　土地利用现状调查

项目引入

本次任务以××市××区××镇为例，利用遥感、测绘、地理信息、互联网等技术，统筹利用现有资料，以正射影像图为基础，实地调查土地的地类、面积和权属，全面掌握任务区域内耕地、园地、林地、草地、商服、工矿仓储、住宅、公共管理与公共服务、交通运输、水域及水利设施用地等地类分布及利用状况。完成该镇第三次农村土地利用现状调查，实现成果信息化管理与共享，满足生态文明建设、空间规划编制、供给侧结构性改革、宏观调控、自然资源管理体制改革和统一确权登记、国土空间用途管制等各项工作的需要。具体任务包括：准备工作、地类图斑划定及属性录入、实地举证、完善属性表、数据检查及面积计算及汇总。

作业内容包括：

（1）国土调查数据库建库；

（2）地类图斑划定；

（3）拓扑检查与属性信息检查。

提交成果包括：

××市××区××镇第三次国土调查成果图斑。

5.1 国土调查概述

5.1.1 定　义

国土调查，原名土地调查，按《土地调查条例实施办法》（2019年修正）定义，土地调查是指对土地的地类、位置、面积、分布等自然属性和土地权属等社会属性及其变化情况，以及基本农田状况进行的调查、监测、统计、分析的活动。土地调查包括全国土地调查、土地变更调查和土地专项调查。

（1）全国土地调查，是指国家根据国民经济和社会发展需要，对全国城乡各类土地进行的全面调查。2018年自然资源部重新组建，将"第三次全国土地调查"更名为"第三次全国国土调查"。

（2）土地变更调查，是指在全国土地调查的基础上，根据城乡土地利用现状及权属变化情况，随时进行城镇和村庄地籍变更调查和土地利用变更调查，并定期进行汇总统计。2020年起，"土地变更调查"更名为"国土变更调查"。

（3）土地专项调查，是指根据自然资源管理需要，在特定范围、特定时间内对特定对象进行的专门调查，包括耕地后备资源调查、土地利用动态遥感监测和勘测定界等。

5.1.2 相关术语与定义

（1）地类图斑（Parcel of Single Land Type）。

单一地类的地块，以及被行政区、城镇村庄等调查界线或土地权属界线分割的单一地类地块为图斑。城镇村庄内部同一地类的相邻宗地合并为一个图斑。

（2）数字正射影像图[Digital Orthophoto Map（DOM）]。

经过正射投影改正的影像数据集。

（3）数字高程模型[Digital Elevation Model（DEM）]。

用一组有序数值阵列形式表示地面高程的一种实体地面模型。

5.1.3 内　容

1. 全国国土调查主要内容

国家根据国民经济和社会发展需要，每10年进行一次全国土地调查，对全国城乡各类土地进行的全面调查，主要内容有：

（1）实地调查土地的地类、面积和权属，全面掌握全国耕地、种植园用地、林地、草地、湿地、商业服务业、工矿、住宅、公共管理与公共服务、交通运输、水域及水利设施用地等地类分布及利用状况。

（2）细化耕地调查，全面掌握耕地数量、质量、分布和构成。

（3）开展低效闲置土地调查，全面摸清城镇及开发区范围内的土地利用状况。

（4）同步推进相关自然资源专业调查，整合相关自然资源专业信息。

（5）建立互联共享的覆盖国家、省、地、县四级的集影像、地类、范围、面积、权属和相关自然资源信息为一体的国土调查数据库，完善各级互联共享的网络化管理系统。

（6）健全国土及森林、草原、水、湿地等自然资源变化信息的调查、统计和全天候、全覆盖遥感监测与快速更新机制。

2. 国土变更调查的主要内容

根据土地管理工作的需要，每年进行土地变更调查，以当年 12 月 31 日为标准时点，按照国家统一标准，在上一年度国土变更调查现状成果基础上，全面掌握本年度的地类、面积、属性及相关图层属性信息的变化情况，更新上一年度国土变更调查数据库，主要调查的内容有：

（1）行政和权属界线变化状况；
（2）土地所有权和使用权变化情况；
（3）地类变化情况；
（4）永久基本农田位置、数量变化情况；
（5）自然资源部规定的其他内容。

5.2 国土调查发展历程

5.2.1 全国国土调查发展历程

全国国土调查是国务院统一部署开展的全国范围的国土调查，是政府实时掌握国家土地资源具体使用情况的方式，是政府提升土地资源开发和使用效率的基础，每十年开展一次。

目前我国共进行了三次全国调查：第一次全国土地调查、第二次全国土地调查、第三次全国国土调查，这三次全国性调查是在不同的国情、政策和管理需求下开展的，采用不同的技术，具有不同的工作重点。

1. 第一次全国土地调查

第一次全国土地调查（简称"一调"，也叫土地详查）是由《国务院批转农牧渔业部、国家计委等部门关于进一步开展土地资源调查工作的报告的通知》（国发〔1984〕70号）下发的通知，于1984年5月开始一直到1997年年底结束。"一调"为制订国民经济计划和有关政策，进行农业区划、规划，因地制宜地指导农业生产，建立土地统计、登记制度，全面管理土地等项工作提供了有力支撑。

1984年到1997年期间，我国开展的第一次土地调查工作投入了巨大的人力、物力、财力，基本查清了城乡土地权属、面积和分布情况，获得了近百万幅土地利用现状图和地籍图，结束了我国长期以来土地资源家底不清、数据不实的局面。调查结果于1999年向社会公布，成为国家法定数据，并成为我国五年计划纲要的重要背景资料，为制定国家资源安全战略和相关行业发展计划提供了依据。

"一调"的核心内容是"查"与"绘"。"查"指土地详查，采用传统测量手段全野外实地调查行政区界线、权属界线、权属区内的图斑界线类型、权属区内土地的分类和利用情况；"绘"指图形绘制，采用经纬仪测图、平板仪测图等方法绘制行政区界、权属界线及地类，形成纸质成果图件。

2. 第二次全国土地调查

第二次全国土地调查（简称"二调"）于2007年7月1日全面启动，其目标是全面查清全国范围内的土地利用状况，掌握真实的土地基础数据，建立和完善我国土地调查、土地统计和土地登记制度，实现土地资源信息的社会化服务，满足经济社会发展及国土资源管理的需要。

核心内容是"调"与"管"。"调"指土地调查，在已有土地调查成果基础上，采用传统测量手段、GPS测量等技术实地调查土地利用现状、土地权属、基本农田分布；"管"指成果管理，采用地理信息系统、数据库及网络技术，对调查成果进行数字化成图与管理，便于数据的保存、更新和统计。

通过开展第二次土地调查工作，全面获取覆盖全国的土地利用现状信息和集体土地所有权登记信息，形成一系列不同尺度的土地调查成果。具体成果主要包括：数据成果、图件成果、相关文字成果和土地数据库成果等，并于 2013 年 12 月 23 日正式对外发布。

3. 第三次全国国土调查

2017 年 10 月 16 日，国务院印发《关于开展第三次全国土地调查的通知》，决定自 2017 年起开展第三次全国土地调查（简称"三调"）。

2018 年自然资源部组建后，为全面支撑新时代自然资源管理、更科学有效推进生态文明建设，经国务院同意，自然资源部将"第三次全国土地调查"改为"第三次全国国土调查"。这是我国将山、水、林、田、湖、草、海等自然资源，首次全要素统一进行调查。

为什么对"三调"进行更名，也是有原因的。此前，土地调查主要是满足土地管理的需要，自然资源部组建以后把原来的土地调查和水资源调查、森林调查、草原调查和湿地调查等相关调查的管理职责都整合到新组建的自然资源部，要通过一次调查，把各类自然资源在国土空间上的分布状况同步调查清楚。另外，由不同主管部门分头组织开展调查工作，依据各个行业管理需要，各部门采取的调查标准、工作分类、调查精度、调查周期及技术方法等各不相同，容易出现部门数据口径各异、相互打架现象。所以统一标准，统一分类，统一组织开展并形成的第三次全国国土调查成果将有利于支撑即将开展的"十四五"规划，为国家自然资源保护，生态文明建设以及经济社会发展提供决策依据。

2021 年 8 月 25 日国务院第三次全国国土调查领导小组办公室、自然资源部、国家统计局发布了《第三次全国国土调查主要数据公报》。

"三调"的核心内容是"更"与"用"。"更"指数据更新、内容补充，充分利用已有成果，辅助外业实地调查举证，更新"二调"成果，新增专项调查工作和城镇村庄内部的现状调查，补充土地以外其他自然资源数据的收集与调查；"用"指成果应用，利用大数据、云计算和互联网+等新技术，根据国土资源管理工作、其他部门及社会大众的需要，开展数据共享与应用。与"一调""二调"相比较，"三调"任务目标更加丰富、技术手段更加先进、组织方式更加科学有效。

4. 国土"二调"和"三调"的区别

（1）时间不同。

"二调"总历时 2 年；"三调"总历时 1.5 年。

（2）目的不同。

"二调"的目的是全面查清土地利用状况，掌握真实的土地基础数据，建立和完善土地调查、统计和登记制度，实现土地调查信息的社会化服务，满足经济社会发展及国土资源管理的需要。

"三调"的目的是在第二次全国土地调查成果基础上，全面细化和完善全国土地利用基础数据，国家直接掌握翔实准确的全国土地利用现状和土地资源变化情况，进一步完善土地调查、监测和统计制度,实现成果信息化管理与共享,满足生态文明建设、空间规划编制、供给侧结构性改革、宏观调控、自然资源管理体制改革和统一确权登记、国土空间用途管制等各项工作的需要。

(3)工作路径不同。

"三调"采取国家总体控制的工作路径,即国家制作并下发调查底图—地方细化举证—国家在线核实—国家审核确认。此路径明显区别于"二调"的县—市—省—国家的逐级建设路径,更能保证数据一致性,保证后期高质量的数据应用及共享服务。

(4)方式手段不同。

"二调"由于开展时间较早,受条件限制,大部分是以航空、航天正摄影像图为基础,采用了基于内外业相结合的调查方法,逐图块实地调查土地的地类和面积。"三调"包括不动产权籍调查在内,启动了卫星遥感、信息数据共享平台、登记实地调查核实等方式的技术手段进行。

(5)技术运用不同。

"二调"正处于空间信息技术广泛运用的时期,土地内业通过 GIS 建立数据库,达到了良好的数据存储与应用的效果,构建了国土资源管理"一张图"和综合监管平台。而随着高分卫星、无人机等遥感测绘技术及应用的逐步成熟,大数据、云计算的兴起,各类国土及地理信息服务的产生,"三调"以更先进的技术以及更完整的工作体系来保证工作的顺利开展。

(6)任务不同。

"二调"的主要任务是农村土地调查、城镇土地调查、基本农田调查、土地调查数据库及管理系统建设。

"三调"的主要任务是土地利用现状调查、土地权属调查、专项用地调查与评价、建设各级土地利用数据库和成果汇总。

(7)比例尺不同。

"二调"的农村土地调查以 1∶10 000 比例尺为主,荒漠、沙漠、高寒等地区可采用 1∶50 000 比例尺,经济发达地区和大中城市城乡接合部,可根据需要采用 1∶2 000 或 1∶5 000 比例尺。

"三调"的农村土地利用现状调查不低于 1∶5 000 比例尺,经济发达地区和大中城市城乡接合部,可根据需要采用 1∶2 000 或更大比例尺。城镇村内部土地利用现状调查采用 1∶2 000 比例尺,对于村庄内部土地利用现状调查可放宽到 1∶5 000 比例尺。

(8)坐标系统不同。

"二调"坐标系统是农村土地调查采用"1980 西安坐标系",城镇土地调查自行确定。

"三调"坐标系统是采用"2000 国家大地坐标系"。

5.2.2 国土变更调查发展历程

按照《国务院关于开展第二次全国土地调查的通知》(国发〔2006〕38号)的要求,

为及时客观掌握全国土地利用变化状况，充分发挥土地宏观调控作用，实行严格的耕地保护制度，按照《土地管理法》关于"国家建立土地调查制度"的规定，开展土地变更调查工作。为准确掌握每年度全国土地利用实际变化情况，保持第二次全国土地调查成果现势性，部署开展每年全国土地变更调查与遥感监测工作。

随着 2018 年自然资源部重新组建，将"第三次全国土地调查"更名为"第三次全国国土调查"，2020 年起，"年度土地变更调查"也更名为"年度国土变更调查"。

目前，年度土地（国土）变更调查已开展了 10 多年，它是重大的国情国力调查，是全面查清并更新土地资源的重要手段。

5.3 第三次国土调查任务与流程

5.3.1 任务

相较于第二次全国土地调查和年度土地变更调查,"三调"是对"已有内容的细化、变化内容的更新、新增内容的补充",并对存在相关部门管理需求交叉的耕地、园地、林地、草地、养殖水面等地类进行利用现状、质量状况和管理属性的多重标注。

其任务包括土地利用现状调查、土地权属调查、专项用地调查与评价、各级国土调查数据库建设、成果汇总。

1. 土地利用现状调查

土地利用现状调查包括农村土地利用现状调查和城市、建制镇、村庄(以下简称城镇村庄)内部土地利用现状调查。

(1)农村土地利用现状调查。以县(市、区)为基本单位,以国家统一提供的调查底图为基础,实地调查每块图斑的地类、位置、范围、面积等利用状况,查清全国耕地、园地、林地、草地等农用地的数量、分布及质量状况,查清城市、建制镇、村庄、独立工矿、水域及水利设施用地等各类土地的分布和利用状况。

(2)城镇村庄内部土地利用现状调查。充分利用地籍调查和不动产登记成果,对城市、建制镇、村庄内的土地利用现状开展细化调查,查清城镇村庄内部商服、工业、仓储、住宅、公共管理与公共服务和特殊用地等地类的土地利用状况。

2. 土地权属调查

结合全国农村集体资产清产核资工作,将城镇国有建设用地范围外已完成的集体土地所有权确权登记和国有土地使用权登记成果落实在土地调查成果中,对发生变化的开展补充调查。

3. 专项用地调查与评价

基于土地利用现状、土地权属调查成果和国土资源管理形成的各类管理信息,结合国土资源精细化管理、节约集约用地评价及相关专项工作的需要,开展系列专项用地调查评价。

(1)耕地细化调查。重点对河道或湖区范围内的耕地、林区范围内的耕地、牧区范围内的耕地、沙荒耕地等开展细化调查,分类标注,摸清各类耕地资源家底状况,夯实耕地数量、质量、生态"三位一体"保护的基础。

(2)批准未建设的建设用地调查。将新增建设用地审批界线落实在土地调查成果上,查清批准用地范围内未建设土地的实际利用状况,为持续开展批后监管,促进土地节约集约利用提供基础。

(3)耕地质量等级调查评价和耕地分等定级调查评价。在耕地质量调查评价和耕地分等定级调查评价的基础上,将最新的耕地质量等级调查评价和耕地分等定级评价成果落实到土地利用现状图上,对评价成果进行更新完善。

4. 各级土地利用数据库建设

(1)建立四级土地调查及专项数据库。国家编制统一的数据库标准及建库规范,以县(市、区)为单位组织开展县级土地调查数据库、耕地细化调查专项数据库、建设用地专项数据库、耕地质量等级和耕地分等定级专项数据库建设,实现对城镇和农村土地利用现状调查成果、权属调查成果和专项调查成果的综合管理。以县级各类数据库成果为基础,省、地级组织建设省、地级土地调查及专项调查数据库;国家组织建设国家级土地调查及专项调查数据库,实现全国土地调查成果和专项调查成果的集成管理、动态入库、统计汇总、数据分析、快速服务、综合查询等功能。

(2)建立各级土地调查数据及专项调查数据分析与共享服务平台。基于四级土地调查与专项调查数据库,利用大数据及云计算技术,建设从县到国家的土地调查数据综合分析与服务平台,实现土地调查数据、专项调查数据与土地规划、基础测绘等各类基础数据的互联互通和综合分析应用,结合自然资源管理和国土资源管理需要,开发相关应用分析功能,提高三调成果对管理决策的支撑服务能力。

5. 成果汇总

(1)数据汇总。在土地调查数据库和专项数据库基础上,逐级汇总各级行政区划内的城镇和农村各类土地利用数据及专题数据。

(2)成果分析。根据三调数据,并结合第二次全国土地调查及年度土地变更调查等相关数据,开展土地利用状况分析。对第二次全国土地调查完成以来耕地的数量、质量等级和等别、分布、利用结构及其变化状况进行综合分析;对城市、建制镇、村庄等建设用地利用情况进行综合分析,评价土地利用节约集约程度;汇总形成各类自然资源数据,并分别对其范围内的土地利用情况进行综合分析,为生态文明建设、自然资源管理提供基础依据。根据土地调查及分析结果,各级国土资源管理部门编制三调分析报告。

(3)数据成果制作与图件编制。基于三调数据,制作系列数据成果,编制国家、省、地、县各级系列土地利用图件、图集和各种专题图件、图集等,面向政府机关、科研机构和社会公众提供不同层级的数据服务,满足各行各业对三调成果的需求,最大程度的发挥重大国情国力调查的综合效益。

5.3.2 基本流程

围绕第三次全国国土调查的目标任务,以逐图斑调查核实和实地举证为主要工作模式,以"互联网+"和内外业一体化技术为支撑,开展第三次全国国土调查工作,基本流程如下:

1. 及时领取国家下发基础数据

全国土地调查办组织在最新 DOM(包括国家统一制作的 DOM 和地方自行制作的

DOM）基础上套合全国土地调查数据库，按照土地利用现状分类标准，逐图斑对比分析数据库地类与最新高分辨率DOM地物特征的一致性，根据对比核查结果，提取不一致图斑，依据影像特征勾绘图斑边界。同时，根据数据库地类和影像特征，内业判断该图斑土地利用类型；对于影像特征无法明确判断土地利用类型的，提供与影像特征可能对应的2种土地利用类型选项。全国土地调查办在最新DOM、不一致矢量图斑和参考地类信息基础上制作调查底图，下发地方开展调查工作。省厅领取相关数据并下发各地。各地要明确专人，签订保密责任书并及时领取调查基础数据。

2. 收集整理自然资源管理数据

各市（州）自然资源主管部门收集本级自然资源管理数据并下发所辖县（市、区）。各县（市、区）要在汇总国家、省、市下发的各类管理数据的基础上，补充收集整理县级各类自然资源管理数据。

3. 补充备案用地管理信息

各地要将收集整理的建设用地审批、土地整治、增减挂钩、工矿废弃地复垦等管理信息与部下发的管理信息进行比对，掌握是否存在遗漏备案或备案信息错误情况。存在备案信息不齐或错误的，要及时通过原备案渠道进行补充调整备案信息。

4. 调整完善调查界线

各地要收集整理民政部门各级行政界线、行政区划名称、行政区划代码调整情况。县级及以上界线、名称、代码等调整的，及时将调整方案报省厅，经自然资源部批准后纳入调查成果。县级以下因撤乡并镇、村组合并等导致乡镇级、村级调查界线、名称、代码发生变化的，各县（市、区）要依据民政部门相关成果及时调整完善调查界线。

5. 制作外业调查电子底图

各县（市、区）要将部下发最新DOM、不一致矢量图斑和参考地类信息、部综合监管平台中的管理信息套合，制作"三调"外业调查底图，用于开展外业实地调查工作。为保证图斑边界绘制准确，各县（市、区）要组织技术人员将外业调查底图导入带卫星定位和方向传感器的设备，实地调查核实，结果导入计算机建库。

6. 逐图斑调查农村土地利用现状变化

各县（市、区）以全国土地调查办下发的调查底图为基础，将调查底图套合土地调查数据库，叠加国土资源管理数据及相关部门调查数据，制作外业调查数据。将外业调查数据导入带定位功能的移动外业调查设备或打印外业调查纸图，辅助开展外业实地调查工作。实地逐图斑调查图斑地类，调绘图斑边界，记录图斑编号、地类编码、权属单位和其他属性信息。

7. "互联网+"外业举证

按照以实地现状认定地类的原则，对全国土地调查办内业提取的变化图斑进行调查核实，使用带卫星定位和方向传感器的手机，利用全国土地调查办统一下发的"互

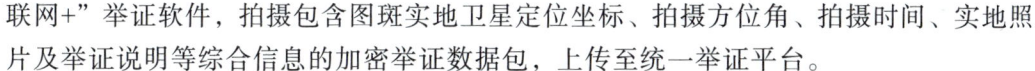

联网+"举证软件,拍摄包含图斑实地卫星定位坐标、拍摄方位角、拍摄时间、实地照片及举证说明等综合信息的加密举证数据包,上传至统一举证平台。

8. 城镇村庄内部国土利用现状细化调查

对城镇村庄内部的土地利用现状开展细化调查。充分利用地籍调查和不动产统一登记成果,查清城镇村庄内部商服用地、工矿仓储用地、住宅用地,公共管理与公共服务用地和特殊用地等土地利用状况。对城镇村庄地籍调查数据库未覆盖和城镇村庄新扩区域,可参考最新的影像图、近期规划图和地形图,由当地国土资源部门组织街道办事处、土管所及村委会相关人员配合建库单位技术人员,采用内业勾绘和实地核实相结合的方法,确定城镇村庄内部每个图斑的土地利用类型。

9. 调查权属界线变化补充调查

市(州)、县级调查界线,依据各级民政部门行政区划调整相关文件调整,报全国土地调查办备案。因成图精度等客观因素造成调查界线与数字正射影像图(DOM)相对位置产生位移的,由省统一组织,依据行政区域勘界成果中有关界址的描述,对调查界线进行调整以使之与DOM匹配,经界线双方同意并提请双方民政部门审核确认后作为最终调查界线。单方不得擅自调整调查界线,界线双方有异议的也不得调整。

10. 更新耕地图斑坡度级和田坎系数

将数据库中新增耕地图斑与全国国土调查时利用DEM制作的坡度图套合,按要求确定新增耕地坡度分级。由于工程等原因,造成耕地图斑合并、分割的,按要求更新耕地坡度级。

土地整治项目区内耕地田坎系数测算方式,按照新增耕地实际上图面积更新新增耕地来源图斑田坎系数。

11. 土地调查数据库建设

"三调"数据库建设采用国家规范标准、地方分级建设、成果统一汇交的模式开展。各地按照统一的数据库标准,重新建立土地调查数据库。县级土地调查办公室负责组织开展县级土地调查数据库与管理系统建设工作。数据库主要内容包括:基础地理信息、土地利用数据、土地权属数据、永久基本农田数据、专项调查数据等矢量数据,数字高程模型(DEM)数据、DOM数据、扫描影像图数据等栅格数据和元数据。县级数据库建设主要步骤包括数据库建设方案设计、基础数据准备与处理、图形和属性数据采集、数据接边、拓扑关系构建、数据检查与入库等。县级土地调查数据库建设应严格执行国家质量标准,支持三调成果公开格式,数据库建设完成后,按照数据汇交程序逐级上交数据成果,并通过国家质量检查。

12. 开展省市县联合审查和成果质量评价

为了保证调查成果的真实性和准确性,按照"三调"有关技术标准的要求,"三调"采用分阶段成果检查制度,即每一阶段成果需经过检查合格后方可转入下一阶段,避免将错误带入下阶段工作，保证成果质量。

县级以上地方人民政府对本行政区域的土地调查成果质量负总责。各县级土地调查办公室组织对调查成果进行100%全面自检，以确保成果的完整性、规范性、真实性和准确性。检查调查成果是否齐全、完整；利用全国统一的数据库质量检查软件检查数据库及相关表格成果的规范性；以外业实地检查为主，现场检查图斑地类、权属及相关调查内容的正确性，并利用测量设备检查权属界线和图斑边界等调查精度是否满足要求。检查应对质量问题、问题处理及质量评价等内容进行全程记录，记录须认真、及时、规范。县级根据自检结果组织成果全面整改，编写自检及整改报告，报市级检查和汇总。市级组织对县级调查成果进行检查和汇总，在全面检查县级自检记录的基础上，重点检查调查成果的完整性和规范性，形成市（地）级检查报告报送省级检查。

县级调查成果、市（地）级汇总成果，由省级土地调查办公室负责组织全面检查，确保全省调查成果整体质量。省级在调查成果完整性和规范性检查的基础上，重点检查成果的真实性和准确性。

13. 配合开展国家级核查和数据库质检入库

通过省市县联合核查的县级调查成果，由省级统一报自然资源部进行国家级核查和数据库质检入库。各地要积极做好国家级核查意见的核实整改，配合开展国家级"互联网+"在线核查，限期完成数据库质量修改完善，确保全省调查成果数据顺利录入国家级数据库。

14. 统一时点更新

"三调"数据统一时点为2019年12月31日。地方利用2019年度土地变更调查工作的正射影像图和年度新增建设用地图斑提取结果，与"三调"数据库对比，通过实地补充调查，开展"三调"完成时点与2019年12月31日期间的行政界线、图斑界线、地类信息和权属界线的变化调查，通过增量的形式上报。

各县级国土资源主管部门对本地区统一时点土地调查成果质量负责，县级组织对本地区统一时点土地调查成果进行100%全面自检，确保成果的完整性、规范性、真实性和准确性；同时，利用全国统一的数据库质量检查软件检查统一时点增量数据的规范性。

省级土地调查办公室对本省统一时点土地调查成果质量负总责，省级组织对各县级单位的统一时点土地调查成果进行全面检查，确保全省调查成果整体质量；同时，利用全国统一的数据库质量检查软件检查各县级单位的统一时点增量数据的规范性。

15. 调查成果分析汇总

县级形成初步调查成果后即可开展汇总分析工作。县级成果通过国家级核查与质检入库后，开展最终成果的汇总分析工作，由地类图斑逐级汇总本县（区、市）行政区域内的土地利用现状、权属数据，永久基本农田数据以及其他专项调查数据，形成省、市（州）、县（市、区）国土调查成果和各类分析报告成果，经省厅相关处室把关后汇总上报。

5.4 第三次国土调查——以农村土地利用调查为例

5.4.1 任务概况与要求

本次任务以××市××区××镇为例，利用遥感、测绘、地理信息、互联网等技术，统筹利用现有资料，以正射影像图为基础，实地调查土地的地类、面积和权属，全面掌握任务区域内耕地、园地、林地、草地、商服、工矿仓储、住宅、公共管理与公共服务、交通运输、水域及水利设施用地等地类分布及利用状况。实现成果信息化管理与共享，满足生态文明建设、空间规划编制、供给侧结构性改革、宏观调控、自然资源管理体制改革和统一确权登记、国土空间用途管制等各项工作的需要。具体任务包括：准备工作、地类图斑划定及属性录入、实地举证、完善属性表、数据检查及面积计算及汇总。

5.4.2 准备工作

5.4.2.1 建立数据库

（1）在 ArcMap 中建立文件地理数据库。

在 Catalog 目录树中右键单击，要在其中创建文件地理数据库的文件夹，指向"新建"，单击"文件地理数据库"。此时会在所选位置创建一个新的文件地理数据库，为文件地理数据库命名为"××镇"。

准备工作

（2）在数据库中新建要素数据集。

在 Catalog 目录树中，右键单击之前建立的文件地理数据库，指向"新建"—"要素数据集"，输入该要素数据集的名称，并按要求设置对应的空间坐标系。

（3）在要素数据集中新建要素类。

在 Catalog 目录树中，右键单击之前建立的要素数据集，指向"新建"—"要素类"，输入要素类的名称，将其命名为"××镇 DLTB"。在下拉列表中选择该要素类中存储的要素类型为面要素。

（4）添加属性字段。

右键单击"要素类"，选择"属性"，在弹出的属性对话框中单击"字段标签"，在字段列中，输入新属性项的名称，在数据类型列表框中选择新属性项的数据类型。在字段属性选项卡中的文本框中输入所选数据类型的特征参数值。在第三次国土调查中需要包含以下字段，DLBM（地类编码）、SDDLBM（三调地类编码）、EDDLBM（二调地类编码）、TBLB（图斑类别，图斑类别划定时必填字段见图 5-4-1）、GDZZSXDM（耕地种植属性代码）、NYYPDL（内业预判地类）、是否外业、BZ（备注）字段。

SDDLBM	EDDLBM	预判地	NYYPDL	是否外	BZ
	0702			Y	
	0702			Y	
	0702			Y	
	0702			Y	
	0702			Y	
	0702			Y	
	0702			Y	
	0702			Y	
	0702			Y	
	0702			Y	
	0702			Y	
	0702			Y	
	0702			Y	
	0702			Y	
	0702			Y	
	0702			Y	
	0702			Y	
	0702			Y	
	0702			Y	
	0702			Y	

图 5-4-1　图斑划定时必填字段

5.4.2.2　加载影像

在 ArcMap 菜单栏点击"添加数据 ✦·"，选择任务区域高分影像，点击"添加"，将影像加载到 ArcMap 中。

5.4.2.3　加载要素类

在 ArcMap 菜单栏点击"添加数据 ✦·"，依次加载"二调"数据、国家下发不一致图斑和已建文件地理数据库中"××镇 DLTB"shp 文件。

5.4.2.4　常用绘图工具

1. 编辑器

"编辑器"工具条包含编辑数据所需的各种命令（见图 5-4-2）。通过"编辑器"工具条，可启动和停止编辑会话、访问各种工具和命令以创建新要素和修改现有要素，以及保存编辑结果。编辑器工具可通过主窗口自定义下拉菜单中选择"工具条"—"编辑器"来调用，也可以在主窗口上方空白处点击鼠标右键调用编辑器。

常用绘图工具

点击编辑器下拉菜单"开始编辑"，进入编辑状态，单击"编辑器"工具条上的"创建要素"按钮，激活面构造工具，就可以开始创建面要素了。在本项目中，主要用到创建要素、裁剪面工具、合并等工具。

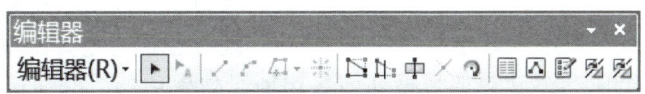

图 5-4-2　编辑器

2. 拓扑工具条

在主窗口上方空白处点击鼠标右键调用拓扑工具条（见图 5-4-3），单击拓扑工具条上的地图拓扑按钮""，将出现地图拓扑对话框。可以选择要参与拓扑的要素类，并选择一个拓扑容差。

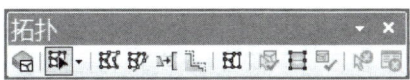

图 5-4-3　拓扑工具条

在本项目中，主要用到整形边工具，对已有相邻边进行修改，使其划定符合影像图特征和项目要求。单击拓扑工具条上的拓扑编辑工具""，选择要编辑的边，再单击整形边工具""，对相邻边进行修改。注意：使用拓扑工具条时，要确保编辑器是开始编辑状态。

3. 捕捉工具条

使用捕捉功能（见图 5-4-4），可以创建彼此连接的要素，以使编辑内容更加精确、错误更少。开启捕捉后，指针靠近边、折点和其他几何元素并且位于特定容差范围时便会跳转或捕捉到这些元素。

图 5-4-4　捕捉工具条

在本项目中，常需要开启捕捉功能来捕捉折点、端点和其他元素。

4. 高级编辑工具

利用高级编辑工具（见图 5-4-5），可以实现普通编辑之上更高级的一些编辑功能。

在本项目中，主要用到拆分多部件要素，将所选多部分要素分离为多个独立的组成要素。首先单击编辑器工具条上的编辑工具""，选择要分离为多个独立要素的多部分要素。然后单击高级编辑工具条上的拆分""。拆分后，多部分要素的各部分将变为独立的要素，每个要素都将被赋予相同的属性值。

图 5-4-5　高级编辑工具

5.4.3 地类图斑划定及属性录入

"三调"图斑划定是以"二调"数据为基础、以国家下发的最新影像为准,对"二调"数据进行更新,判定全域地类属性。"三调"地类包括耕地、园地、林地、草地、商服用地、住宅用地、公共管理与公共服务用地、特殊用地、交通运输用地、水域及水利设施用地、其他土地等 12 个大类。具体分类情况如表 5-4-1 所示。

表 5-4-1 第三次全国国土调查工作分类表

一级类		二级类		含义
编码	名称	编码	名称	
00	湿地			指红树林地,天然的或人工的,永久或间歇性的沼泽地、泥炭地,盐田,滩涂等。
		0303	红树林地	沿海生长红树植物的土地。
		0304	森林沼泽	以乔木森林植物为优势群落的淡水沼泽。
		0306	灌丛沼泽	以灌丛植物为优势群落的淡水沼泽。
		0402	沼泽草地	指以天然草本植物为主的沼泽化的低地草甸、高寒草甸。
		0603	盐田	指用于生产盐的土地,包括晒盐场所、盐池及附属设施用地。
		1105	沿海滩涂	指沿海大潮高潮位与低潮位之间的潮浸地带。包括海岛的沿海滩涂。不包括已利用的滩涂。
		1106	内陆滩涂	指河流、湖泊常水位至洪水位间的滩地;时令湖、河洪水位以下的滩地;水库、坑塘的正常蓄水位与洪水位间的滩地。包括海岛的内陆滩地。不包括已利用的滩涂。
		1108	沼泽地	指经常积水或渍水,一般生长湿生植物的土地。包括草本沼泽、苔藓沼泽、内陆盐沼等。不包括森林沼泽、灌丛沼泽和沼泽草地。
01	耕地			指种植农作物的土地,包括熟地,新开发、复垦、整理地,休闲地(含轮歇地、休耕地);以种植农作物(含蔬菜)为主,间有零星果树、桑树或其他树木的土地;平均每年能保证收获一季的已垦滩地和海涂。耕地中包括南方宽度<1.0 m,北方宽度<2.0 m 固定的沟、渠、路和地坎(埂);临时种植药材、草皮、花卉、苗木等的耕地,临时种植果树、茶树和林木且耕作层未破坏的耕地,以及其他临时改变用途的耕地。
		0101	水田	指用于种植水稻、莲藕等水生农作物的耕地。包括实行水生、旱生农作物轮种的耕地。

续表

一级类		二级类		含义	
编码	名称	编码	名称		
01	耕地	0102	水浇地	指有水源保证和灌溉设施，在一般年景能正常灌溉，种植旱生农作物（含蔬菜）的耕地。包括种植蔬菜的非工厂化的大棚用地。	
		0103	旱地	指无灌溉设施，主要靠天然降水种植旱生农作物的耕地，包括没有灌溉设施，仅靠引洪淤灌的耕地。	
02	种植园用地			指种植以采集果、叶、根、茎、汁等为主的集约经营的多年生木本和草本作物，覆盖度大于50%或每亩株数大于合理株数70%的土地。包括用于育苗的土地。	
		0201	果园	指种植果树的园地。	
				0201K	可调整果园	指由耕地改为果园，但耕作层未被破坏的土地。
		0202	茶园	指种植茶树的园地。	
				0202K	可调整茶园	指由耕地改为茶园，但耕作层未被破坏的土地。
		0203	橡胶园	指种植橡胶树的园地。	
				0203K	可调整橡胶园	指由耕地改为橡胶园，但耕作层未被破坏的土地。
		0204	其他园地	指种植桑树、可可、咖啡、油棕、胡椒、药材等其他多年生作物的园地。	
				0204K	可调整其他园地	指由耕地改为其他园地，但耕作层未被破坏的土地。
03	林地			指生长乔木、竹类、灌木的土地。包括迹地，不包括沿海生长红树林的土地、森林沼泽、灌丛沼泽、城镇、村庄范围内的绿化林木用地，铁路、公路征地范围内的林木，以及河流、沟渠的护堤林。	
		0301	乔木林地	指乔木郁闭度≥0.2的林地，不包括森林沼泽。	
				0301K	可调整乔木林地	指由耕地改为乔木林地，但耕作层未被破坏的土地。
		0302	竹林地	指生长竹类植物，郁闭度≥0.2的林地。	
				0302K	可调整竹林地	指由耕地改为竹林地，但耕作层未被破坏的土地。
		0305	灌木林地	指灌木覆盖度≥40%的林地，不包括灌丛沼泽。	

续表

一级类		二级类		含义
编码	名称	编码	名称	
03	林地	0307	其他林地	包括疏林地（树木郁闭度≥0.1、<0.2的林地）、未成林地、迹地、苗圃等林地。
		0307K	可调整其他林地	指由耕地改为未成林造林地和苗圃，但耕作层未被破坏的土地。
04	草地			指生长草本植物为主的土地。不包括沼泽草地。
		0401	天然牧草地	指以天然草本植物为主，用于放牧或割草的草地，包括实施禁牧措施的草地，不包括沼泽草地。
		0403	人工牧草地	指人工种植牧草的草地。
		0403K	可调整人工牧草地	指由耕地改为人工牧草地，但耕作层未被破坏的土地。
		0404	其他草地	指树木郁闭度<0.1，表层为土质，不用于放牧的草地。
05	商业服务业用地			指主要用于商业、服务业的土地。
		05H1	商业服务业设施用地	指主要用于零售、批发、餐饮、旅馆、商务金融、娱乐及其他商服的土地。
		0508	物流仓储用地	指用于物资储备、中转、配送等场所的用地，包括物流仓储设施、配送中心、转运中心等。
06	工矿用地			指主要用于工业、采矿等生产的土地。不包括盐田。
		0601	工业用地	指工业生产、产品加工制造、机械和设备修理，及直接为工业生产等服务的附属设施用地。
		0602	采矿用地	指采矿、采石、采砂(沙)场，砖瓦窑等地面生产用地，排土(石)及尾矿堆放地，不包括盐田。
07	住宅用地			指主要用于人们生活居住的房基地及其附属设施的土地。
		0701	城镇住宅用地	指城镇用于生活居住的各类房屋用地及其附属设施用地，不含配套的商业服务设施等用地。
		0702	农村宅基地	指农村用于生活居住的宅基地。
08	公共管理与公共服务用地			指用于机关团体、新闻出版、科教文卫、公用设施等的土地。
		08H1	机关团体新闻出版用地	指用于党政机关、社会团体、群众自治组织，广播电台、电视台、电影厂、报社、杂志社、通讯社、出版社等的用地。

续表

一级类		二级类		含义
编码	名称	编码	名称	
08	公共管理与公共服务用地	08H2	科教文卫用地	指用于各类教育，独立的科研、勘察、研发、设计、检验检测、技术推广、环境评估与监测、科普等科研事业单位，医疗、保健、卫生、防疫、康复和急救设施，为社会提供福利和慈善服务的设施，图书、展览等公共文化活动设施，体育场馆和体育训练基地等用地及其附属设施用地。
		08H2A	高教用地	指高等院校及其附属设施用地。
		0809	公用设施用地	指用于城乡基础设施的用地。包括供水、排水、污水处理、供电、供热、供气、邮政、电信、消防、环卫、公用设施维修等用地。
		0810	公园与绿地	指城镇、村庄范围内的公园、动物园、植物园、街心花园、广场和用于休憩、美化环境及防护的绿化用地。
		0810A	广场用地	指城镇、村庄范围内的广场用地。
09	特殊用地			指用于军事设施、涉外、宗教、监教、殡葬、风景名胜等的土地。
10	交通运输用地			指用于运输通行的地面线路、场站等的土地。包括民用机场、汽车客货运场站、港口、码头、地面运输管道和各种道路以及轨道交通用地。
		1001	铁路用地	指用于铁道线路及场站的用地。包括征地范围内的路堤、路堑、道沟、桥梁、林木等用地。
		1002	轨道交通用地	指用于轻轨、现代有轨电车、单轨等轨道交通用地，以及场站的用地。
		1003	公路用地	指用于国道、省道、县道和乡道的用地。包括征地范围内的路堤、路堑、道沟、桥梁、汽车停靠站、林木及直接为其服务的附属用地。
		1004	城镇村道路用地	指城镇、村庄范围内公用道路及行道树用地，包括快速路、主干路、次干路、支路、专用人行道和非机动车道，及其交叉口等。
		1005	交通服务场站用地	指城镇、村庄范围内交通服务设施用地，包括公交枢纽及其附属设施用地、公路长途客运站、公共交通场站、公共停车场（含设有充电桩的停车场）、停车楼、教练场等用地，不包括交通指挥中心、交通队用地。

续表

一级类 编码	一级类 名称	二级类 编码	二级类 名称			含义
10	交通运输用地	1006	农村道路			在农村范围内,南方宽度≥1.0 m、≤8.0 m,北方宽度≥2.0 m、≤8.0 m,用于村间、田间交通运输,并在国家公路网络体系之外,以服务于农村农业生产为主要用途的道路(含机耕道)。
		1007	机场用地			指用于民用机场、军民合用机场的用地。
		1008	港口码头用地			指用于人工修建的客运、货运、捕捞及工程、工作船舶停靠的场所及其附属建筑物的用地,不包括常水位以下部分。
		1009	管道运输用地			指用于运输煤炭、矿石、石油、天然气等管道及其相应附属设施的地上部分用地。
						指陆地水域,沟渠、水工建筑物等用地。不包括滞洪区。
		1101	河流水面			指天然形成或人工开挖河流常水位岸线之间的水面,不包括被堤坝拦截后形成的水库区段水面。
		1102	湖泊水面			指天然形成的积水区常水位岸线所围成的水面。
		1103	水库水面			指人工拦截汇集而成的总设计库容≥10 万 m³ 的水库正常蓄水位岸线所围成的水面。
		1104	坑塘水面			指人工开挖或天然形成的蓄水量<10 万 m³ 的坑塘常水位岸线所围成的水面。
				1104A	养殖坑塘	指人工开挖或天然形成的用于水产养殖的水面及相应附属设施用地。
					1104K 可调整养殖坑塘	指由耕地改为养殖坑塘,但可复耕的土地。
		1107	沟渠			指人工修建,南方宽度≥1.0 m、北方宽度≥2.0 m 用于引、排、灌的渠道,包括渠槽、渠堤、护路林及小型泵站。
				1107A	干渠	指除农田水利用地以外的人工修建的沟渠。
		1109	水工建筑用地			指人工修建的闸、坝、堤路林、水电厂房、扬水站等常水位岸线以上的建(构)筑物用地。
		1110	冰川及永久积雪			指表层被冰雪常年覆盖的土地。

续表

一级类		二级类		含义
编码	名称	编码	名称	
12	其他土地			指上述地类以外的其他类型的土地。
		1201	空闲地	指城镇、村庄、工矿范围内尚未使用的土地。包括尚未确定用途的土地。
		1202	设施农用地	指直接用于经营性畜禽养殖生产设施及附属设施用地；直接用于作物栽培或水产养殖等农产品生产的设施及附属设施用地；直接用于设施农业项目辅助生产的设施用地；晾晒场、粮食果品烘干设施、粮食和农资临时存放场所、大型农机具临时存放场所等规模化粮食生产所必需的配套设施用地。
		1203	田坎	指梯田及梯状坡地耕地中，主要用于拦蓄水和护坡，南方宽度≥1.0 m、北方宽度≥2.0 m 的地坎。
		1204	盐碱地	指表层盐碱聚集，生长天然耐盐植物的土地。
		1205	沙地	指表层为沙覆盖、基本无植被的土地。不包括滩涂中的沙地。
		1206	裸土地	指表层为土质，基本无植被覆盖的土地。
		1207	裸岩石砾地	指表层为岩石或石砾，其覆盖面积≥70%的土地。

5.4.3.1 地类图斑划定方法

根据全国第三次国土调查工作实际生产过程总结出图斑划定的流程及方法。

（1）数据加载完成后，修改要素类透明度，以便于查看影像。通常图斑填充选择为透明，同时标注地类图斑编码，以便于查看矢量数据属性，同时检查其属性与影像是否一致。

地类图斑划定及属性录入

（2）进行数据整理，打开属性表对 DLBM 进行排序然后分别选中全部 011/013/031 进行合并，合并完成后在高级编辑器里面进行多部件拆分。

（3）进行图斑解译，在解译过程中严格根据影像进行拓扑修改，只对其边线进行修改整饰，要严格套合影像，原则上不改变地块属性，如不能准确判别其正确属性的尽量保持原有属性不变。确实认为"二调"判别地类有误，要对其进行改变的则必须外业举证核实，在图斑属性"是否外业"字段，标注 Y。

（4）原则上不改变原始图斑数量。在合并数据时一定注意只能在选择到正确属性图斑时再点确定键。

（5）在填写属性表时，一定注意当"预判地类"字段填写时"是否外业"字段也必填。当有国家不一致图斑时"TBLB、NYYPDL"为必填字段。"预判地类、是否外业"此两字段必须同时存在或者同时消失。

（6）提交并汇总数据，数据按乡镇汇总后，需进行接边，接边结束后将各乡镇数据合并最终形成以县为单位的矢量数据。

（7）按要求进行数据提交。

5.4.3.2 划定注意事项

1. 正确判别属性

根据参照二调数据和影像正确判别每一个图斑的属性，根据每一个地类图斑在影像上呈现出不同的纹理、颜色以及地形地貌等进行综合分析判定其属性，以下对西南地区三调过程中部分常见的地类类型进行举例。对其综合其显著特点以及影像特征进行列举。

（1）水田。

水田指用于种植水稻、莲藕等水生农作物的耕地，包括实行水生、旱生农作物轮种的耕地。

水田特征：水田地处地势平缓区域，每块地周围有高于田面的田埂或是陡坎，能够将水保存在田中，有水源。水田影像如图 5-4-6 所示。

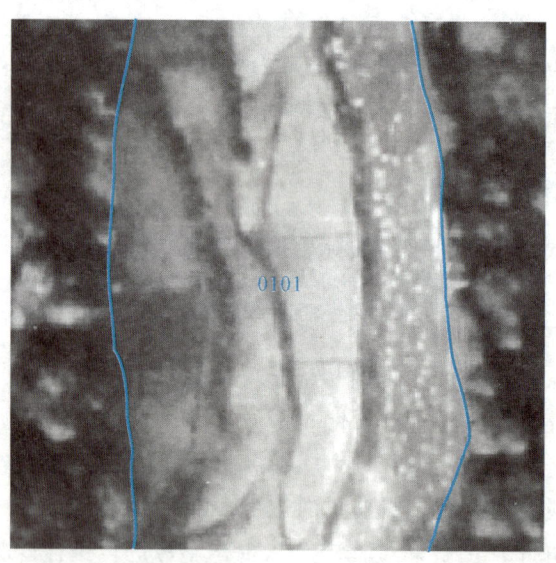

图 5-4-6 水田影像

（2）旱地。

旱地指无灌溉设施，主要靠天然降水种植旱生农作物的耕地，包括没有灌溉设施，仅靠引洪淤灌的耕地。

旱地特征：除水田外明显是耕种农作物的耕地；或有耕种痕迹，亦或三年内有耕作迹象的耕地。旱地影像如图 5-4-7 所示。

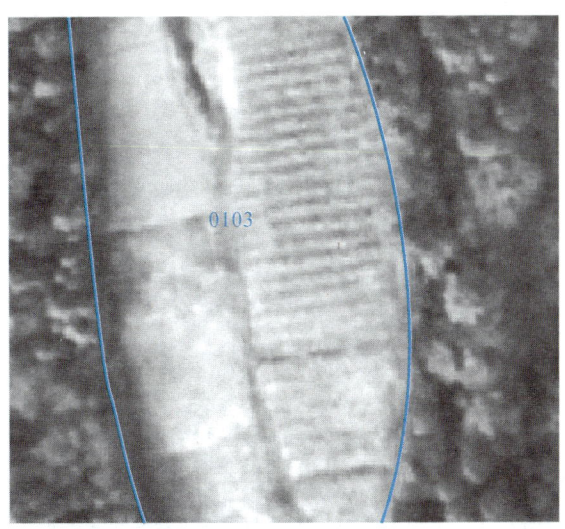

图 5-4-7　旱地影像

（3）果园。

果园指种植果树的园地。

果园特征：除地方特色水果在当地大面积种植外，其余果园大多分布在住宅周围，成熟果园在影像上树冠呈杂乱状，树高不高。也有部分是种植在耕地中，耕地中的果树在幼苗时成单棵其数池明见可见，成树则呈现植被状，果园判别时可考虑季节所带来的影响。果园影像如图 5-4-8 所示。

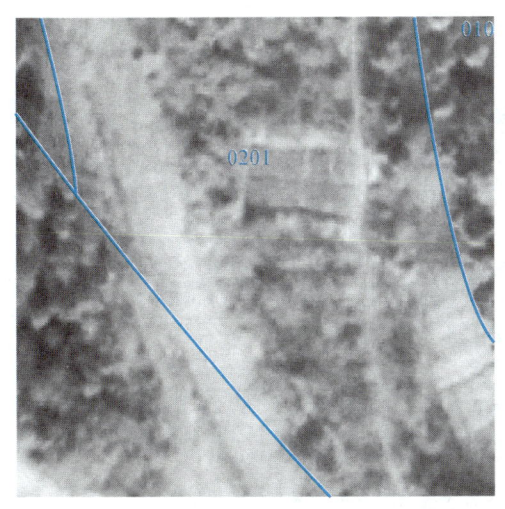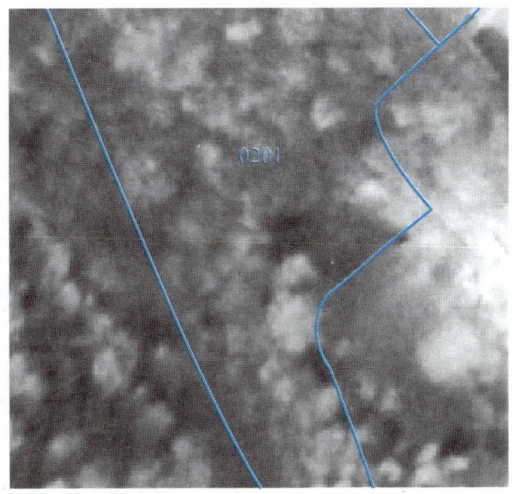

图 5-4-8　果园影像

（4）竹林。

竹林指生长竹类植物，郁闭度≥0.2 的林地。

竹林特征：在西南地区农村住宅区周围几乎都分布有竹林，竹林在影像上呈翠绿色，树尖呈杂乱状向四面发散，通常高度较高。竹林影像如图 5-4-8 所示。

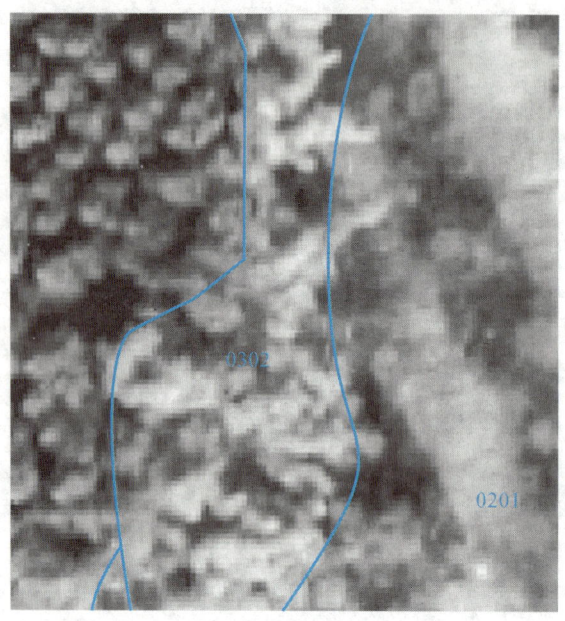

图 5-4-9　竹林影像图

（5）乔木林。

乔木林指乔木郁闭度≥0.2 的林地，不包括森林沼泽。

乔木林特征：乔木通常有一个独立主干，树木可作为木材使用。树冠根据树种不同而有所差距。乔木影像如图 5-4-10 所示。

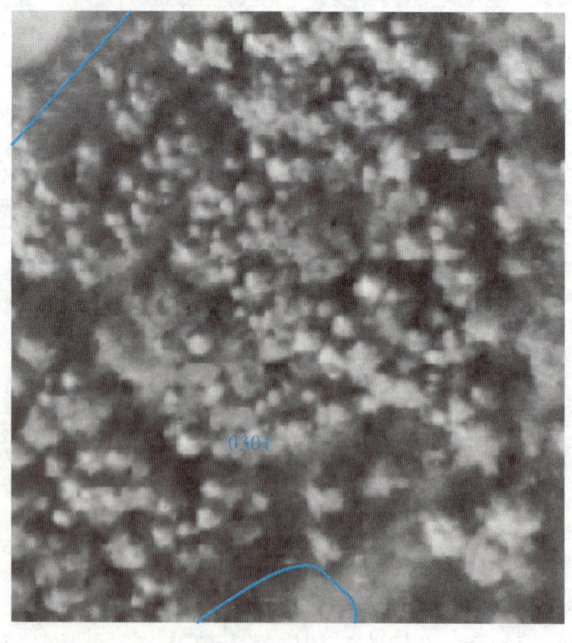

图 5-4-10　乔木林影像

（6）采矿用地。

采矿用地指采矿、采石、采砂（沙）场，砖瓦窑等地面生产用地，排土（石）及尾矿堆放地，不包括盐田。

采矿用地特征：有明显的开采或是有明显的堆放物[堆放物指：土（石）及尾矿]。采矿用地影像如图 5-4-11 所示。

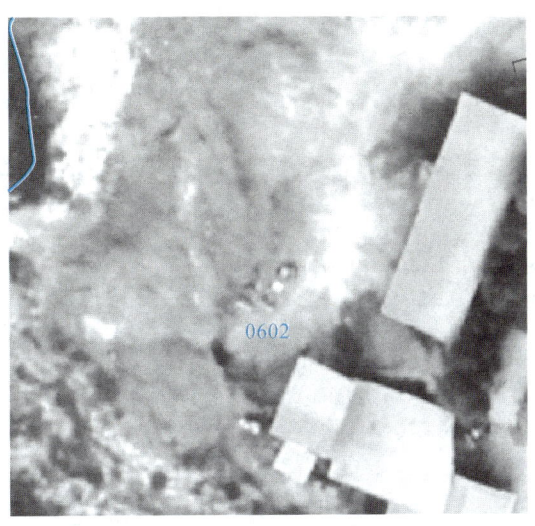

图 5-4-11　采矿用地影像

（7）农村宅基地。

农村宅基地指农村用于生活居住的宅基地。

农村宅基地特征：根据"三调"项目要求，农村宅基地包含农村房屋建设用地，以及农村生活中所用到的地坝，以及房屋周围用于饲养家禽的空地。农村宅基地影像如图 5-4-12 所示。

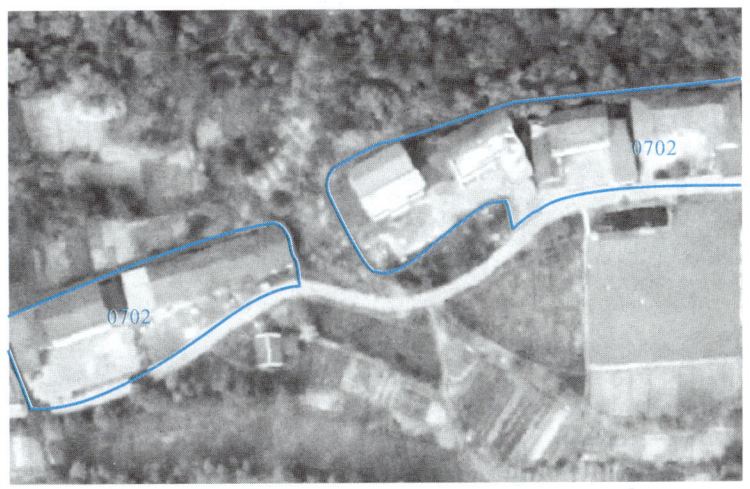

图 5-4-12　农村宅基地影像

(8)特殊用地。

特殊用地指用于军事设施、涉外、宗教、监教、殡葬、风景名胜等的土地。

(9)交通运输用地。

交通运输用地指用于运输通行的地面线路、场站等用地,包括民用机场、港口、码头、地面运输管道和居民点道路及其相应附属设施用地。在农村土地利用调查中涉及较多的农村道路,农村道路指在农村范围内,南方宽度≥1.0 m、≤8.0 m,北方宽度≥2.0 m、≤8.0 m,用于村间、田间交通运输,并在国家公路网络体系之外,以服务于农村农业生产为主要用途的道路(含机耕道)。农村道路影像如图5-4-13所示。

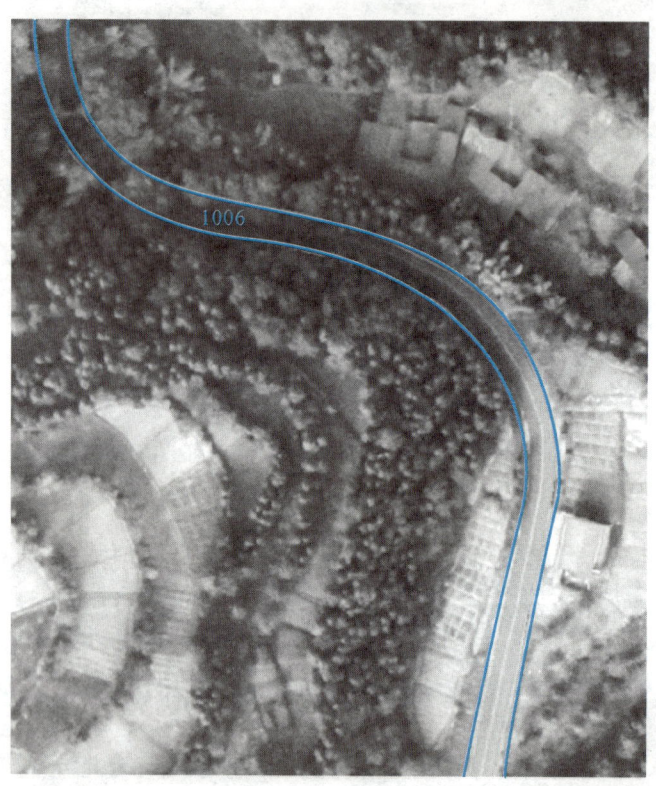

图5-4-13　农村道路影像

(10)河流水面。

河流水面指天然形成或人工开挖河流常水位岸线之间的水面,不包括被堤坝拦截后形成的水库区段水面。河流水面影像如图5-4-14所示。

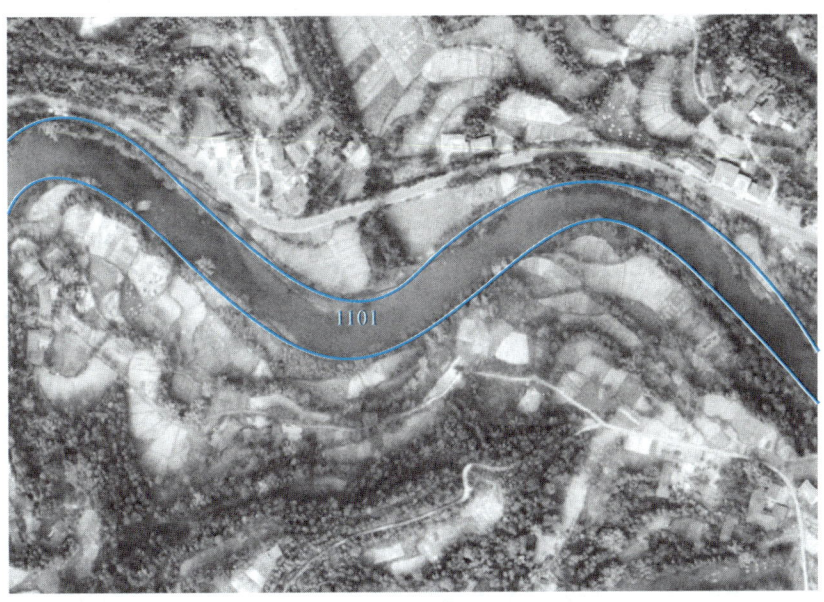

图 5-4-14 河流水面影像

（11）坑塘水面。

坑塘水面指人工开挖或天然形成的用于水产养殖的水面及相应附属设施用地。坑塘水面影像如图 5-4-15 所示。

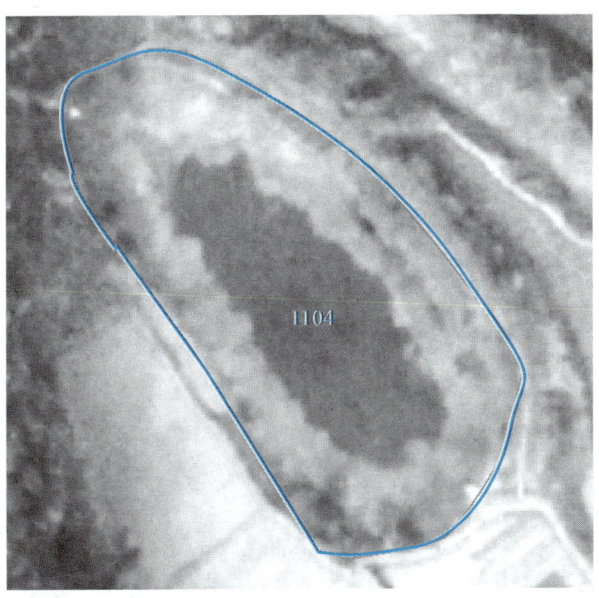

图 5-4-15 坑塘水面影像

（12）设施农用地。

设施农用地指直接用于经营性畜禽养殖生产设施及附属设施用地；直接用于作物栽培或水产养殖等农产品生产的设施及附属设施用地；直接用于设施农业项目辅助生

产的设施用地；晾晒场、粮食果品烘干设施、粮食和农资临时存放场所、大型农机具临时存放场所等规模化粮食生产所必需的配套设施用地。

界线划定注意事项

2. 界线划定注意事项

（1）在绘制图斑边界线时要严格按照影像进行绘制，所绘制的边界线要严格套合影像图（见图 5-4-16）。

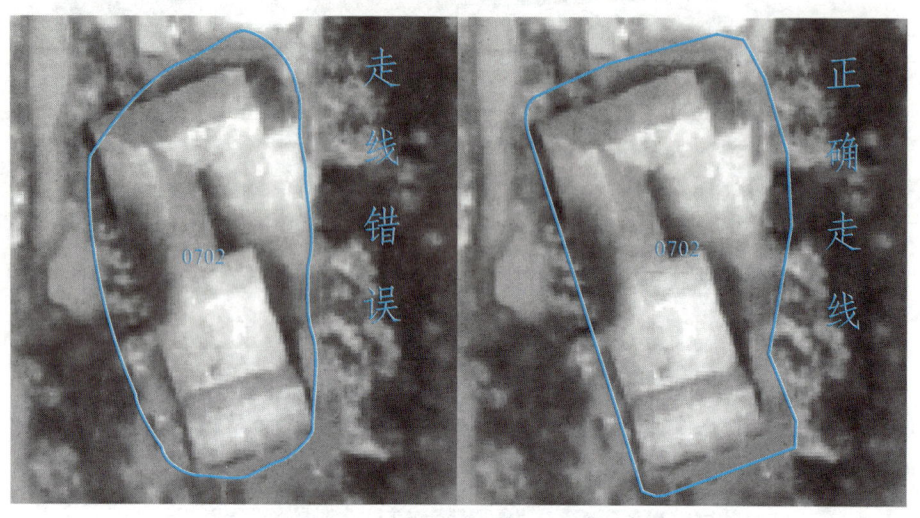

图 5-4-16　边界线走线错误对比

（2）划分过于细致，处建设用地和设施农用地外，面积小于 200 m² 的图斑不上图，直接综合在周围地物即可（见图 5-4-17）。

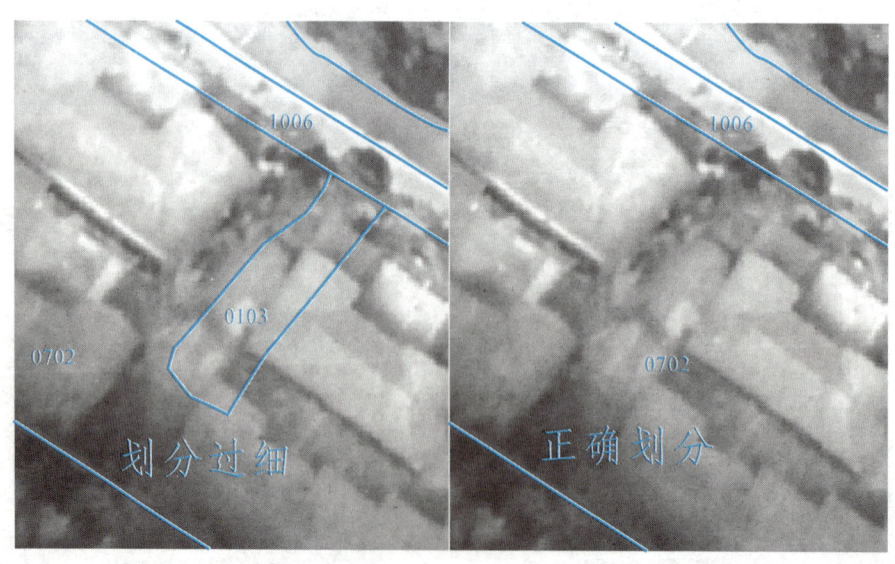

图 5-4-17　图斑划分对比

（3）走线不圆滑呈尖角或是折线（见图5-4-18）。

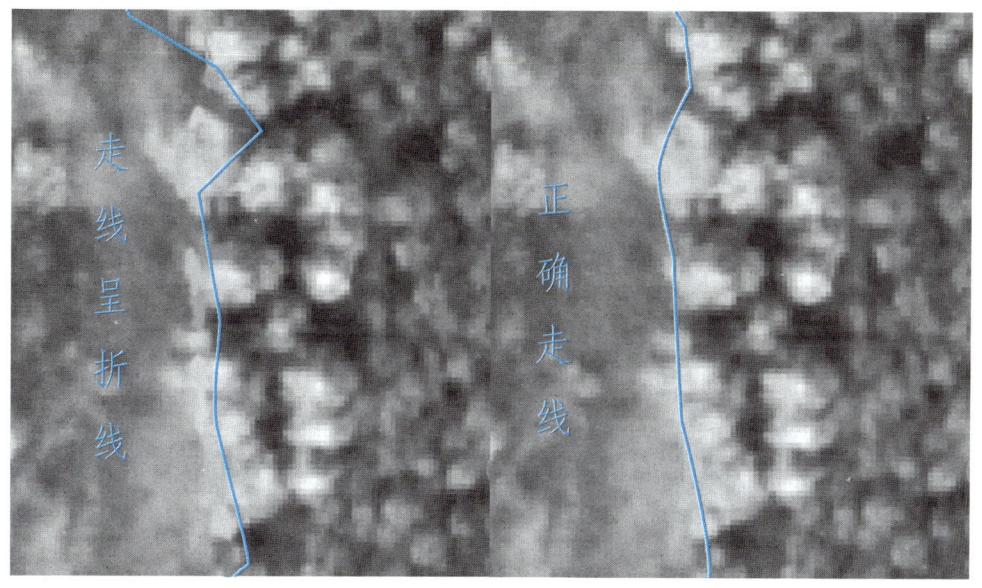

图5-4-18 边界线圆滑对比

（4）出现拓扑错误，面重叠或是面缝隙（见图5-4-19）。

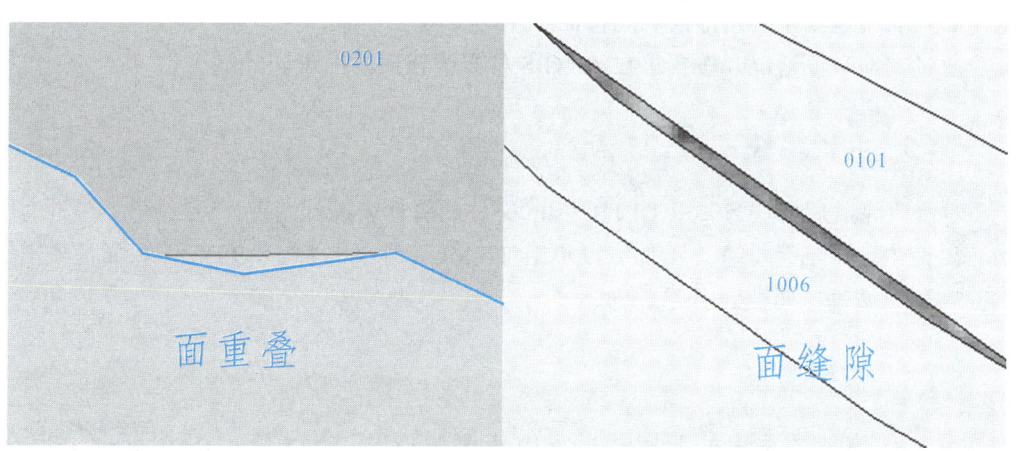

图5-4-19 拓扑错误示意

（5）在图斑划定过程中遇到特殊图斑（如：设施农用地、国家下发的必须举证图斑、自提的举证图斑、二调为耕地现判定为非耕地的图斑、特殊用地等）要进行外业举证，需在"是否外业"字段填写"是"。

5.4.4 实地举证

使用带卫星定位和方向传感器的手机，利用全国三调办统一下发的"互联网+"举证软件，拍摄包含图斑实地卫星定位坐标、拍摄方位角、拍摄时间、实地照片及举证说明等综合信息的加密举证数据包，上传至统一举证平台。

（1）地方实地调查认定地类与全国三调办内业判读地类不一致的图斑，原则上需全部实地举证；对影像未能反映，地方补测调查的新增地物也需全部实地举证。对原地类为耕地，国家判读地类为其他农用地，经地方调查仍为耕地，标注种植属性与国家判读地类一致的，可不举证。

（2）重点地类变化图斑原则上由地方全部实地举证。包括相对原地类新增的建设用地和设施农用地图斑，原有耕地内部二级地类发生变化的图斑，原有农用地调查为未利用地的图斑等。但对依据遥感影像特征能够准确认定为住宅小区、规模化工厂、水工建筑等新增建设用地的，可不举证。

（3）涉及军事用地的图斑不举证；对城镇村内部涉及建设用地细分类型的图斑，无需举证；对于因纠正精度或图斑综合等原因造成的偏移、不够上图面积或狭长地物图斑，可不举证；对原有线状地物面状化的图斑，可不举证；未硬化且未贯通的农村道路未调查上图的，可不举证；对同一条道路或沟渠等线性地物的图斑，可选择典型地段实地举证，其他地段备注说明。无人类生活活动的区域，如沙漠、戈壁、冰山、森林等无人区，影像可以判断地类的，可不举证。

（4）举证照片应在实地拍摄，拍摄方向正确，应能够举证说明调查地类与影像特征不一致区域的土地利用情况。举证照片包括图斑全景照片、局部近景照片、建构筑物内部和农用地及未利用地的利用特征照片三类。

通过实地举证情况，按要求在 ArcGIS 种修改错误的图斑。

5.4.5 完善属性表

对修改完成后的"××镇 DLTB"shp 文件的属性表进行完善，包括属性字段的添加、属性内容添加及检查。添加字段包括 DLMC（地类名称）、QSXZ（权属性质）、CZCSXM（城镇村属性码）等。

5.4.6 数据检查

在文件地理数据库的要素数据集中新建拓扑对"××镇 DLTB"矢量数据进行检查，需要分两次进行检查，第一次是对"××镇 DLTB"矢量数据图斑内部的拓扑错误进行检查，第二次是对"××镇 DLTB"矢量数据与乡镇范围进行拓扑检查，实施步骤如下：

数据检查

5.4.6.1 内部图斑拓扑检查

1. 创建拓扑

（1）右键单击"要素数据集"，指向"新建"，然后单击"拓扑"，弹出"新建拓扑向导框",单击"下一步"。

(2)设置拓扑名称和拓扑容差,再单击"下一页"。

(3)选择要在拓扑中包括的数据集的要素类,单击"下一页"。

(4)默认输入等级数,单击"下一步"。

(5)单击"添加规则",在规则中选择不能重叠和不能有空隙,单击"下一页"。

(6)核对摘要,无误后点击"完成"。

(7)弹出对话框"已创建新拓扑。是否要立即验证?"点击"是"。

(8)在目录窗口将创建的拓扑拖放至地图中,系统询问是否要添加参与拓扑的所有图层时,请单击"否",因为这些图层已经位于地图中。

2. 查找拓扑错误

(1)开启数据编辑模式。

(2)加载拓扑工具条。

(3)单击拓扑工具条上的错误检查器" ",在错误检查器窗口中单击"立即搜索"。

(4)对错误检查器里的错误进行修改:右键单击 "不能有空隙错误",选择"创建要素"进行修改;右键单击"不能重叠",选择"合并…",将其合并至正确的图斑中,直至所有错误均已修改完成。

(5)点击拓扑工具条中验证当前范围中的拓扑按钮" ",确定拓扑错误已全部修改。

(6)删除新建的拓扑图层。

5.4.6.2 "××镇DLTB"矢量数据与乡镇范围拓扑检查

按照前序步骤新建拓扑,添加拓扑规则为"必须相互覆盖"。然后将验证后的拓扑加入到数据编辑窗口中并检查是否有拓扑错误,如有进行改正,直到所有拓扑错误改完为止,最后删除新建的拓扑图层。

5.4.7 面积计算与汇总

1. 面积计算

应用已完成的"三调"图斑进行面积计算,首先在属性表添加字段,名称为"Shape_Area",数据类型选择"双精度"。在内容列表中右键单击"××镇DLTB"Shp文件,点击打开属性表,右键单击属性表中"Shape_Area"字段,点击"计算几何",系统会弹出"将要在编辑会话外执行计算。与在编辑模式下执行计算相比,此方法速度更快,但是计算一旦开始,便无法撤消结果。是否继续?",选择"是",进入计算几何数据框,属性选择"面积",坐标系选择使用数据源的坐标系,单位选择"平方米",点击"确定",系统就会计算出每一个图斑的面积填入属性表中。

面积计算与汇总

2. 面积汇总

应用已完成的三调图斑对各类地类进行面积汇总，用于数据统计及分析。步骤如下：

（1）在内容列表中右键单击"××镇 DLTB"Shp 数据，点击打开属性表，右键单击属性表中"Shape_Area"字段，选择汇总。

（2）在弹出的汇总窗口选择汇总字段为 DLBM（地类编码），选择一个或多个要包括在输出表中的汇总统计信息为"Shape_Area"总和，指定输出表的位置为新建的汇总文件夹，点击"确定"。

（3）查看生成的统计表，会出现每一类地类的面积汇总，如图 5-4-20 所示。

OID	DLBM	Count_DLBM	Sum_Shape_Area
0	0101	282	2344593.29003
1	0103	162	488381.027567
2	0201	14	81670.050412
3	0301	84	2200263.65458
4	0602	4	15794.795363
5	0701	5	18340.599038
6	0702	380	483007.852095
7	09	1	791.928055
8	1003	2	28722.362811
9	1006	40	182743.691088
10	1101	3	84781.44403
11	1104	18	27667.278056
12	1202	1	1980.030664

图 5-4-20　查看生成的统计表

思考题

1. 什么是土地利用现状调查?
2. 国土调查的主要内容是什么?
3. 第三次国土调查的流程是什么?
4. 农村土地调查包括哪两部分?
5. 界线划定一般有哪些注意事项?
6. 说明农村土地调查成果数据检查方法。

6　土地勘测定界

项目引入

为核定省道 104 线某段改造工程的范围、土地利用现状和权属状况,受某公司委托,需要对该项目进行用地勘测定界工作。

一、工程项目勘测定界依据

（1）关于该项目初步设计的批复（批复文号）;

（2）《土地勘测定界规程》（TD/T 1008—2007）;

（3）《第三次全国国土调查技术规程》（TD/T 1055—2019）;

（4）《地籍调查规程》（TD/T 1001—2012）;

（5）《土地利用现状分类》（GBT 21010—2017）;

（6）某有限公司提供的工程总平面设计图、测量控制点成果等。

二、施测单位及日期

该项目勘测定界由该市某工程有限公司承担,2019 年 4 月 15 日至 2019 年 5 月 15 日完成外业作业及内业整理。

三、勘测定界工作内容

进行界址测绘、权属（乡镇、村组）调绘、地类调绘、内业解析法量算面积、编绘勘测定界图、土地分类面积表和勘测定界技术报告等。

6.1 土地勘测定界概述

6.1.1 土地勘测定界的概念

土地勘测定界（简称勘测定界，勘界），是根据土地征收、征用、划拨、出让、农用地转用、土地利用规划及土地开发、整理、复垦等工作需要，实地界定土地使用范围、测定界址位置、调绘土地利用现状计算用地面积，为国土资源行政主管部门用地审批和地籍管理等提供科学、准确的基础资料而进行的技术服务性工作。

目前有专门的勘测定界软件 Newmap，而 MapGIS 和 Cass 也可以实现其部分功能。勘测定界工作，在各级国土资源行政主管部门组织下，由有资格的勘测单位承担。

6.1.2 土地勘测定界的意义

土地勘测定界工作可以保障用地审查，使用地审批工作更加科学化、制度化、规范化，健全了用地的准入制度；使项目用地依法、科学、集约和规范，严格控制非农业建设占用耕地，保障耕地保护制度的实施。土地勘测定界工作是项目用地从立项到审批程中的重要环节，是用地审批的重要依据（见图 6-1-1）。

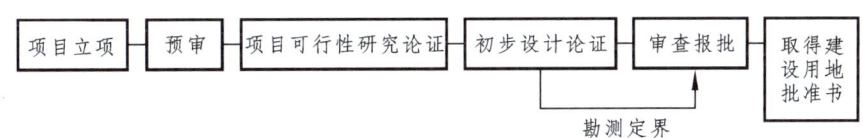

图 6-1-1 勘测定界在建设项目用地全程管理中的位置

6.1.3 土地勘测定界的特点

土地勘测定界不同于工程测量中的施工放样。土地勘测定界侧重于地籍管理的内容，是在调查清楚用地范围内的土地权属、用地类型等情况的基础上进行的实地定界工作，其内容包括调查与测绘工作。而工程中的施工放样仅仅是根据用地需要进行的拨桩、放线工作，是一种狭义的测绘技术工作。勘测定界工作除具有一般地籍管理工作的特点外，根据其工作内容、工作性质还具有如下一些特点：

（1）综合性。

土地勘测定界工作兼有地籍调查、土地利用现状调查以及放样测量三者的内容。

（2）专门性。

土地勘测定界是一项专门为用地审批服务而衍生出来的特殊性技术工作。

（3）精确性。

土地勘测定界成果直接服务于用地审批工作，同时也服务于土地管理的其他工作，其精确性应与土地管理，特别是地籍管理的工作要求相衔接。外业严格按照《建设用地勘测定界技术规程》要求进行；内业采用先进的科学手段，实时自检、互检，从而达到最终成果的精确性。

（4）及时性。

项目用地勘测定界在一定程度上制约着工程进展速度，这就要求勘测定界人员准确、及时地提交勘测定界成果，提高审批效率。

（5）法律性。

土地勘测定界的成果对用地审批、土地登记等具有一定的法律性。

6.1.4　土地勘测定界工作的内容

（1）收集资料、实地踏勘、制定技术方案
（2）实地调查用地范围、权属、地类等基本情况。
（3）实地测设界址点并埋设界址桩。
（4）界址点坐标测量。
（5）编制土地勘测定界图及项目用地范围图
（6）土地勘测定界面积量算和汇总。
（7）编写土地勘测定界技术报告书。

6.2 土地勘测定界的一般工作程序

土地勘测定界工作是项目实施工作中的重要环节。为确保工作符合技术规程要求的精度及进度，必须有条不紊地按内容的先后顺序开展工作，才能达到预期目的。按照土地勘测定界工作的特点和规律，将其工作分为以下四个阶段进行：准备工作阶段、外业工作阶段、内业工作阶段、成果检查验收及归档阶段。各个工作阶段之间的关系如图 6-2-1 所示。

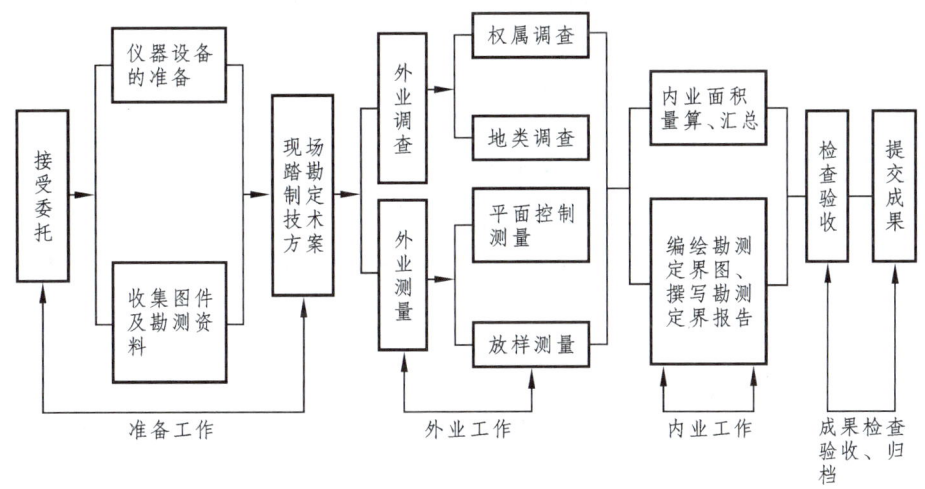

图 6-2-1　土地勘测定界工作程序

6.2.1 准备工作

勘测定界工作前期的准备工作主要包括：接受委托组建队伍、收集资料、实地踏勘、制定技术方案、工作底图的选择和整饰。

1. 接受委托

具备勘测定界资格的单位，须持有用地单位或有权批准该项目用地的政府国土资源行政主管部门的勘测定界委托书方可开展勘测定界工作。

2. 组建队伍

根据项目大小和勘测定界的工作程序，可成立领导小组或确定项目负责人，组建外业调查组、外业测量组、内业整理组等具体工作小组。

3. 收集资料

土地勘测定界前期收集资料是很关键的工作，资料的完整与否，直接关系到后续工作的进度。资料准备包括：

（1）收集相关政策性文件及用地批准文件。

收集《中华人民共和国土地管理法》《建设项目用地勘测定界规程（试行）》《城镇地籍调查规程》《土地利用现状调查技术规程》《城市测量规范》等作为开展土地勘测定界工作的政策与技术保障。同时，上述政策性文件也是用于向用地单位或土地属单位解释的法律、法规依据。收集申请用地的选取址意见书、规划许可证，计划部门的批文等，以保证土地勘测定界工作的合理、合法。

（2）收集相关的图件资料。

勘测定界工作应尽量搜集用地范围内的地籍图、地形图、比例尺不小于1∶10 000的土地利用现状图、土地利用总体规划图、基本农田界线图、测区范围内的航片图、土地权属界线图、用地单位提供的由专业设计单位承担设计的用地范围图以及比例尺不小于1∶2 000的建设项目工程总平面布置图地籍图、地形图作为编绘勘测定界图的基础图件；地籍图、土地利用现状图、土地权属界线图及航片作为现场调查核实权属及地类的主要图件资料；基本农田界线图、土地利用总体规划图作为编绘勘测定界图时转绘基本农田界线及农用地转用范围线的基础图件；用地范围图及项目用地工程总平面图作为勘测定界时放样测量的基础图件；土地利用现状图还用于制作勘测定界用地范围图。

（3）收集权属证明文件。

权属证明文件的收集包括土地权属文件、征用土地文件、土地承包合同（协议）、土地出让合同、清理违法占地的处理文件、用地单位的权源证明等，作为权属认定的依据。此外，还应搜集工作范围内各种用地和建筑物、构筑物的产权资料作为权属检核的依据。搜集不全的相关权属证明文件也可以在土地勘测这界外业调查时补充搜集。

（4）收集控制点成果及相关资料。

搜集用地范围附近原有平面控制点坐标成果、控制点点之记、控制点网图、原控制网技术设计书、有关坐标系统的投影带、投影面等资料，作为布设勘测定界控制网的依据。搜集用地界址点拟定坐标（设计坐标）或与定界有关的参考资料作为放样元素，对于线性工程还应收集中线点设计坐标、线性工程占地宽度表及各类曲线元素。

4．实地踏勘，制定技术方案

（1）实地踏勘。

在审查有关资料的基础上，根据收集的控制点成果资料，了解项目用地附近的各级控制点的标石完好情况和现场通视条件，以便制定合理的勘测定界技术方案。对于线形和大型建设项目用地还应调查了解交通和地理条件。

（2）制定技术方案。

根据收集的资料和实地踏勘，制定技术方案。技术方案的内容有：

① 用地范围、地理位置、交通条件、权属状况、地形地貌等；

② 工作程序、时间要求、经费安排、人员配备情况；

③ 工作底图的选择、测量方法、成果要求；

④ 控制网的布设方法、测量所需仪器状况、技术依据。

6.2.2 实地调绘

实地调绘是指实地调查核实用地范围内的行政界线、权属界线、土地利用类型界线、基本农田界线、已批准的农用地转为建设用地的范围线，将其测绘或转绘于工作底图上。

1. 准备工作底图

工作底图是进行勘测定界及编绘勘测定界图的基础图件，为原有地籍图、地形图或标准分幅土地利用现状图。其比例尺不小于 1：2 000，大型工程工作底图比例尺不小于1：10 000。当工作底图的现状不能满足勘测定界工作要求时，应对界址线附近和界址范围内的地形地物进行修测或补测。

2. 权属界线的调绘

土地勘测定界权属调查是对用地范围内土地权属单位的土地权属来源及土地权利所及的位置界址等情况的调查。调查成果经土地使用者认定可以为地籍测量、权属审核和土地登记发证提供具有法律效力的文书凭证。界址调查是土地权属调查的关键，权属调查是土地勘测定界外业调查的核心，它直接关系到外业测量权属界址桩的放样及内业面积量算工作的质量。

可查阅用地范围内的土地利用现状调查及土地登记的有关资料，并将用地范围内的权属界线、行政界线转绘到工作底图上。

其他土地权属界线的确认需要在当地国土资源行政主管部门的组织下，由相关权属单位有关人员按《土地利用现状调查技术规程》《城镇地籍调查规程》《确定土地所有权和使用权的若干规定》要求共同到现场指界，并将权属界线测绘到工作底图上。

3. 土地利用类型和土地利用类型界线的调绘

地类调查应在土地利用现状调查的基础上，按照《土地利用现状调查技术规程》的要求，以接受勘测定界委托时为调查时点，通过现场调查及实地判读，将用地范围内及其附近的各地类界线测绘或转绘在工作底图上，并标注二级地类编号。在地类调查的同时，实地调绘基本农田界线和农用地转用范围界线。

4. 基本农田界线的调绘

基本农田界线的调绘是在当地国土资源管理部门查阅用地范围区域的土地利用总体规划资料、基本农田保护区规划图及基本农田保护区界线图在政府有关职能部门的配合下，现场将用地范围内及其附近的基本农田界线测绘或转绘在工作底图上，图上确定建设项目用地占用基本农田的范围，以供内业量算项目用地占用基本农田的数量。

5. 农用地转用范围线的调绘

农用地转用是指现状的农用地依据土地利用总体规划土地利用年度计划以及国家

规定的批准权限报批后转变成建设用地的行为，又称为农用地转为建设用地。未利用土地转为建设用地以及农用地内部之间的相互转换不属于农用地转用的范畴。农用地转用范围线在土地利用总体规划确定的城市和村庄、集镇建设用地规模范围内如果建设项目用地占用经批准确定的农用地转用范围的农地，应将已批准的农用地转为建设用地的范围线绘制在工作底图上，经内业处理后，为国土资源管理部门用地管理提供准确依据。经外业调绘和补测的外业工作底图应及时清绘整饰，经检查合格后，才能转入内业工作阶段。

6.2.3 外业测量

据项目用地的初步设计图或规划用地范围图实地放样界址点并埋设界址点，然后对用地界址点（权属界址点和行政界址点）进行解析测量界址点坐标。包括平面控制测量、界址点放样、埋设界址点、界址点测量。

1. 平面控制测量

勘测定界平面控制坐标系统应采用国家统一坐标系统。勘测定界首级平面控制网应符合表 6-2-1 的要求。若首级控制网点密度不能满足土地勘测定界，应在首级控制点的基础上布设一级或两级加密控制点。加密控制测量应优先采用导线网、三角网形式加密控制网，也可用单一附合导线，插点仅限于个别地点使用。

表 6-2-1　首级平面控制网等级要求

控制区面积/km²	>10	5～10	<5	<0.1
首级控制等级	四等以上控制网	一级小三角（边）网或一级导线网	二级小三角（边）网或二级导线网	图根导线

2. 实地拨放界标位置方法

（1）坐标法放样。根据初步设计图或规划用地范围图，图上拟定界标位置，并图解获得拟用地界址点坐标，或利用工程总平面布置图给定的拟用地界址点坐标。利用控制点（或明显地物点）坐标和拟用地界址点坐标计算放样数据（反算边长、方位角），利用拟用地界址点邻近控制点（或明显地物点）采用极坐标法放样界标位置。

（2）关系距离法放样。根据初步设计图或规划用地范围图或工程总平面布置图，图上拟定界标位置，并在图上量出界址点与邻近现有地物的边长（三条以上），或利用给定的拟用地边界与现有地物的距离夹角等。在实地采用边交会、边角交会等方法放样界标位置。

3. 界标设置的要求

（1）如果项目用地范围行政隶属不同，应在用地线与省（自治区、直辖市）、市、县、乡（镇）的行政界线交点上加设界标。基本农田界线与用地界线的交点、国有土地与集体土地的分界线同用地界线的交点应加设界标。

（2）界标之间的距离，直线最长为 150 m，明显转折点处应设置界标。

（3）界标类型主要有：混凝土界标、带帽钢钉界标及喷漆界标。

（4）界址点编号原则上应以用地范围为单位，从左到右，自上而下统一编号。铁路、公路等线型工程的界址点编号可以采用里程+里程尾数编号。

（5）土地权属界线、行政界线与用地范围线的交叉界址点编号应冠以字母表示：S表示与省界的交点；E表示与地区（市）界的交点；A表示与县界的交点；X表示与乡（镇）界的交点；C表示与村界的交点；Z表示与村民小组界的交点。

（6）界标位置在实地确定后，有条件的地区应在现场测记"界址点点之记"。线型工程的"界址点点之记"可1 km做1~2 km对点之记，但明显的拐点处应做点之记。

（7）若界址点在河沟池塘水域中，界标可埋设在岸边，待有条件时再补设界标。

6.2.4 内业工作

包括编绘勘测定界图、撰写勘界报告等。

1. 编绘勘测定界图

勘测定界图是集各项地籍要素、土地利用现状要素和地形、地物要素为一体的区域性专业图件。勘测定界图是利用实测界址点坐标和实地调查测量的权属、土地利用类型等要素在地籍图或地形图上编绘或直接测绘。勘测定界图的比例尺不小于1∶2 000，大型工程勘测定界图比例尺不小于1∶10 000，如图6-2-2所示。

（1）勘测定界图的主要内容。

① 用地界址点和线、用地总面积。

② 用地范围内各权属单位名称及土地利用类型代号。

③ 用地范围内各地块编号及土地利用类型面积。

④ 用地范围内的行政界线、各权属单位的界址线、基本农田界线、土地利用总体规划确定的城市和村庄集镇建设用地规模范围内农用地转为建设用地的范围线、土地利用类型界线；地上物、文字注记、数学要素等。

（2）勘测定界图的表示方法。

① 勘测定界图上项目用地边界线可根据用地范围的大小用0.3 mm红色实线表示，界址点用直径为1 mm的圆圈表示。

② 基本农田界线使用绿色绘制，并注明基本农田。

③ 农用地转为建设用地范围线使用黄色绘制。

④ 土地利用类型界线用直径0.3 mm、点间距1.5 mm的点线表示。

⑤ 勘测定界图上用地范围内每个权属单位均应在适当位置注记权属单位名称和面积。

⑥ 每个地块均应在适当的位置注记地块编号、土地利用类型号和面积。其注记方式如：$\frac{01}{131}$ 0.2356。分母表示土地利用类型编号，分子表示该地块的编号，右侧表示该地块的面积。

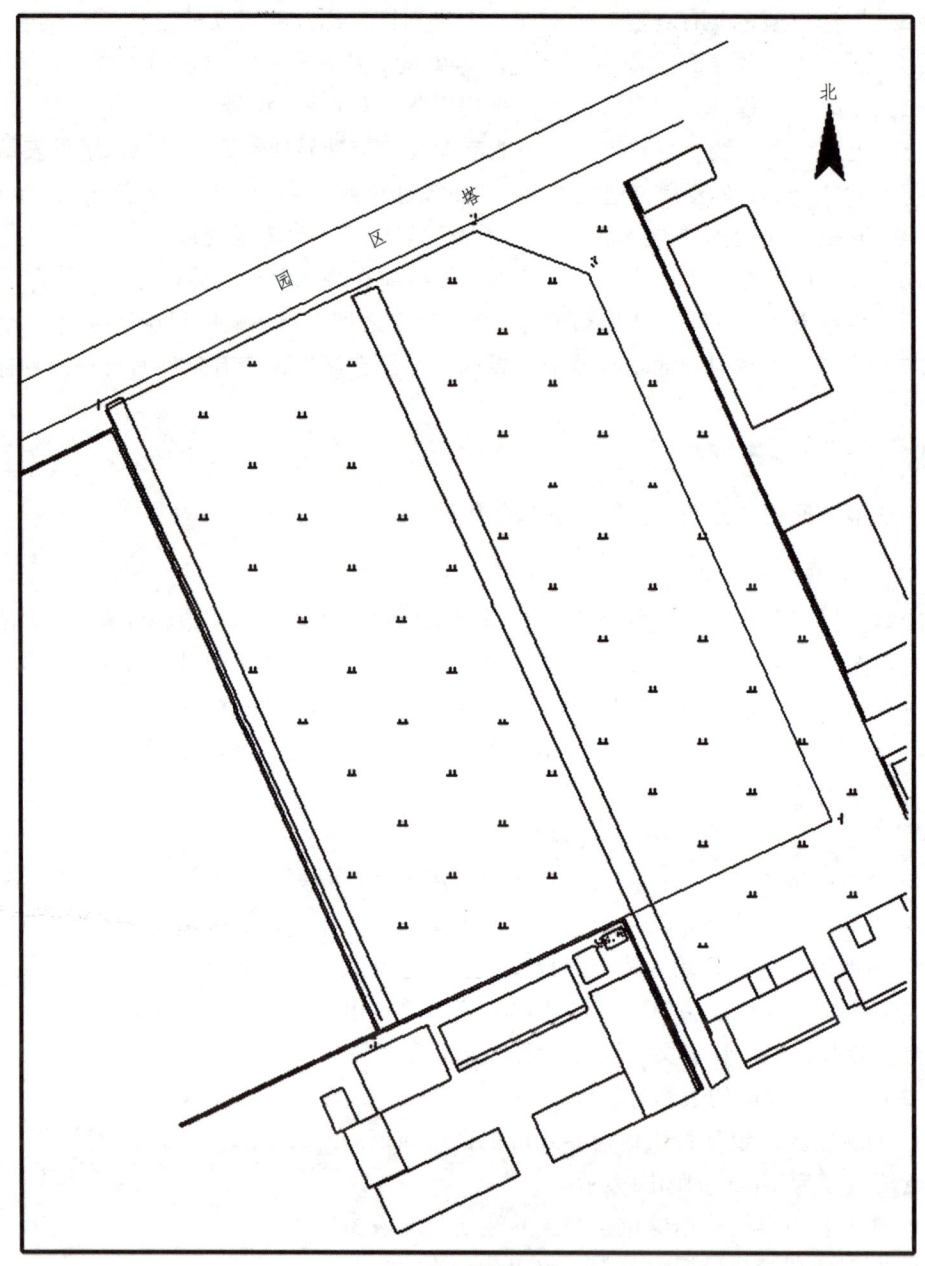

图 6-2-2 土地勘测定界图

⑦ 勘测定界图图式按照《城镇地籍调查规程》及《土地利用现状调查技术规程》的规定执行。对以上两个规程未作规定的图式，应按照国家颁布的现行比例尺图式执行。

⑧ 勘测定界图的平面位置精度，界址点或明显地物点相对于邻近图根点的点位中误差及相邻平面点的间距中误差，在图上不得大于表 6-2-2 规定。

表 6-2-2　勘测定界图的平面位置精度　　　　　　　　　　单位：mm

图纸类型	比例尺	
	1∶500	1∶1 000、1∶2 000
薄膜图	±0.8	±0.6
计算机绘图、蓝晒图	±1.2	±0.8

⑨ 项目用地范围涉及多幅图纸，应编绘图幅接合表。

⑩ 将用地范围展绘在比例尺不小于 1∶10 000 的土地利用现状图，制作勘测定界用地范围图。大型项目勘测定界用地范围图，比例尺不小于 1∶50 000。

2．土地勘测定界技术报告撰写

土地勘测定界技术报告分为征地报告和供地报告，两者内容大同小异。以征地报告为例学习，其内容包括：土地勘测定界技术说明、勘测定界表、勘测面积表、土地分类面积表、勘界图、界址点坐标成果表、土地利用现状图、权属审核表等。

（1）土地勘测定界征地技术报告书封面及目录（见图 6-2-3）。

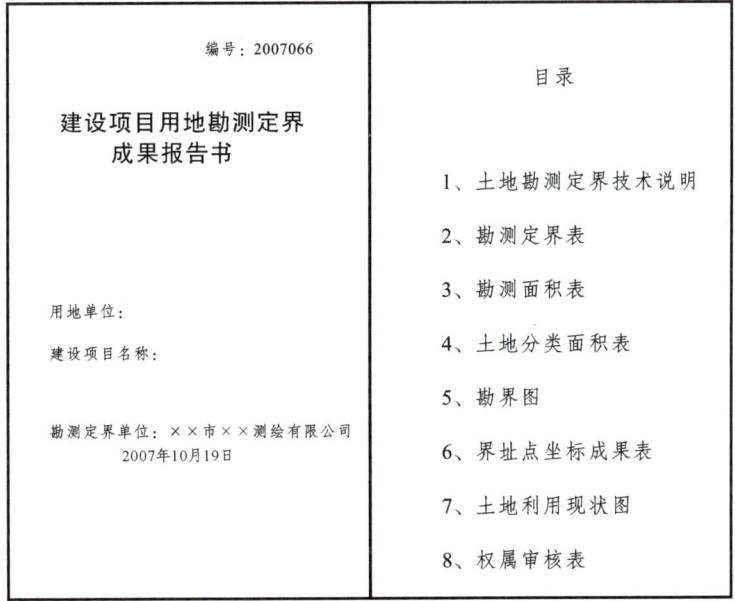

图 6-2-3　土地勘测定界征地技术报告书封面及目录

（2）土地勘测定界技术说明（见图 6-2-4）。

技术说明的主要包括：勘测定界的目的和依据、施测单位、施工日期、勘测定界外业调查情况、勘测定界外业测量情况、勘测定界面积量算与汇总情况、工作底图的选择、勘测定界图编绘（测量）方法、对成果资料的说明以及自检情况等。

土地勘测定界技术说明

为核定 _____ 征用土地面积和使用土地的界址，由 _____xx市xx测绘有限公司_____

于2007年10月19日 进行勘测定界，实测面积为 42857 平方米（64.29亩）设置界址标志 ___92___ 个。施测方法是采用全站仪按全解析法施测，_____

各种内外业资料均进行了自检，符合《规程》要求。

项目负责人：xx
2007年10月19日

图 6-2-4 土地勘测定界技术说明

（3）勘测定界表（见表 6-2-3）。

土地勘测定界表主要填写内容有：用地单位名称及经办人、单位地址及主管部门、土地坐落及用途、相关文件、图幅号、勘界单位的签注。勘界单位主管领导、项目负责人及审核人应在勘测定界表上签字。

表 6-2-3 勘测定界表

单位名称		××公路桥梁建设集团有限公司				经办人		谢××	
单位地址						电话		136××××××××	
主管部门						土地用途		临时用地	
土地坐落		×××县×××镇、×××镇							
相关文件		《土地勘测定界规程》							
图幅号					自编号				

勘测面积 /hm²	地类 权属	农用地					建设用地	未利用地	合计
		耕地	园地	林地	草地	其他农用地	小计		
	集体	2.352 5		0.547 5		0.422 4	3.322 4	0.023 9	0.421 4	3.767 7
	国有									0.000 0
	合计	2.352 5		0.547 5		0.422 4	3.322 4	0.023 9	0.421 4	3.767 7
勘测定界单位签注										

续表

××××× 临时用地项目土地勘测定界面积准确，土地权属调查在当地自然资源主管部门、乡（镇、街道）及各权属单位配合下现场指界、施测。地类调查根据实地现状实测。经勘测定界的用地项目界址点、线、面积，地类界线、权属界线调查清楚，测量准确，满足《土地勘测定界规程》的要求。 单位主管：××× 审　核　人：××× 项目负责：××× 签　　　章：（土地勘测定界专用章） 　　　　　　　　　　　　　　　　　　　　　　　　2022 年 10 月 30 日

（4）勘测定界面积表（见表6-2-4）。

勘测定界面积表是集体土地及国有土地的总面积，申请用地占用农用地、建设用地未利用地的总面积，征用集体土地的总面积，国有土地划拨的总面积，国有土地出让的总面积，代征的集体土地总面积，由用地单位申请作为规划道路的总面积，临时使用土地的总面积等。

表6-2-4　勘测定界面积表

单位：m²

性质	面积	其中（供地方式）			备注
		出让	划拨	租赁	
征收	42 855.0				
拨用					
使用					
临时使用					
合计	42 855.0				

（5）土地分类面积表（见表6-2-5）。

土地勘界面积量算和汇总的数据时用地审批中一项关键的数据。项目用地面积核定内容包括项目用地总面积、项目占用集体土地、国有土地的面积，占用农用地、建设用地、未利用地的面积，量算出征用面积和其中占用耕地、基本农田的面积，划拨或出让土地的数量，代征土地面积和其中占用耕地、基本农田的面积，临时用地面积，规划道路面积。同时还要把占用他项权利的集体土地或国有土地的面积量算出来，以便为土地登记提供依据。

表 6-2-5　土地分类面积汇总表

统计单位：×××××　　　　　　　　　　　　　　　　　　　　　　　　　　　　单位：m²

编号	权属	土地总面积	农用地						未利用地		备注
			小计	水田（0101）	旱地（0103）	茶园（0202）	其他园地（0204）	设施农用地（1202）	小计	其他草地（0404）	
WSETFF	××市××区××镇××村1组	5 898			946		4 952				
2	××市××区××镇××村2组	12 596		2 385			10 211				
合计		18 494									

6.2.5　成果检查验收、归档

　　由承担勘测定界的单位自检、互检。由有权批准该项目用地的政府国土资源行政主管部门验收。

6.3 土地勘测定界——以省道 104 线某段改造工程为例

6.3.1 项目概况与要求

为核定省道 104 线某段改造工程的范围、土地利用现状和权属状况,受某公司委托,需要对该项目进行用地勘测定界工作。

土地勘测定界作业,包括界址测绘、权属(乡镇、村组)调绘、地类调绘、内业解析法量算面积、编绘勘测定界图、土地分类面积表和勘测定界技术报告等。

6.3.2 项目的实施

1. 准备工作

依照相关程序,完成资料收集、实地踏勘、制定技术方案等准备工作,在当地自然资源局和业主收集到的资料有:(1) 1∶2 000 用地范围的地形图;(2) 用地范围(规划红线图);(3) 最新变更调查数据及其附近的土地利用现状图。

2. 实地调绘

根据项目实际情况,本次实地调绘的主要内容包括用地范围内的行政(乡镇、村组)权属调绘和土地利用现状地类及其边界的调绘。

(1)权属调绘。

在当地县自然资源和规划局、项目涉及的乡镇(街道)人民政府和村组代表的配合下,利用 1∶2000 用地范围内的地形图、红线图制作调查底图,组织本项目涉及各权属(乡镇、村组)单位按《土地勘测定界规程》等要求到现场指、踏权属(乡镇、村组)界线,并以国家大地 2000 坐标系为基准,使用 GPS-RTK 测绘仪器实地测绘用地范围内的权属(乡镇、村组)界线,并由权属(乡镇、村组)单位负责人在图上签字盖章确认。

(2)地类调绘。

依据《土地利用现状分类—2017》,参照收集到的资料,通过实地调绘,核实土地类型和地类边界,记录地类名称及其相对应的地类编码,一共 1 个地块(3 个地类图斑)。

3. 外业测量

根据项目实际情况,本次外业测量工作是项目用地红线界址点的放样,外业共设置界址点 83 个,并由各权属单位代表现场共同指认界线,现场共同确认用地范围。

4. 内业工作

(1)编绘勘测定界图。

内业处理充分利用计算机自动化处理,首先整理外业测绘的数据,编辑勘测定界图。勘测定界图的图斑标注使用分子式

编绘勘测定界图

（如：$\frac{1}{0101}$16.33），分子表示图斑编号、分母表示地类编码，分子式右侧表示面积，勘测定界图的比例尺为 1∶2 000。

（2）编制勘界报告。

本次项目的勘界报告内容见表 6-3-1。

表 6-3-1　省道 104 线某段改造工程土地勘测定界技术报告内容

序号	内容
1	土地勘测定界委托书
2	土地勘测定界技术说明
3	勘测定界表
4	勘测面积表
5	建设用地拟征（占）用土地权属情况汇总表
6	图斑量算表
7	土地分类面积汇总表
8	界址点坐标成果表

① 界址点坐标成果表。

依据实际情况，在 CASS 软件对界址红线进行转化，形成界址点坐标成果表。

② 土地分类面积表。

依据项目实际情况，对用地范围内的土地图斑做面积量算，并做面积汇总（见表 6-3-2、表 6-3-3）。

生成界址点成果表　　　　　土地图斑面积量算

表 6-3-2　图斑量算表

×××工程			
图斑号	权属	面积/m²	地类
1	××市××区××镇××村××组	4 771	0204
2	××市××区××镇××村××组	946	0103
3	××市××区××镇××村××组	181	0204

表 6-3-3 土地分类面积汇总表

统计单位：××××× 　　　　　　　　　　　　　　　　　　　　　　　　　　单位：m²

编号	权属	土地总面积	农用地						未利用地		备注
			小计	水田	旱地	茶园	其他园地	设施农用地	小计	其他草地	
				（0101）	（0103）	（0202）	（0204）	（1202）		（0404）	
WSETFF	××市××区××镇××村1组	5 898			946		4 952				
2	××市××区××镇××村2组	12 596		2 385			10 211				
合计		18 494									

（3）建设用地三级联网审批系统的 txt 文本编辑。

建设用地三级联网审批系统是为夯实省、市、县土地管理的共同责任，形成职责明确、运转有序、监管透明的工作机制，打造"标准化、格式化、模板化、智能化"以农用地转用和土地征收为核心的建设用地审批系统和管理模式，实现省、市、县基础数据同步更新，审批结果实时共享，审批过程动态监管。在土地勘测定界工作中，需要提交一个 txt 文本至建设用地三级联网审批系统。

txt 文本编辑

5. 成果检查验收、归档

由承担本次勘测定界的××公司自检、互检，形成勘测定界自检报告；由有权批准该项目用地的政府国土资源行政主管部门验收，形成土地勘测定界验收报告和市、县级地籍科（处）、股会签审检的意见，并将其装订在勘测报告中，最后归档。

思考题

1. 我国土地勘测定界技术依据有哪些？
2. 土地勘测定界分为哪几个阶段？
3. 土地勘测定界图包括哪些内容？
4. 土地勘测定界技术报告包括哪些内容？

7　房产测绘

项目引入

某具有房产测绘资质的测绘公司,受×××委托进行房产测绘,该项目坐落于××,为钢混结构的十八层商住楼,占地面积为 2 855.04 m²,总建筑面积为 41 126.28 m²（含地下层建筑面积 3 800.53 m²）。

作业内容包括：
（1）整栋房屋建筑面积和占地面积的测算；
（2）分户套内建筑面积的计算；
（3）共有共用建筑面积分摊计算；
（4）占地面积分摊计算。

提交资料包括：
（1）×××房产面积实测技术报告书一份；
（2）×××成果图纸包括房屋土地测量表、房产分户平面图和房产权证附图（分层平面图和分户平面图）。

7.1 房产测绘概述

7.1.1 房产测绘的定义

房产测绘就是运用测绘仪器、测绘技术来测定房地产的位置、数量、质量等自然状况以及权属、用途、性质、利用状况等社会属性的专业测绘。房产测绘属于专业测绘，它测绘的对象是房屋以及与房屋相关的土地。

房产测绘是一项政策性、技术性很强的专业测绘，尤其是房产面积的测算，直接关系着千家万户的利益。

房产测绘从业人员，除了具备房屋面积测算的技能外，还必须熟悉和掌握规划、土地、房产交易、权属登记、房屋设计、物业管理、人防、消防等相关行业的法律、法规和规定。房产测绘行业，通过测绘手段，为房产管理提供技术支撑，维护产权人的合法权益。

7.1.2 房产测绘的作用

房产测绘的作用具体表现在：

（1）为房地产管理包括产权产籍管理、开发管理、交易管理和拆迁管理服务，以及为评估、征税、收费、仲裁、鉴定等活动提供基础图、表、数字、资料和相关的信息。

（2）为城市规划，城市建设（如户籍人口管理，基础设施，地下管网，通讯线路，环境保护）等提供基础数据和资料。

（3）为委托人从事房地产交易、申请房地产产权登记、建设项目拆迁等活动提供房地产测绘数据。

（4）为房地产管理信息系统（GIS）、数字城市提供基础数据和信息。

7.1.3 房产测绘的内容

房地产测绘细分为房地产基础测绘和房地产项目测绘两种。

房地产基础测绘是指在一个城市或一个地域内，大范围、整体地建立房地产的平面控制网，测绘房地产的基础图纸——房地产分幅平面图。

房地产项目测绘，是指在房地产权属管理、经营管理、开发管理以及其他房地产管理过程中需要测绘房地产分丘（宗）平面图、房地产分层分户平面图及相关的图、表、册、簿、数据等开展的测绘活动。房地产项目测绘与房地产权属管理、交易、开发、拆迁等房地产活动紧密相关，工作量大。其中最大量、最具现实、最重要的是房屋、土地权属证件附图的测绘。

房地产基础测绘，对测绘人员素质、仪器装备、单位测绘资质要求都比较高。必须是有较丰富经验的专业队伍才能胜任。相比较而言，从事房地产项目测绘比较容易一些。根据目前我国的法律、法规规定，没有取得房产测绘资格的队伍不能从事房地产测绘。

7.2 房屋调查

房产调查主要是获取建筑物、构筑物的权属、数量、位置、类型和质量等信息。构筑物主要指道路、桥梁、堤坝、水闸等，建筑物主要指房屋。

按地籍的定义，房屋调查的内容包括五个方面：房屋的权属、位置、数量、质量和利用现状（见表7-2-1）。

表7-2-1　房屋基本情况记录表

坐落	市　　　区（县）　　　街道（镇）　　　胡同（街巷）　　　号								邮政编码			
产权人				住　　　址								
用途				产　　　别					电　　话			
栋号	单元号	所在层次	户号	建筑结构	建成年份	套内面积/m²	公摊面积/m²	建筑面积/m²	墙体归属			产权来源
									东	南	西	北
房屋权界线示意图												

测绘人员：_____　　测绘日期：_____年_____月_____日

7.2.1 "幢"的概念

"幢"是房屋的计量单位，指一座独立的、包括不同结构和不同层次的房屋。

幢是房产调查的基本单位，也是房产要素测量的基本单位，其编号方法是以丘（宗地）为单位，从大门起，从左到右，从前到后，用数字1、2、……、n顺序按反S形编号。

房产测量中对"幢"的概念进行明确的区分具有重要的意义。"幢"区分的基本原则主要有：

（1）应同期规划、同期建设、同期验收。

理论上和实践操作中，同一幢楼应该是同期规划、同期建设和同期验收的，不同期规划、建设和验收的项目将各自独立，单独成幢。

（2）地面以上部分的基础、结构应为统一整体。

作为同一幢楼，地面以上部分的基础、结构应为统一整体，具体是指房屋的各个部分结构相连，即各个部分的梁、柱、墙、廊等相互联接在一起，不可分割。如果房屋各部分间互不相连，有互不相通的伸缩缝或隔墙作为明显界线，则可以将各部分独立分幢。

（3）房屋所占用的土地应为同一产权人。

根据有关规定：房屋所有权人与土地使用权人相一致的原则是房屋权属登记的基本原则。如果房屋所占用的土地分属于不同使用权人的多块土地上，且各土地使用权人的土地权属清楚，则该房屋不能作为一幢处理。

（4）有共同的共有共用设施。

"幢"的划分，对广大产权人而言，最重要的是对共有建筑面积的分摊计算的影响。如果房屋各部分之间没有共同的共有共用设施，那么，无论是作为一幢还是作为多幢，对共有建筑面积分摊计算的影响可以忽略不计。

7.2.2 "户"的概念

"户"是房产管理的最小产权单位，户的信息最重要，也最丰富。户作为一空间实体，在房产图中表现为一封闭的多边形。每一层对应一个分层分户图信息。

7.2.3 房屋相关名词术语

（1）假层。是指房屋的最上一层，四周外墙的高度一般低于正式层外墙的高度，内部房间利用部分屋架空间构成的非正式层，其高度大于 2.2 m 的部分，面积不足底层 1/2 的，叫作假层。

（2）气屋。利用房屋的人字屋架下面的空间建成，并设有老虎窗的叫作气屋。

（3）夹层和暗楼。建筑设计时，安插在上下两层之间的房屋叫作夹层。房屋建成后，利用室内上部空间添加建成的房间叫作暗楼。

（4）过街楼和吊楼。横跨里巷两边房屋建造的悬空房屋叫作过街楼；一边依附于相邻房屋，另一边有支柱建筑的悬空房屋叫作吊楼。

（5）阳台和挑廊。房屋建筑的上层，伸出屋外的部分，作为吸收阳光和纳凉使用的叫作阳台或眺台。阳台分为：外（凸）阳台、内（凹）阳台、凸凹阳台，绘图时把突出墙面的部位绘成虚线。

（6）天井和天棚。房屋内部的小块空间，无盖见天的叫做天井。天井上有透明顶棚覆盖的叫天棚。

7.2.4 房屋的权属

房屋权属包括权利人、权属来源、产权性质、产别、墙体归属、房屋权属界线草图。

房屋产权人（或称权利人）是指依法享有房屋所有权和该房屋占用范围内的土地使用权、房地产他项权利的法人、其它组织和自然人。

调查房屋产权人，一般应与有关房地产产籍资料所记载的依法建设或取得房屋所有权的法人其它组织或自然人名称或姓名保持一致，法人和其他组织名称按其法定名称完整注记，不得简化注记，自然人用身份证件上姓名注记，必要时同时调查注记曾用名、别名和化名。

房屋产别是根据产权占有不同而划分的类别。依据《房产测量规范》产别分类如表 7-2-2 所示。

表 7-2-2 房屋产别分类

一级分类		二级分类		含义
编号	名称	编号	名称	
10	国有房产			指归国家所有的房产。包括由政府接管、国家经租、收购、新建以及由国有单位用自筹资金建设或购买的房产。
		11	直管产	指由政府接管、国家经租、收购、新建、扩建的房产（房屋所有权已正式划拨给单位的除外），大多数由政府房地产管理部门直接管理、出租、维修，少部分免租拨借给单位使用。
		12	自管产	指国家划拨给全民所有制单位所有以及全民所有制单位自筹资金构建的房产。
		13	军产	指中国人民解放军部队所有房产。包括由国家划拨的房产、利用军费开支或军队自筹资金购建的房产。
20	集体所有房产			指城市集体所有制单位所有的房产。即集体所有制单位投资建造、购买的房产。
30	私有房产			指私人所有地房产。包括中国公民、港澳台同胞、海外侨胞、在华外侨民、外国人所投资建造、购买的房产，以及中国公民投资的私营企业（私营独资企业、私营合伙企业和限责任公司）所投资建造、购买的房产。
		31	部分产权	指按照房改政策，职工个人以标准价购买的住房，拥有部分产权。
40	联营企业房产			指不同所有制性质的单位之间共同组成新的法人经济实体所投资建造、购买的房产。

续表

一级分类		二级分类		含义
编号	名称	编号	名称	
50	股份制企业房产			指股份制企业所投资建造或购买的房产。
60	港、澳、台投资房产			指港、澳、台地区投资者以合资、合作或独资在祖国大陆创办的企业所投资建造或购买的房产。
70	涉外房产			指中外合资经营企业、中外合作经营企业和外资企业、外国政府、社会团体、国际性机构所投资建造或购买的房产。
80	其他房产			凡不属于以上各类别的房屋，都归在这一类，包括因所有权人不明，由政府房地产管理部门、全民所有制单位、军队代为管理的房屋以及宗教用房等。

7.2.5 房屋的位置

房屋的位置包括房屋的坐落、所在层次。

房屋用地坐落是指其在实地的由民政部门统一命名的行政区划名称和自然街道名称以及由公安部门统一订立的门牌号。

7.2.6 房屋的质量

房屋的质量包括层数、建筑结构、建成年份。

房屋层数是指房屋的自然层数。

房屋建筑结构是建筑学术语，指根据房屋的梁、柱、墙等主要承重构件的建筑材料划分类别（见表 7-2-3）。

表 7-2-3 房屋建筑结构

分类		内容
编号	名称	
1	钢结构	承重的主要构件是用钢材料建造的，包括悬索结构。
2	钢、钢筋混凝土结构	承重的主要构件是用钢、钢筋混凝土建造的。如一幢房屋一部分梁柱采用钢、钢筋混凝土构架建造。
3	钢筋混凝土结构	承重的主要构件是用钢筋混凝土建造的。包括薄壳结构、大模板现浇结构及使用滑模、升板等建造的钢筋混凝土结构的建筑物。
4	混合结构	承重的主要构件是用钢筋混凝土和砖木建造的。如一幢房屋的梁是用钢筋混凝土制成，以砖墙为承重墙，或者梁是用木材建造，柱是用钢筋混凝土建造。
5	砖木结构	承重的主要构件是用砖、木材建造的。如一幢房屋是木制房架、砖墙、木柱建造的。
6	其他结构	凡不属于上述结构的房屋都归此类。如竹结构、砖拱结构、窑洞等

7.2.7 房屋的用途

房屋的用途是指房屋目前的实际用途，也就是指房屋现在的使用状况（见表7-2-4）。

表 7-2-4 房屋用途分类标准

一级分类		二级分类		内容
编号	名称	编号	名称	
10	住宅	11	成套住宅	指由若干卧室、起居室、厨房、卫生间、室内走道或客厅等组成的供一户使用的房屋。
		12	非成套住宅	指人们生活居住的但不成套的房屋。
		13	集体宿舍	指机关、学校、企事业单位的单身职工、学生居住的房屋。集体宿舍是住宅的一部分。
20	工业交通仓储	21	工业	指独立设置的各类工厂、车间、手工作坊、发电厂等从事生产活动的房屋。
		22	公用设施	指自来水、泵站、污水处理、变电、燃气、供热、垃圾处理、环卫、公厕、殡葬、消防等市政公用设施的房屋。
		23	铁路	指铁路系统从事铁路运输的房屋。
		24	民航	指民航系统从事民航运输的房屋。
		25	航运	指航运系统从事水路运输的房屋。
		26	公交运输	指公路运输、公共交通系统从事客、货运输、装卸、搬运的房屋。
		27	仓储	指用于储备、中转、外贸、供应等各仓库、油库用房。
30	商业金融信息	31	商业服务	指各类商店、门市部、饮食店、粮店、菜场、理发店、照相馆、浴室、旅社、招待所等从事商业和为居民生活服务所用的房屋。
		32	经营	指各种开发、装饰、中介公司等从事各类经营业务活动所用的房屋。
		33	旅游	指宾馆、饭店、乐园、俱乐部、旅行社等主要从事旅游服务所用的房屋。
		34	金融保险	指银行、储蓄所、信用社、信托公司、证券公司、保险公司等从事金融服务所用的房屋。
		35	电讯信息	指各种邮电、电讯部门、信息产业部门，从事电讯与信息工作所用的房屋。
40	教育医疗卫生科研	41	教育	指大专学院校、中等专业学校、中学、小学、幼儿园、托儿所、职业学校、业余学校、干校、党校、进修院校、工读学校、电视大学等从事教育所用的房屋。
		42	医疗卫生	指各类医院、门诊部、卫生所（站）、检（防）疫站、保健院（站）、疗养院、医学化验、药品检验等医疗卫生机构从事医疗、保健、防疫、检验所用的房屋。

续表

一级分类		二级分类		内容
编号	名称	编号	名称	
40	教育医疗卫生科研	43	科研	指各类从事自然科学、社会科学等研究设计、开发所用的房屋。
50	文化娱乐体育	51	文化	指文化馆、图书馆、展览馆、博物馆、纪念馆等从事文化活动所用的房屋。
		52	新闻	指广播电视台、电台、出版社、报社、杂志社、通讯社、记者站等从事新闻出版所用的房屋。
		53	娱乐	指影剧院、游乐场、俱乐部、剧团等从事文娱演出所用的房屋。
		54	园林绿化	是指公园、动物园、植物园、陵园、苗圃、花圃、花园、风景名胜、防护林等所用的房屋。
		55	体育	指体育场、馆、游泳池、射击场、跳伞塔等从事体育所用的房屋。
60	办公	61	办公	指党、政机关、群众团体、行政事业单位等行政、事业单位所用的房屋。
70	军事	71	军事	指中国人民解放军军事机关、营房、阵地、基地、机场、码头、工厂、学校等所用的房屋。
80	其他	81	涉外	指外国使、领馆、驻华办事处等涉外所用的房屋。
		82	宗教	指寺庙、教堂等从事宗教活动所用的房屋。
		83	监狱	指监狱、看守所、劳改场（所）等所用的房屋。

7.2.8 房屋的数量

房屋的数量包括房屋占地面积、房屋用地面积、建筑面积、使用面积、共有建筑面积、房屋产权面积、宗地内的总建筑面积（简称总建筑面积）、套内建筑面积等。

（1）房屋占地面积（基底面积）。房屋的建筑占地面积是指房屋底层外墙（柱）外围水平面积，一般与底层房屋建筑面积相同。

（2）房屋用地面积。房屋占用和使用的全部土地面积，以宗为单位进行测算。

（3）建筑面积。建筑面积是指房屋外墙（柱）勒脚以上各层的外围水平投影面积，包括阳台、挑廊、地下室、室外楼梯等，且具备有上盖，结构牢固，层高 2.20 m 以上（含 2.20 m）的永久性建筑。

（4）使用面积。指房屋内部全部可供使用的空间面积，按房屋的内墙面水平投影计算。包括直接为办公、生产、经营、生活使用的面积和辅助用房如厨房、厕所、壁柜、户内过道、户内楼梯、阳台、地下室、夹层、2.2 m以上暗楼等面积。

（5）共有建筑面积。指各产权主共同拥有的建筑面积。主要包括：2.2 m以上单车库、设备层或技术层、室内外楼梯、楼梯悬挑平台、内外廊、门厅、电梯及机房、门斗、有柱雨篷、突出屋面有围护结构的楼梯间、电梯间及机房、水箱等。

（6）房屋产权面积。指产权主依法拥有房屋所有权的房屋建筑面积。由房地产行政主管部门登记确权认定。

（7）总建筑面积。等于计算容积率的建筑面积和不计算容积率的建筑面积之和。计算容积率的建筑面积包括：使用面积、分摊共有面积、未分摊共有面积。面积测量计算资料中应明确区分计算容积率的建筑面积和不计算容积率的建筑面积。

（8）成套房屋建筑面积。由套内房屋使用面积、套内墙体面积、套内阳台面积三部分组成（多层为一套）。

（9）套内墙体面积：即墙体所占面积。若是共有墙，只计算一半墙体面积。

（10）套内阳台面积：按阳台外围与房屋墙体之间的水平投影面积计算。封闭阳台计算全部面积，未封闭阳台计算一半面积。

7.3 房产测量成果图件

房产图是房产产权、产籍管理的重要资料。按房产管理的需要可分为：房产分幅平面图（房产地籍图）、房产分丘（宗）平面图、房屋坐落分布示意图、房产分层平面图和房产分户平面图。

7.3.1 房地产分幅图

房地产分幅图按照《房产测量规范》的要求进行施测的，并全面反映土地及其房屋的位置、权属、界址状况、楼层结构以及与房地产管理有关的地形要素，如铁路、道路、桥梁、水系、城墙等地物。

房地产分幅图是核发房地产证及房地产管理的基础图件，是分丘（宗）图和分户图的基础图。为了管理的方便，以图幅为单位，在每一权属界线所封闭的地块上按《房产测量规范》规定编号。

城镇建成区的分幅图一般采用 1∶500 比例尺，图幅大小一般采用 50 cm×50 cm 的正方形分幅（见图 7-3-1）。

7.3.2 房产分丘（宗）图

房产分丘（宗）是以产权人（单位）的房屋、用地的权属使用范围为单位所测量的平面图，它反映房地的坐落位置、权属界址、四邻关系、边长、楼层结构、地号、用地面积、建筑面积等要素，是分幅图的局部图（见图 7-3-2）。

7.3.3 房屋坐落分布示意图

房屋面积测算报告中如系多幢房屋面积测算，应绘制多幢房屋的坐落分布示意图；房屋坐落分布示意图可根据已有的地形图、地籍图、房屋的规划图等图件编绘。图面和注记内容包括：房屋坐落（含周邻街、巷相对位置的平面表示）、房屋名称、建成年份、准确的房屋四至街道名称、绘图比例尺（可为概略比例尺）等，并要求加绘指北方向线（见表 7-3-1）。

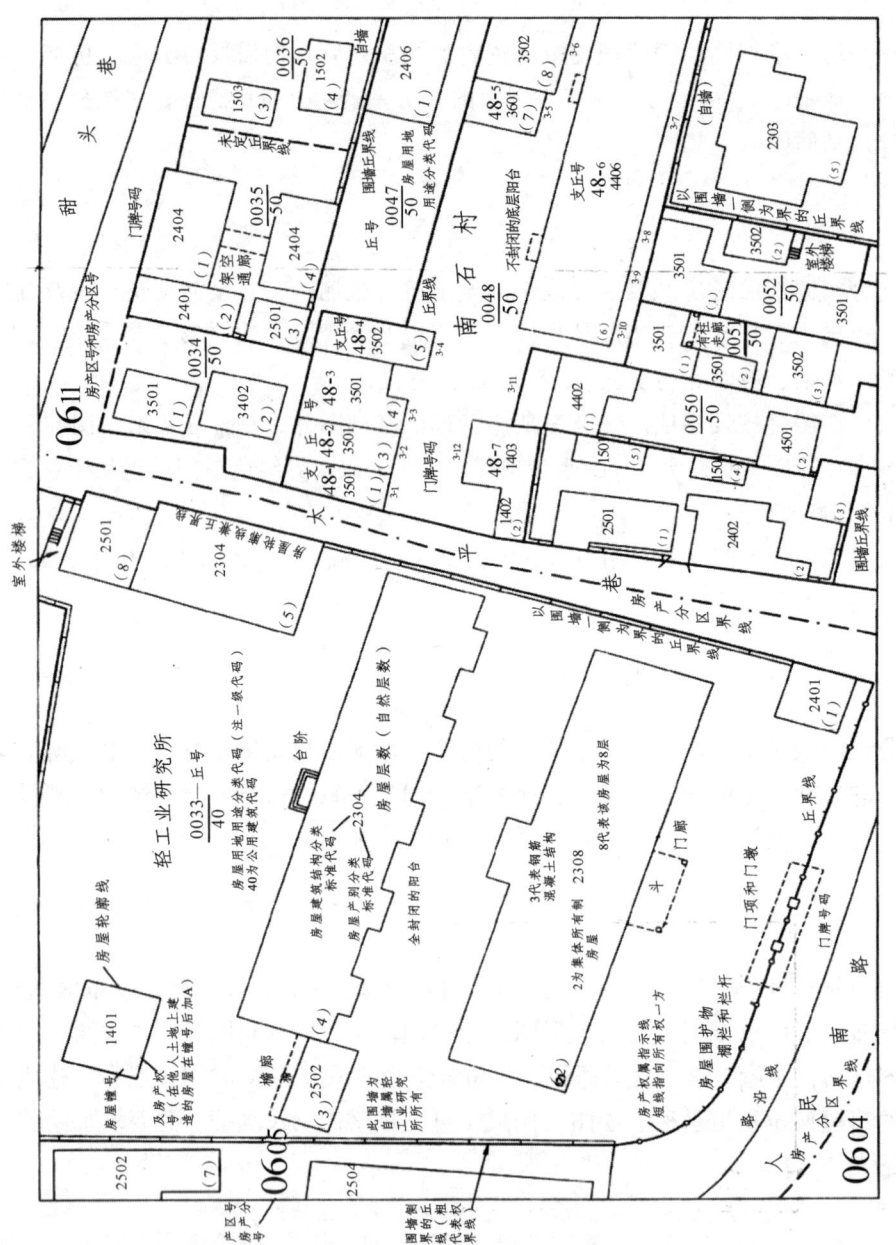

图 7-3-1 房产分幅平面图 1:500

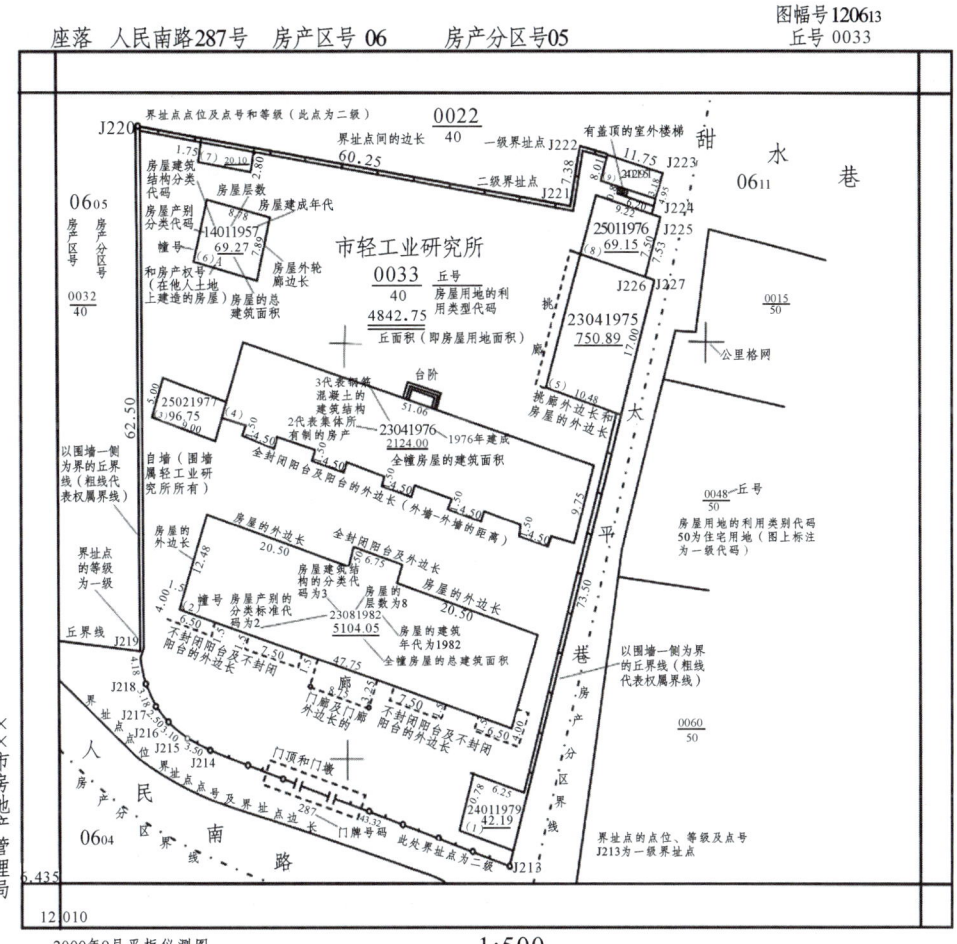

图 7-3-2 房产分丘（宗）平面图

表 7-3-1　房屋的坐落分布示意草图

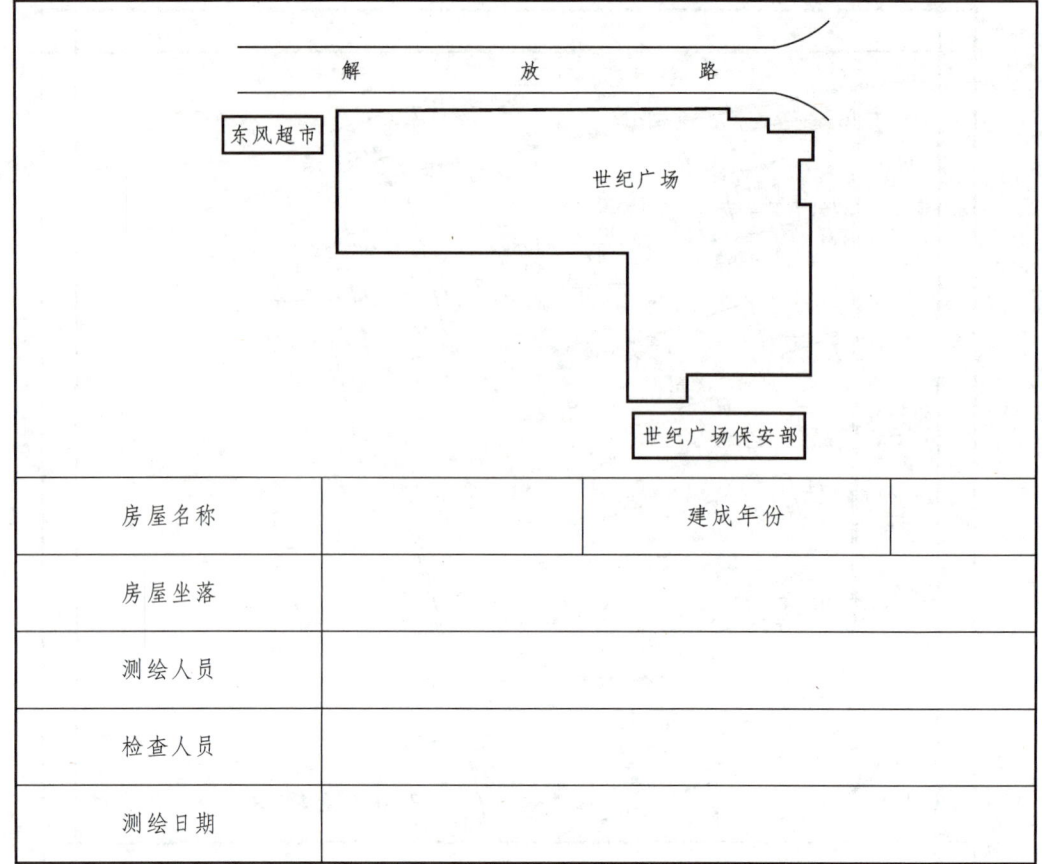

房屋名称		建成年份	
房屋坐落			
测绘人员			
检查人员			
测绘日期			

7.3.4　房屋分层平面图

分层图应标注比例尺，一栋房屋的各层平面图宜采用同一个比例尺，并标注指北方向。

各层图形应注明第×层或地下室、夹层、平台层等层次名称；夹层须注明第×层的夹层。

房屋的阳台、外走道、室外楼梯等，其线条粗细、虚实都应按《房产测量规范》要求绘制在各分层图上。

一般从下至上绘制房屋的一层到顶层的分层图。如果一张不够，可用多张绘制，然后一起装订。如果有几层的外围形状大小及数据完全相同，可只绘低层图形，并注明"×—×层"（见表 7-3-2）。

表 7-3-2 房屋分层图

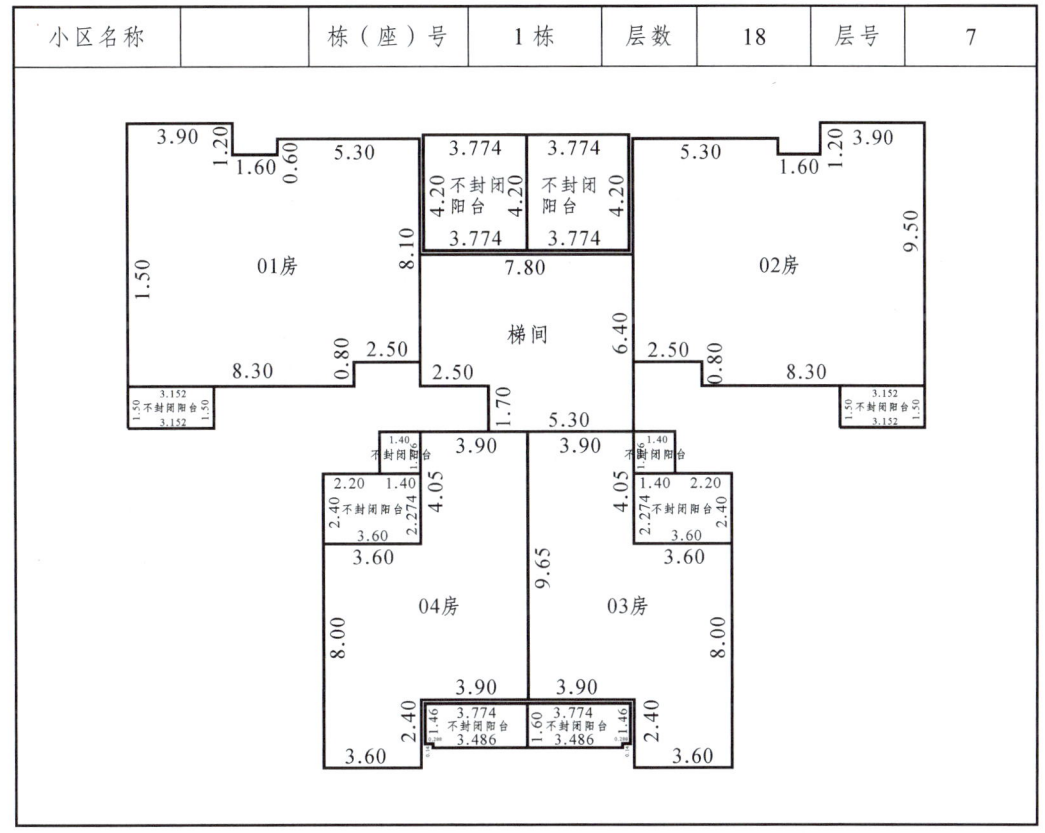

7.3.5 分户图的绘制

分户图是在分层图的基础上绘制的细部图，以一户产权人为单位，表示该套房屋的平面尺寸及周围关系，以明确毗连房屋的权利界线，供核发房屋所有权证的附图使用。

以户为单位绘制分户图（当第 i 至 n 各层分户户型完全相同时，第 $i+1$ 至 n 各层分户图以第 i 层代替，并在第 i 层后简注（第 $i+1$ 至 n 层同）（$i=1$、2、3、…、n）。

跃层、复式房屋的分户图应在同一张图纸上绘制。

房屋内有层高低于 2.20 m 的部位，应以虚线区分其范围，注记边长，且在其范围内注记"层高小于 2.20 m"。如表 7-3-3 所示。

表 7-3-3　房产分户图

共×页　第×页

丘　　号		结　　构	钢筋混凝土	套内面积/m²	105.79
栋（座）号	1栋	层　　数	18	公摊面积/m²	20.91
户　　号	202房	层　　号	2	建筑面积/m²	126.70
房屋坐落					

制　表　者：　　　　　　　　　　　　　　测绘单位：

测绘日期：　　年　月　日

7.4 房屋勘丈

7.4.1 房屋勘丈

房屋面积数据采集主要指房屋的边长采集，也可直接采集房角点的坐标。边长或坐标数据是计算房屋面积的主要依据，根据房屋数据来源的不同，将其计算所得的面积分为"预测面积"和"实测面积"两类。

7.4.1.1 房屋预测面积

预测面积是指在商品房期房（有预售销售证的合法销售项目）销售中，根据国家规定，由房地产主管机构认定具有测绘资质的房屋测量机构，主要依据施工图纸、实地考察和国家测量规范对尚未施工的房屋面积进行一个预先测量计算的行为，它是开发商进行合法销售的面积依据。

7.4.1.2 房屋实测面积

实测面积是指商品房竣工验收后，工程规划相关主管部门审核合格，开发商依据国家规定委托具有测绘资质的房屋测绘机构参考图纸、预测数据及国家测绘规范之规定对楼宇进行的实地勘测、绘图、计算而得出的面积。是开发商和业主的法律依据，是业主办理产权证、结算物业费及相关费用的最终依据。

7.4.1.3 房屋数据采集

1. 预售测量房屋数据采集

（1）数据来源：房屋建筑设计图纸、房屋销售方案说明、建设单位提供的其他资料。
（2）数据采集方法：
① 从建筑施工图上采集房屋边长数据时，应对对应边进行校核，对分段边长之和与总长度进行校核。
② 图纸尺寸经校核后可以直接采集。
③ 房屋的拐角无特殊注明或说明的，一律视为直角，其组成的房屋按矩形采集边长并计算面积。
④ 局部位置无标注尺寸并无法通过其他相关数据计算得出，应向建设单位说明，获取相应的数据。

2. 竣工测量房屋数据采集

（1）边长采集工具。
现阶段我国的房屋建筑结构一般以矩形为主，亦有一些圆形、半圆形、弧形、梯形、三角形等略为复杂的形状，但基本上都是一些简单规则的几何图形的组合。房屋边长采集常采用钢尺、玻璃纤维皮尺或手持测距仪。边长测量时，从建筑本身的过程与要求来看，精度不高，出现几厘米的施工误差是很正常的。

（2）边长数据采集。

①测量过程应遵循先整体、后局部，先外后内的原则。

②测量所得的边长数据应记录在边长记录手薄上或注记在草图上（见表7-4-1）。

③测点两端应选取房屋的相同参考点，测点位置一般应位于墙体100±20 cm 高处。

④房屋边长丈量，量至 cm。

⑤测量时，测量仪器或钢尺两端应处于水平状态，测量边长应在不同位置独立测量两次，两次读数较差的限差按表7-4-3的要求。

⑥对于超过钢尺或测距仪测程的应分段进行，往返丈量分别计算边长总和应在限差范围内取中数，限差按表7-4-3的要求。组合边长，应保持各测段处于一条直线上。

⑦丈量内边长应与外边长相比较，房屋分段长之和与房屋总边长之差，在 100 m 以内的限差一般控制在 5 cm 以内。边长数据平差处理见表7-4-2。

表7-4-1　房屋平面测量草图

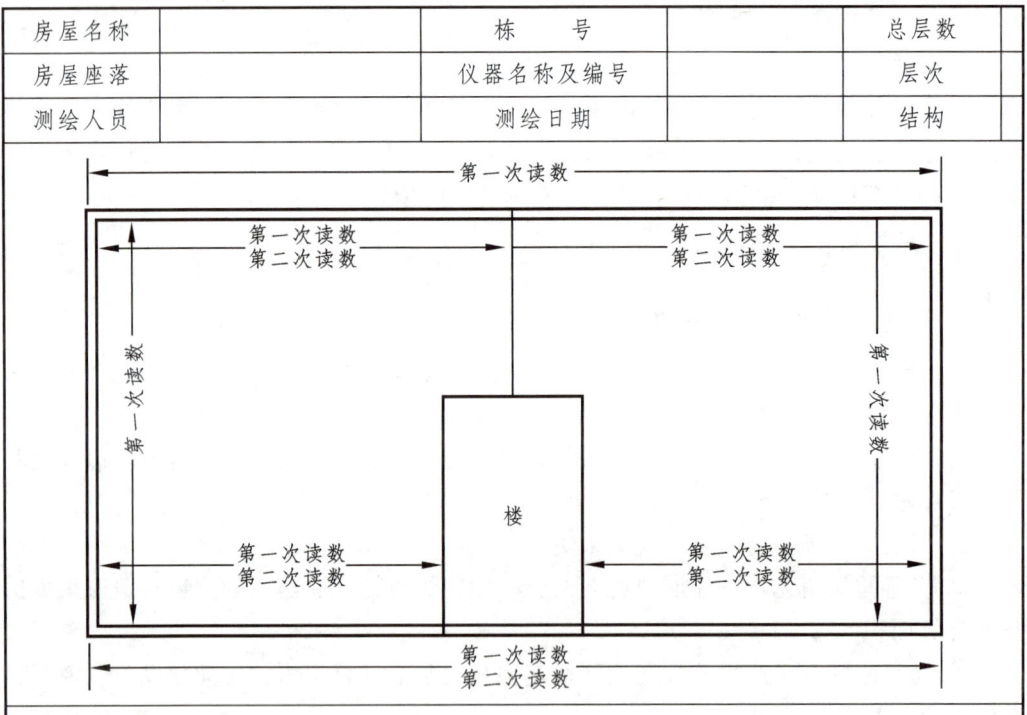

备注：

①面积计算说明：主要说明层内各部分面积的组成及计算全部建筑面积的部分、计算一半建筑面积的部分、不计算建筑面积的部分、应扣除面积的部分。

②共有共用面积各部分的归属说明：a. 本层内由栋分摊的部分；b. 本层内由功能区分摊的部分；c. 本层内由层分摊的部分；d. 本层内不能分摊的部分。

③每条边应注明边号。

④其他说明。

（3）边长数据平差处理表（见表7-4-2）。

表 7-4-2 边长数据平差处理表

房屋名称：　　　　　栋号：　　　　　单元号：　　　　　层次：　　　　　房号：　　　　　单位：m

边号	测量边长	中数	配赋值	平差值	墙厚（含抹灰）	实测边长	设计边长	较差	限差	采用边长

说明：1. 确定抹灰层、外墙装饰贴面的厚度。
　　　2. 房屋外廓边长与分段丈量边长平差计算说明。

计算者：　　　　　　年　月　日　检查者：　　　　　　　　　　年　月　日

7.4.2 房屋建筑面积测算基本精度

根据《房产测量规范》中的规定，房屋面积的精度分为 3 级，根据实践和实际的要求，一般采用2个精度等级，即采用二级、三级精度标准（见表7-4-3、表7-4-4）。

（1）有特殊要求的用户和城市商业中心黄金地段可采用一级精度。
（2）对新建商品房建筑面积测算精度采用二级精度要求。
（3）对其他房产建筑面积测算精度采用三级中误差。

表 7-4-3 对应于房屋面积误差的边长测量误差限差

房屋面积的精度等级	边长测量的中误差/m	边长测量误差的限差/m	限差计算举例			
			$D=10.00$	$D=22.36$	$D=31.62$	$D=50.00$
一级	$\pm(0.007+0.0002D)$	$\pm(0.014+0.0004D)$	0.02	0.02	0.03	0.03
二级	$\pm(0.014+0.0007D)$	$\pm(0.028+0.0014D)$	0.04	0.06	0.07	0.10
三级	$\pm(0.028+0.002D)$	$\pm(0.056+0.004D)$	0.10	0.15	0.15	0.26

表 7-4-4　房屋面积测算中误差与限差

房屋面积的精度等级	房屋面积中误差	房屋面积误差限差
一级	$\pm(0.01\sqrt{s}+0.0003S)$	$\pm(0.02\sqrt{s}+0.0006S)$
二级	$\pm(0.0\sqrt{s}+0.003S)$	$\pm(0.04\sqrt{s}+0.002S)$
三级	$\pm(0.04\sqrt{s}+0.003S)$	$\pm(0.08\sqrt{s}+0.006S)$

7.5 房屋建筑面积计算规则

7.5.1 房屋面积测算规则

根据我国现行《房产测量规范》(GB/T 17986.1—2000)房屋建筑面积测算范围可以分为计算全部建筑面积(折减系数为 1)、计入一半建筑面积的范围(折减系数为 0.5)和不计算建筑面积三类。各类面积测算必须独立测算两次,最终面积保持两位有效数字,单位为 m^2,满足相应的精度。测绘仪器必须在检定的有效期内才能使用。

1. 计算建筑面积应具备以下普遍性的条件

(1)应具有上盖;
(2)应有围护物;
(3)结构牢固,属永久性的建筑物;
(4)层高在 2.20 m 以上(含 2.20 m);
(5)可作为人们生产或生活的场所。

2. 计算全部建筑面积的范围

(1)永久性结构的单层房屋按一层计算建筑面积。单层房屋内如带有部分楼层者,符合规则一般规定的亦应计算建筑面积。

(2)多层和高层房屋按各层建筑面积的总和计算。

(3)房屋内的技术层(管道层、附层、夹层等)层高在 2.20 m 以上的按其墙外水平面积计算。

(4)穿过房屋的通道,房屋内的门厅、大厅均按一层计算建筑面积。门厅、大厅内的回廊部分,层高在 2.20 m 以上的,按其水平投影面积计算建筑面积。

(5)楼梯、楼梯间、电梯(观光梯)井、提物井、垃圾道、管道井等均按房屋自然层计算建筑面积。

(6)属永久性结构有上盖的室外楼梯,按各楼层外围水平投影面积计算。

(7)房屋屋面上属永久性建筑,层高在 2.20 m 以上的楼梯间、水箱间、电梯机房按外围水平面积计算。

(8)原始设计斜面结构屋顶下加以利用的空间,高度在 2.20 m 以上的部位,按其外围水平投影面积计算。

(9)挑楼、全封闭的阳台接外围水平投影面积计算。

(10)与房屋相连的有柱走廊、两房屋间有上盖和柱的走廊,均按柱外围水平面积计算。

(11)房屋间永久性的、封闭的架空通廊,按外围水平投影面积计算。

(12)层高在 2.20 m 以上的地下层(地下室、半地下室、地下车库、地下商场等)及其相应出入口,按其外墙(不包括采光井、防潮层及保护墙)外围水平面积计算。

（13）有柱或围护结构的门廊、门斗，按其柱或围护结构外围水平面积计算。

（14）玻璃幕墙、金属幕墙以及其他材料幕墙等作为房屋外墙的，按其外围水平面积计算建筑面积。既有主墙体又有幕墙时，以主墙体为准计算建筑面积。其墙厚亦按主墙体厚度计算。

（15）属永久性建筑层高在 2.20 m 以上有柱的车棚、货棚等按柱外围水平面积计算。

（16）与房屋相通的有柱雨蓬按柱外围水平面积计算。雨蓬上盖面积小于柱外围水平面积时，按上盖水平投影面积计算。

（17）室内体育馆按实际层数计算建筑面积。体育馆（场）看台下空间加以利用的，高度在 2.20 m 以上的部位，按其外围水平投影面积计算建筑面积（多层按多层计）。

（18）机械车库不论其高度和停放层数，均按一层计算。

（19）依坡地建筑的房屋，利用吊脚做架空层有围护结构的，按其高度在 2.20 m 以上部位的外围水平投影面积计算。

（20）房屋的伸缩缝，若与室内相通的，伸缩缝计算建筑面积。

3. 计算一半建筑面积的范围

（1）与房屋相连有上盖无围护结构的走廊、檐廊，按其围护结构外围水平面积的一半计算。

（2）独立柱、单排柱的门廊、雨篷、车棚、货棚等，按其上盖水平投影面积的一半计算。

（3）未封闭的阳台、挑廊，按其围护结构外围水平投影面积的一半计算建筑面积。当围护结构向内倾斜时，按围护结构上沿外围水平投影面积的一半计算建筑面积；当围护结构向外倾斜或外凸时，按底板外沿水平投影面积的一半计算。

（4）无顶盖的室外楼梯按各楼层外围水平投影面积的一半计算。

（5）有顶盖不封闭的架空通廊，按其外围水平投影面积的一半计算。

4. 不计算建筑面积的范围

（1）层高小于 2.20 m 的房屋及房屋附属部位。

（2）突出房屋墙面的构件、配件、装饰柱、垛、勒脚、台阶、无柱雨棚等，以及有主墙体的玻璃幕、金属幕及其他材料幕墙。

（3）房屋之间无上盖的架空通廊。

（4）房屋的天面、挑台，房屋天面上的花园、泳池。

（5）顶层挑台的底板局部是下层房屋的上盖时，挑台整体不计算建筑面积。

（6）房屋的平台、花台、晒台及与室内不相通的类似于阳台、挑廊、檐廊等。

（7）建筑物内的操作平台、上料平台及利用建筑物的空间安置箱、罐的平台。

（8）骑楼、过街楼的底层用作道路街巷通行的部分；临街楼房挑廊下用作社会公共通道的，不论其是否有柱，是否有围护结构，都不计算建筑面积。

（9）屋面上有柱有盖但无围护结构的一些观景建筑设施。

（10）利用引桥、高架路、高架桥路面作为顶盖的建筑。

（11）广场式室外楼梯。

（12）独立烟囱以及亭、塔、罐、池、地下人防干、支线。

（13）与房屋室内不相通的房屋间伸缩缝。

7.5.2 房屋用地面积测算规则

用地面积测算的范围用地面积以丘（宗地）为单位进行测算，包括房屋占地面积、其他用途的土地面积测算，各项地类面积的测算。

下列土地不计入用地面积：

（1）无明确使用权属的冷巷、巷道或间隙地。

（2）市政管辖的道路、街道、巷道等公共用地。

（3）公共使用的河涌、水沟、排污沟。

（4）已征用、划拨或者属于原房地产证记载范围，经规划部门核定需要作市政建设的用地。

（5）其他按规定不计入用地的面积。

7.5.3 房地产面积计算举例

例题1：有一栋三层半钢筋混凝土结构的房屋，各尺寸丈量结果已注记在图 7-5-1 中，试计算该栋房屋的用地面积、建筑基底面积和房屋建筑面积。单位：长度 m、面积 m^2。

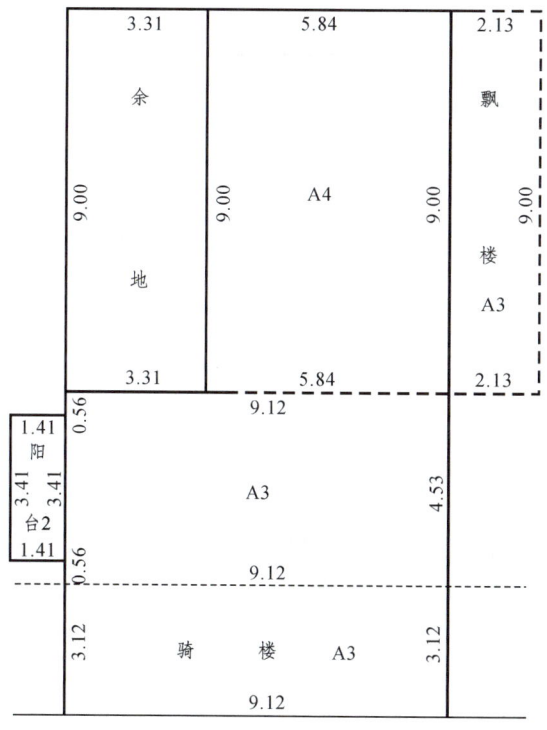

图 7-5-1 房屋尺寸

计算如下：

A4：5.81×9.01=52.348 1

A3：4.53×9.12=41.313 6

骑楼 A3：3.12×9.12=28.454 4

飘楼 A3：2.13×9.01=19.191 3

不封闭阳台 2：1.41×3.41=4.808 1

余地：3.31×9.01=29.823 1

房屋用地面积：52.348 1+41.313 6+28.454 4+29.823 1=151.939 2

建筑基底面积：151.9392−29.8231=122.116 1

总建筑面积：52.348 1×4+41.313 6×3+28.454 4×2+19.1913×3+(4.808 1×2)×0.5= 452.624 0

例题 2：有一双隅二层房屋，第二层有一阁楼，试按照图 7-5-2 中所示尺寸，计算阁楼的有效建筑面积，并计算该房屋的用地面积、建筑基底面积及总建筑面积。单位：长度 m，面积 m^2。

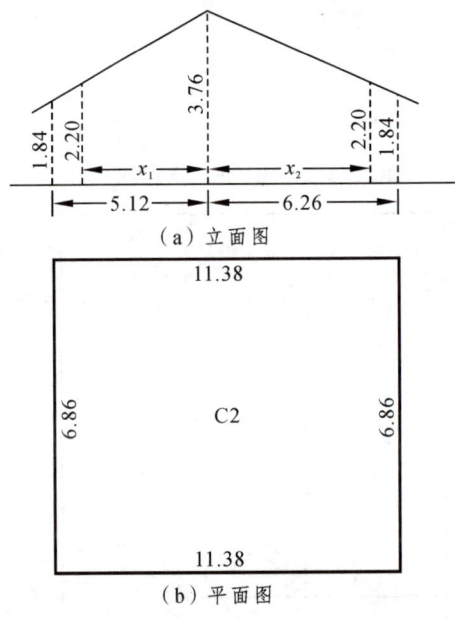

图 7-5-2　房屋尺寸

计算如下：

x_1=5.12×(3.76−2.20)/(3.76−1.84)= 4.16

x_2=6.26×(3.76−2.20)/(3.76−1.94)= 5.37

阁楼有效建筑面积：(4.16+5.37)×6.86=65.375 8

用地面积、建筑基底面积 C2：11.38×6.86=78.066 8

总建筑面积：78.066 8×2+65.375 8=221.509 4

7.6 我国房地产建筑面积分摊计算

7.6.1 房屋共有建筑面积的认定

共有建筑面积由两部分构成：即应分摊的共有面积和不应分摊的共有面积。

应分摊的共有面积主要有室内外楼梯、楼梯悬挑平台、内外廊、门厅、电梯房及机房，多层建筑物中突出屋面结构的楼梯间、有维护结构的水箱等。

不应分摊的共有面积是前款所列之外，建筑报建时未计入容积率的共有面积和有关文件规定不进行分摊的共有面积，包括机动车库、非机动车库、消防避难层、地下室、半地下室、设备用房、梁底标高不高于 2 m 的架空结构转换层和架空作为社会公众休息或交通的场所等。

在房屋面积计算时，对于应分摊的共有面积，如果多个权利人拥有一栋房屋，则要求分户分摊；如果一个权利人拥有一栋房屋，则要求分层分摊，即使用面积按层计算，房屋的共有面积按层分摊。

由于房地产市场交易、抵押代款等适应社会经济发展的各种经济活动形式的存在，对应分摊共有面积进行分摊时必须符合有关法律、法规的要求，严格按技术规程的要求进行计算。

无论从理论上，还是从实际情况看，自然层数等于或大于 2 的建筑物，一定有共有面积。如果在房屋调查报告中无共有面积，则这份报告是不合格的，是不能使用的。

7.6.2 房屋共有面积的分摊原则

（1）按文件或协议分摊。

有面积分割文件或协议的，应按其文件或协议分摊。这种情况一般是对一栋房屋有两个以上权利人而言，在实际情况中并不多见。

（2）按比例分摊。

无面积分割文件或协议的，按其使用面积的比例进行分摊，即：

各单元应分摊的共有面积=分摊系数 K×各单元套内建筑面积

其中，K=应分摊的共有面积/各单元套内建筑面积之和

（3）按功能分摊。

对有多种不同功能的房屋（如综合楼、商住楼等），共有面积应参照其服务功能进行分摊，具体如下：

① 对服务于整个建筑物所有使用功能的共有面积应共同分摊，否则按其所服务的建筑功能分别进行分摊。

② 住宅平面以外，仅服务于住宅的共有面积（电梯房、楼梯间除外）应计入住宅部分进行分摊。住宅平面以外的电梯间、楼梯间，仅服务于住宅部分，但其通过其他

建筑功能的楼层，则按住宅部分面积和其他建筑面积的各自比例分配相应的分摊面积。

③ 建筑物报建时计入容积率的其他共有面积均应分摊。

④ 共有面积的分摊除有特殊规定外，一般按所服务的功能进行分摊，分摊时凡属本层的共有面积只在本层分摊，服务于整栋的共有面积整栋分摊，只为某部分建筑物服务的共有部分只在该部分分摊。

⑤ 建筑物天顶部分的共有面积，如无特别要求，无条件整栋建筑物分摊。

7.6.3 房屋产权面积计算与分摊示例

此案例为一纯住宅楼，一梯两户，每层四户，全幢共 5 层（见表 7-6-1）。户号从一层西边起顺编，从下往上顺编，从 1 到 20 号，各层套型相同，除阳台尺寸为外尺寸外，其他尺寸均为中线尺寸，阳台不封闭。

表 7-6-1 成套房屋的分层图

丘号	0048-6	结构	混合	套内建筑面积	
幢号	6	层数	5	共有分摊面积	
户号	20	层次	5	产权面积	
坐落			某路某巷 38 号		

阳台尺寸为外尺寸，单位为 m，是墙的外边沿至另一墙的外边沿长度。
其他尺寸均为中线尺寸，是墙的中线至另一墙中线之间长度。
本幢房屋的墙厚为 0.28 m。阳台为不封闭阳台。
比例尺 1∶200

测绘者		检查者	

（1）房屋边长尺寸检查。
北边=5.21+2.42+5.21+5.21+2.42+5.21=25.68

南边=6.42+6.42+6.42+6.42=25.68

（2）计算套内建筑面积。

ST′=1.21×5.51+5.21×10.03=58.923

$S_{台1}$=3.71×1.37/2=2.541

$S_{台2}$=3.56×1.37/2=2.439

ST1=ST′+$S_{台1}$=59.923+2.541=61.464

ST2=ST′+$S_{台2}$=61.362

总套内建筑面积=ST1×10+ST2×10=1 228.260

（3）计算幢的共有建筑面积。

一半墙体面积=($a_{外} \times b_{外} - a_{中} \times b_{中}$)×5=50.386

楼梯间面积=2.42×4.52×2×5=109.384

幢共有建筑面积=159.770

（4）计算全幢建筑面积。

全幢建筑面积=$a_{外} \times b_{外}$×5+$S_{台1}$×10+$S_{台2}$×10=1 388.038

（5）检核。

全幢建筑面积=1 388.038

总套内建筑面积+幢共有建筑面积=159.770+1 228.260=1 388.030

与总建筑面积相比较，相差 0.008 m²，允许误差为 0.000 5×20=0.010，属于凑整误差，符合要求。

（6）幢共有建筑面积的分摊系数。

$$K_Z = \frac{幢共有建筑面积}{总套内建筑面积} = 159.770/1\ 228.260 = 0.130\ 078$$

（分摊系数保留 6 到 8 位小数。）

（7）计算各套房屋产权面积。

SQ1=ST1×(1+K_Z)=69.46

SQ2=ST2×(1+K_Z)=69.34

（8）检核。

全幢建筑面积=1 388.038

各套产权面积之和=1 388.000

与总建筑面积相比较，相差 0.038 m²，允许误差为 0.005×20=0.10，属于凑整误差，符合要求。

如果一幢楼各层的套型一致，共有建筑面积也相同，例如普通的住宅楼，则没有必要对共有建筑面积进行分类，可一幢为单位，按幢进行一次共有建筑面积的分摊，直接要求各套的分摊面积。也可按层计算套内面积及共有建筑面积，按层进行一次共有建筑面积的分摊，直接求得各套的分摊面积，从而计算出各套的产权面积。

7.6.4 房屋用地面积的分摊

近几年来，在城市的中心商业区，建筑物不仅多层、高层化，建筑物各层用途也是多元化。人们的活动还向地下发展，出现了地下商场地下停车库地下人防等。同时，土地使用权面积、建筑面积以及土地面积分摊等方面的投诉与日俱增，不动产面积测绘越来越被人们所关注。整座建筑物占用的土地只有一块，在实物形态上是不可分的，当这座建筑物的开发商售出其中的某一部分，该块土地使用权的相应份额也随之转移，最后购得这座建筑物的众多所有者按份共有该块土地的使用权。土地面积分摊在土地有偿使用过程中是经常见到的一项工作，因此土地面积分摊计算是否公平合理，显得尤为重要。

在土地面积计算时，往往会遇到分摊的问题，当各权利人在获得产权时已签订了合约，明确各权利人应拥有的房地产份额或面积，登记时，则按合约明确的份额或面积计算各权利人的用地面积；如果原没有明确各权利人的用地面积，则以各权利人拥有的房屋建筑面积按比例分摊土地面积。分摊时，先分摊基底面积，然后分摊公共面积。下面给出常见的土地面积分摊方法：

（1）分摊基底面积（建筑占地面积）的计算公式为：

分摊基底面积=（本栋基底面积/本栋建筑面积）×权利人建筑面积

（2）分摊共用面积的计算公式为：

分摊共用面积=[（共用使用权面积-宗地总基底面积）/宗地总建筑面积]×权利人建筑面积

当共用使用权宗地中部分权利人拥有自购花园时，则在计算分摊共用面积时用下式：

分摊共用面积=[（共用使用权面积-宗地总基底面积-自购花园面积）/宗地总建筑面积]×权利人建筑面积

宗地中若具有不同土地类别且没有按类别划分宗地的，如需计算土地分类面积，可以现场丈量测算或在利用软件在图件上测算，并按建筑面积分摊，各类用地面积之和应等于总用地面积。

当宗地按用途批准建设时，对于为主要用途服务的配套设施用地可不分类计算。例如，住宅用地里的小花园、绿化地、通行道路等，工业用地里的道路、绿化地、职工食堂及单身宿舍等。

当只有一个权利人的宗地内房屋的用途不同时，如地面上能划清界线，则按上述方法处理，否则，按不同用途的房屋的建筑面积分摊土地面积，如综合性大楼（多为商业、办公、住宅混合型大楼）分摊方法同前。

7.6.5 房地产面积分摊软件

下面以房测之友 BMF 为例，介绍房地产面积分摊软件。

"房测之友 BMF"是以 AutoCAD 作为底层平台，以大型数据库 SQL Server（或

ORACLE）进行数据管理，可以进行房产测绘工程管理、房产信息采集、房产图形绘制、房屋面积分摊计算及相关统计查询和报表制作等功能的专业房产测绘软件。

商品房面积分摊计算的基本流程如下：

（1）新建测绘工程项目信息；

（2）新建幢信息、楼层信息、单元信息和新建幢的标准信息图；

（3）绘制商品房建筑楼的分层平面图图形；

（4）设置当前楼层；

（5）添加实体面积线属性；

（6）划分分摊区；

（7）指定分摊关系；

（8）面积分摊计算；

（9）查看分摊结果；

（10）分摊检查、面积检核；

（11）生成报表和分户图等成果；

（12）检查提交；

（13）审核；

（14）复审。

测绘信息包括项目信息、幢信息及楼层户室单元信息。项目可以包含一幢也可以是多幢。一般把测绘部门收取的一个委托案件设定为一个工程项目。

BMF 新建工程项目

1. 新建项目信息

点击菜单"工程"下的"测绘信息"，设置项目信息、幢信息、楼层户室信息（见图 7-6-1）。

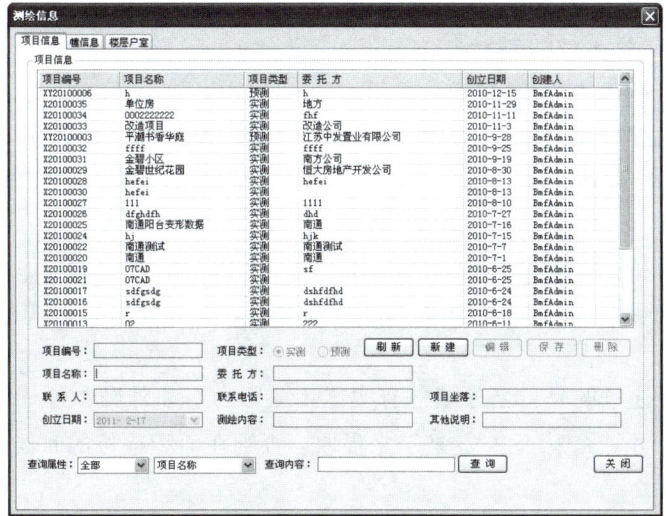

图 7-6-1　测绘信息

在这里需要特别注意的是：如果出现不计自然层数的实体，我们可以在楼层信息那里增加一个 0 层来处理。如果出现夹层、阁楼层，也不计算自然层数，我们可以在楼层信息处增加非整数的楼层。如 1.1（1 层夹层）, 1.2、1.3（1 层复式），1.4、1.5（1 层阁楼）。

在楼层信息处，出现了一个"名义层"的设置，是这个意思：当本应该是 2 层的实体，结果在进行户室编号的时候，需要体现为 101、102、103 这样的格式。那么我们就可以把 2 层的名义层设置为 1，则在提取添加 2 层户室的面积线属性的时候，编号就变成了 101、102、103 这样的格式。

2. 绘制图形

绘制房产图形的方法有多种，如轴线法、单线法、微导线法等等，由于这个内容是 AUTOCAD 的基本知识，所以就不加以详细叙述了。

绘制的图形所在的坐标范围不要太大，建议在 10 000, 10 000 以内。同时，绘制图形后，特别是复杂图形，需要检查一下也没有闭合，有没有多余顶点，或者重复多余线条。如果是从建筑图纸等引用过来的图形，最好是把无用的图层全部删除掉，只保留一个 0 层，另外需要注意图纸的尺寸单位是 mm 还是 m。如果是 mm，需要用 scale 命令缩小 1 000 倍，转换为 m。

实体提取

3. 设置当前楼层

为了后面方便的编辑面积线的属性信息，在这里还做了设置当前楼层的功能。操作方法如下：

点击菜单"面积"下的"设置当前楼层"或者工具条上的" "。

在这里需要注意的是：在切换楼层添加面积线属性的时候，一定要记住先重新设置当前楼层，否则就会影响后面的操作了。

4. 提取面积线属性的第一种方法

直接利用工具条" 户 车 商 阁 台 台 附 附 栏 道 公 公 开 墙 室 "上的相关按钮进行面积线的提取。需要注意的是：如果单元存在，客户也需要区分户室的单元，就必须在软件左下角" 分户实体 ▼ 住宅 ▼ 单元： ▼ 楼层：1-4层 坐落：ghm ▼ "处选择好单元。

需要注意的是：" 户 车 商 阁 台 台 附 附 "提取出来对应的实体都为主实体和附属实体，即非公用实体。" 栏 道 公 公 开 墙 室 "提取出来对应的实体都为公用实体。

在这里需要注意的是：当外墙外有实体（非阳台）如外廊、外梯等需要添加属性的时候，一定要用" 公用 "和" 墙 "来提取。否则在面积检核的时候，一定会出现错误提示。

5. 生成墙体

在商品房的面积分摊计算中，根据房产测量规范，只有半外墙是公共面积，用来分摊的。而我们开始绘制的房产标准信息图，都是绘制的实体的墙中线，所以在分摊前，还需要生成半外墙。在该系统中，生成墙体的方式非常简单，具体操作如下：

点击菜单"面积"下的"生成墙体"或者工具条中" "，命令行会提示"选择对象："，然后直接用鼠标去框选需要建墙的实体，如果多选了，请输入 R，回车，将多余的实体去掉。这时，只要回车，命令行即提示如下：

墙体生成完毕！
正在生成外墙！
分段指定半墙宽<S>/输入半墙宽<0.1350>：

在这里需要注意的是，你可以选择分段去建外墙（墙体不等厚的时候），也可以一次性去建外墙（等厚半墙的宽度在系统配置中可以进行设置）。

除了分段建外墙还可以利用偏边的功能来处理不等厚墙体，如图 7-6-2 所示。

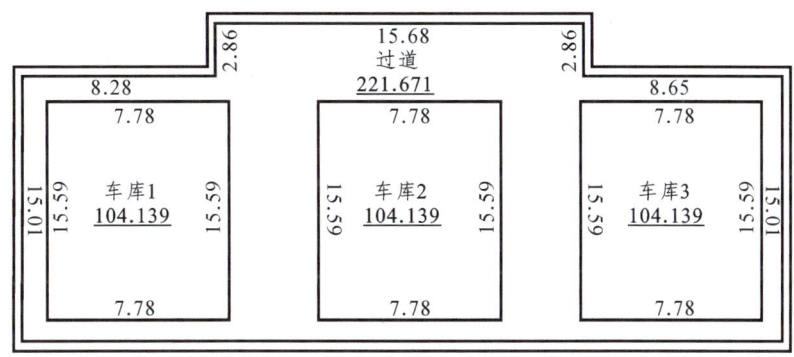

图 7-6-2　处理不等厚墙体前的状态

点击工具条中的" "，命令行提示如下：

选择复合线上一边：
用鼠标去选择你要偏边处理的复合线，命令行提示：

输入偏移宽度：
这时，你输入偏移的宽度，最后回车，命令行提示：

选择方向：
这时用鼠标点击一下偏移的方向，最后即处理完不等厚墙体。

在这里需要特别说明的一点是，如果处于同一条直线上的墙体，是分段的。那么我们的偏边处理也是可以分段来处理的（将"系统"菜单下的"系统配置"处的"本地设置"页签下的"保留墙体中间节点"选中）。

6. 分摊区划分

点击菜单"分摊"下的"分摊区划分"或者工具条上的快捷按钮" "，则会弹出分摊区划分的窗口。

分摊区划分

将具有相同分摊属性的一组主实体（分户实体、阳台、车库、阁楼等）定义为一个功能区。(与实体是否在同一幅 DWG 图上没有任何关系)。软件的功能区划分比较随意灵活，不局限于所有实体是否在同一楼层等条件。

操作说明：功能区的划分过程，只需要先建一新的功能区，然后利用各种选择方式，将该功能区所包含的户室划分添加到该功能区中，最后进行保存即可。

同时，为了方便的批量的选择户室，软件还有一个图上拾取图形的功能，就是" "，能够方便的在图上选择直接框选要分配进某个功能区的户室。

另外，双击某户室或者某个功能区，软件会自动用剖面线的方式显示出该户室或者功能区所包含户室的图形。这样可以方便大家进行查看检查功能区是否有划分错误。

7. 共用区的划分

将具有相同分摊属性的一组共用的实体(墙体、楼梯、走廊、过道等等)定义为一个共用区。(与实体是否在同一幅图上没有任何关系)。软件的共用区划分比较随意灵活，不局限于所有实体是否在同一楼层等条件。

在共用区划分窗口中的上半部分，显示的是所有共用区的信息列表；中间部分显示的是未分配公共面积和共用区所含公共面积的信息；下半部分列出各种方便的选择方式。下面先介绍各个按钮的功能：

同时，为了方便的批量的选择公共实体，软件还有一个图上拾取图形的功能，就是" "，能够方便的在图上选择好要分配进某个共用区的公共实体。

另外，双击某公共实体或者某个共用区，软件会自动用剖面线突出显示出该公共实体或者共用区所包含公共实体的图形。这样可以方便大家查看检查共用区是否有划分错误。

8. 分摊关系指定

当将所有的实体分配好功能区和共用区之后，就可以指定分摊关系了。通俗的讲，就是要指定哪个共用区是分摊到哪几个功能区上的。也就是创建分摊关系树的过程。(本软件可以实现无限级别的交叉分摊、比例分摊等各种复杂的面积分摊)。

操作方法：点击菜单"分摊"下的"分摊关系指定"或者工具条上的快捷按钮" "，则会弹出分摊关系指定的对话框。

9. 分摊计算

(1) 自动分摊计算。

系统可以自动进行无限级别的面积分摊计算。不管你的楼层户室或者图形有多少，只要点击软件的"分摊计算"，则在短时间内，系统自动会将面积分摊结束。具体的方法如下：

面积分摊

① 在分摊关系指定的对话框，点击"分摊计算"，如果需要分摊用地面积，则选中"分摊用地面积"，然后在空白栏目中输入用地的面积，最后点击"分摊计算"，则分摊结果会自动计算出来了。

② 如果在分摊关系指定对话框中没有进行面积分摊计算，那么只需要点击菜单"分

摊"下的"重新分摊计算",命令行提示：

```
Command:
Command: _appcal
是否进行占地面积分摊[是(Y)/否(N)]<N>:
```

为了更加方便的进行简单分摊模型的分摊计算,软件还增加了单 K 自动分摊和住宅车库分摊模式。

单 K 自动分摊指的就是只有一个功能区和一个共用区存在的一种分摊方式。

住宅车库分摊是指有住宅和车库 2 个功能区,有车库分摊和住宅分摊 2 个共用区,并且,车库只能够在相同楼层。

如果分摊模型满足这 2 种,那么不用去建立功能区和共用区,可以直接利用菜单上的单 K 自动分摊和住宅车库分摊来进行面积分摊计算。

（2）手动分摊计算。

在面积分摊的时候可以除了全自动分摊外,还可以手动进行分摊。

具体操作方法：在分摊区划分界面点击"手动分摊",会弹出如图 7-6-3 所示的窗口。

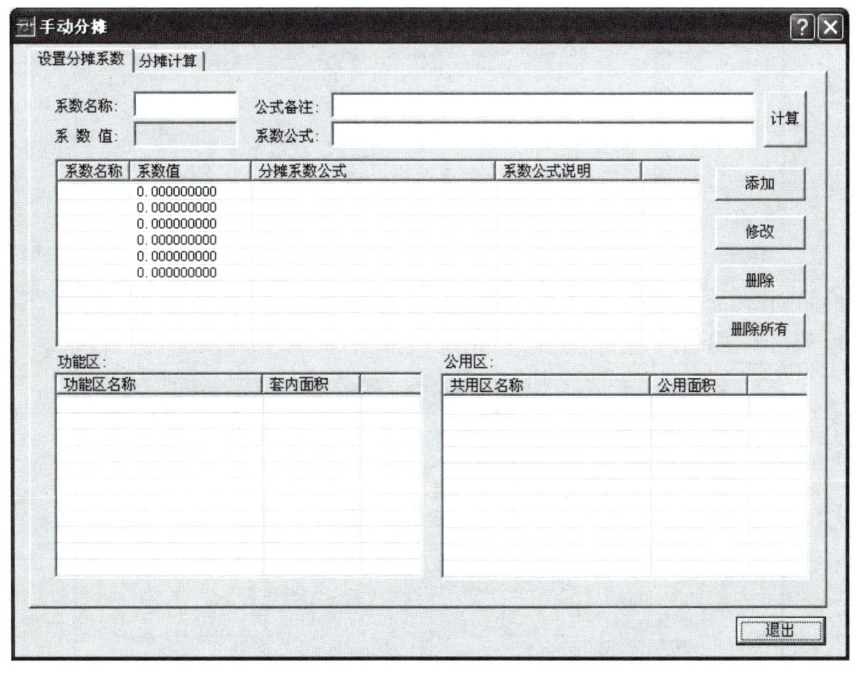

图 7-6-3　手动分摊计算窗口

在上面界面填写好分摊系数名称、计算公式及其备注,然后点击添加就可以增加一条分摊系数。随后点击"分摊计算"页签,将功能区名称后面的分摊系数名称设置好,最后点击分摊计算即可。分摊计算后的结果可以在下面的窗口中显示出来。

一般在进行户室的分割与合并的时候,可以应用手动分摊进行操作。

（3）分摊结果查看和检查。

当面积分摊结束后,就可以查看分摊结果了。查看分摊结果的方式有几种。一,可以直接在分摊关系指定的窗口中，点击"▦ 分摊查看"；二，可以点击菜单"分摊"下的"分摊查看"。

在该窗口的左侧，以树状结构显示从幢到楼层到户室到每个实体的结构图。右边显示幢、楼层、户室以及实体的所有信息，包括套内面积、分摊面积、总面积、分摊计算公式和详细面积计算公式等。（点击左边树状结构的每一个节点，则右边相应显示相关的信息）。

当鼠标选中某个记录的时候，系统会弹出详细信息，如图7-6-4所示。

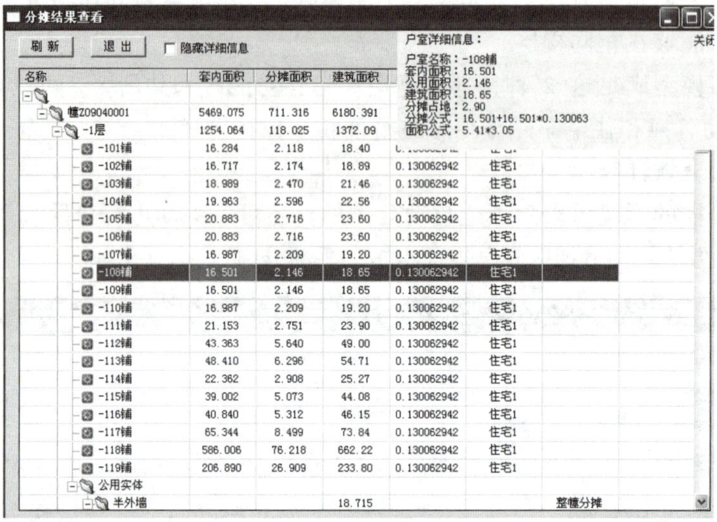

图7-6-4　分摊结果查看

当分摊结束之后，我们可以通过分摊检查来检查一下分摊结果的正确性和准确性。点击菜单"分摊"下的"分摊检查"，系统会弹出如图7-6-5所示的对话框。

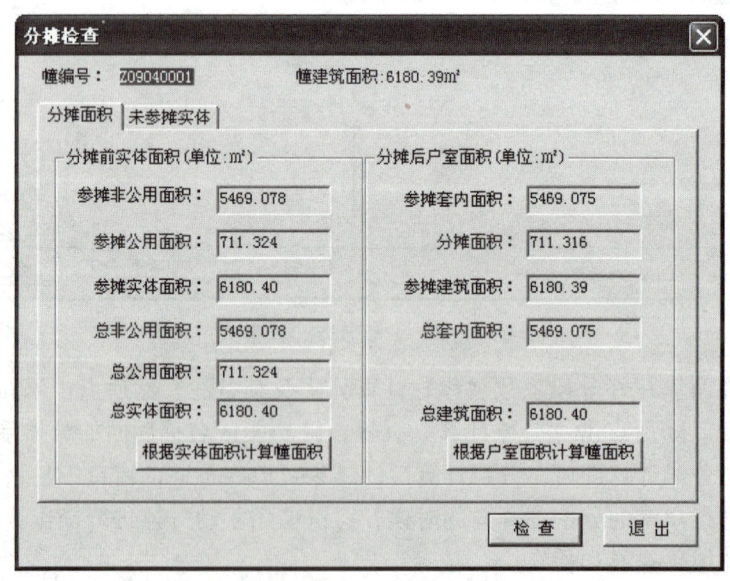

图7-6-5　分摊检查窗口

由于在分摊过程中，四舍五入的影响，小数位数的取舍，根据实体面积计算的幢面积和根据户室面积计算的幢面积两者之间肯定会有一定误差。至于根据哪个进行计算，由客户自行决定。系统默认的幢面积是根据实体面积计算的幢面积。

在该窗口中左边列出分摊前实体的面积（每个实体 CAD 面积之和），右边列出分摊后户室的面积（分摊后各个户室套内、分摊面积等之和）。这样可以很方便的进行对比检查。点击"检查"按钮，系统会弹出如图 7-6-6 所示的提示，即用文字表述分摊检查的结果。

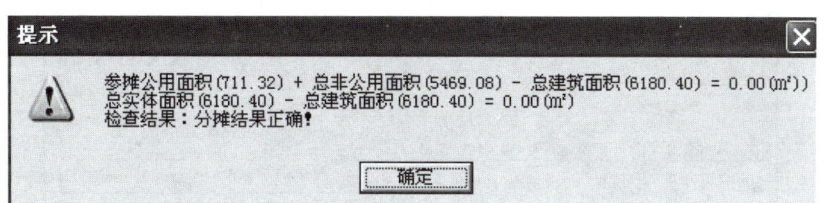

图 7-6-6　分摊检查窗口

同样，点击"未参摊实体"页签，列出该幢下哪些户室和公共实体没有参与分摊计算（也就是未划分进去分摊区或者所在的分摊区没有在分摊树中出现）。

点击菜单"分摊"下的"面积检核"，系统即会弹出如图 7-6-7 所示的窗口。在该窗口中可以进行套内公用、幢和楼层、功能区和共用区的检核。

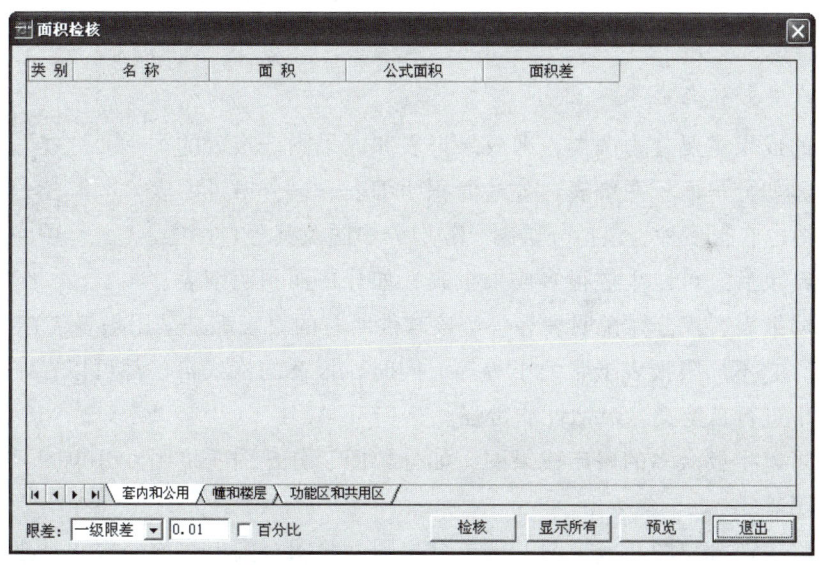

图 7-6-7　面积检核窗口

首先在面积限差范围下拉框选择好面积限差等级（面积限差等级在系统配置处可以进行设置），最后点击"检核"。这样系统会自动将 CAD 实体的计算面积与计算公式计算出的面积进行比较，如图 7-6-8 所示。

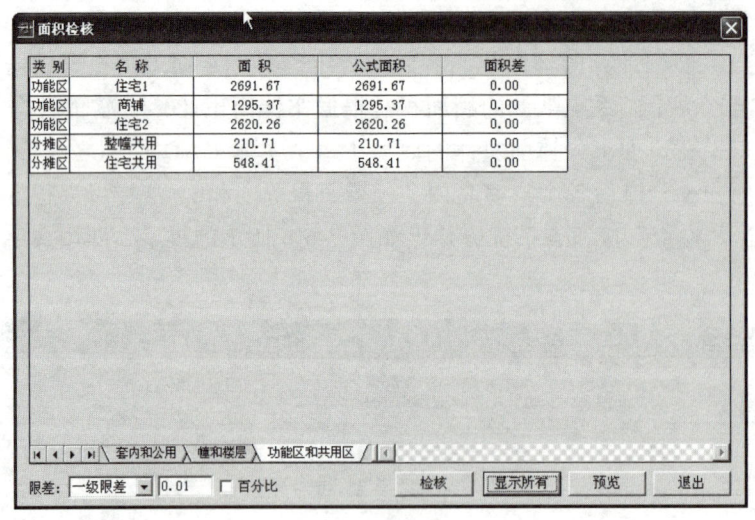

图 7-6-8　面积检核窗口

如果在限差范围内没有户室存在，那么在命令行会有下面相关提示：

恭喜您!面积检核通过!

在进行面积检核的时候，需要注意一点的是：在进行检核前，需要生成实体、户室、功能区和幢的计算公式，否则检查界面中的公式面积全部为 0，全部都会在限差范围之外（这样也就失去了检核的意义了）。

10. 户室并权与成果输出

房产的成果主要分为两类，即成果报表和成果图。报表的类型有多种，如分户面积明细表、公共面积明细表、幢分摊说明表等；成果图也有很多种，包括分层图、分层分户图及其分户图等。

成果输出

分摊结束后，可以生成很多成果报表，如分户面积明细表、公共面积明细表、幢分摊说明表等等。该软件所有的报表都是采用华表 CELL 表格模板定义的，它不局限报表纸张大小等等。同时，报表的格式自己都可以在华表 CELL 表格组件中进行自定义，灵活性非常强。

系统可以生成众多的房产成果图，如分幅图、分丘图、幢图、分户图、分层图、分层分户图等。

只要将房产分户图、分层图、分层分户图、幢图等图形生成一次并且进行上传保存后，在需要打印的时候，只需要将以前生成的图形从数据库中调出来即可。

11. 成果提交、审核

当商品房的面积分摊计算和成果输出结束后，就可以将该幢的数据进行提交。提交后将无法对数据进行修改，除非审核人员将测绘数据驳回。

思考题

1. 房屋基底面积和房屋用地面积的概念有什么区别？
2. 房屋建筑面积和产权面积应该如何计算？
3. 房屋预售面积和实测面积有什么区别？
4. 《房产测量规范》只计算一半建筑面积的房屋建筑结构有哪些？
5. 房屋建筑面积计算记忆口诀：

外墙隔墙量中线，套内墙体全计算；

阳台区分封闭否，封闭全算未封半；

量具离地一米二，阳台应测底平面；

本楼共用本楼算，多楼使用不能摊。

的含义是什么？

6. 房屋建筑结构的分类有哪些？

8 不动产测绘成果的检查与验收

项目引入

××市不动产登记中心测绘质检科和权籍调查科,接收第三方测绘公司的不动产测绘成果和权籍调查成果,对不动产测绘成果进行检查。该项目坐落于××市,测绘成果主要用于不动产初始登记。

作业内容包括:
(1)不动产测绘报告;
(2)界址点精度;
(3)不动产现状;
(4)不动产权籍调查表;
(5)不动产界线;
(6)不动产权属。

提交资料包括:
(1)不动产测绘成果检查表;
(2)不动产权籍检查表。

8.1 检查与验收

检查验收是不动产测绘的一个重要环节，目的是保证不动产测绘成果质量满足相关规程要求。不动产测绘成果实行三级检查一级验收制。

8.1.1 检查与验收制度

根据《测绘成果质量检查与验收》（GB/T 2435—2009）和《城镇地籍调查成果检查验收方法（试行）》要求，不动产测绘成果质量通过三级检查一级验收方式进行控制，不动产测绘成果应依次通过测绘单位作业人员自检、作业人员互查、测绘单位质量管理部门的最终检查和项目管理单位组织的验收或委托具体资质的质量检验机构进行质量验收。其要求如下：

第一，测绘单位实施成果质量的过程检查和最终检查。过程检查包括作业人员自检、作业人员互查。过程检查是作业人员自查的基础上，按相应的技术标准、技术设计书和有关的技术规定所进行的全面检查，由测绘生产单位的作业部门进行。最终检查一般采用全数检查，涉及野外检查项的可采用抽样检查，样本以外的应实施内业全数检查。最终检查是在过程检查的基础上，测绘单位质量管理部门代表测绘生产单位对生产部门生产的产品所进行的再一次全面检查。

第二，验收一般采用抽样检查，样本量按规范要求执行。质量检验机构应对样本进行详查，必要时可对样本以外的单位成果的重要检查项进行概查。

第三，各级检查验收工作应独立、按顺序进行，不得省略、代替或颠倒顺序。

第四，最终检查应审核过程检查记录、验收应审核最终检查记录，审核发现的问题作为资料质量的错漏处理。

8.1.2 检查与验收的组织及程序

国家自然资源部负责的检查验收工作由自然资源部自然资源调查监测司组织，委托中国土地勘测规划院具体实施。各省、自治区、直辖市地籍调查的检查验收工作，由省、自治区、直辖市主管调查监测的处组织。不动产测绘公司应当设1~2名的专职或兼职成果检查人员。不动产测绘作业的作业组应当设一名兼职检查员，负责监督本组的作业成果自检和组间的交换互检工作。

检查验收一般按作业员自查、作业组互检、公司质检专检、不动产登记中心或业主验收的顺序逐级进行，被检查验收单位和个人应积极配合。图8-1-1为某公司的不动产测绘产品生产流程，完整展示了三级检查一级验收的流程。

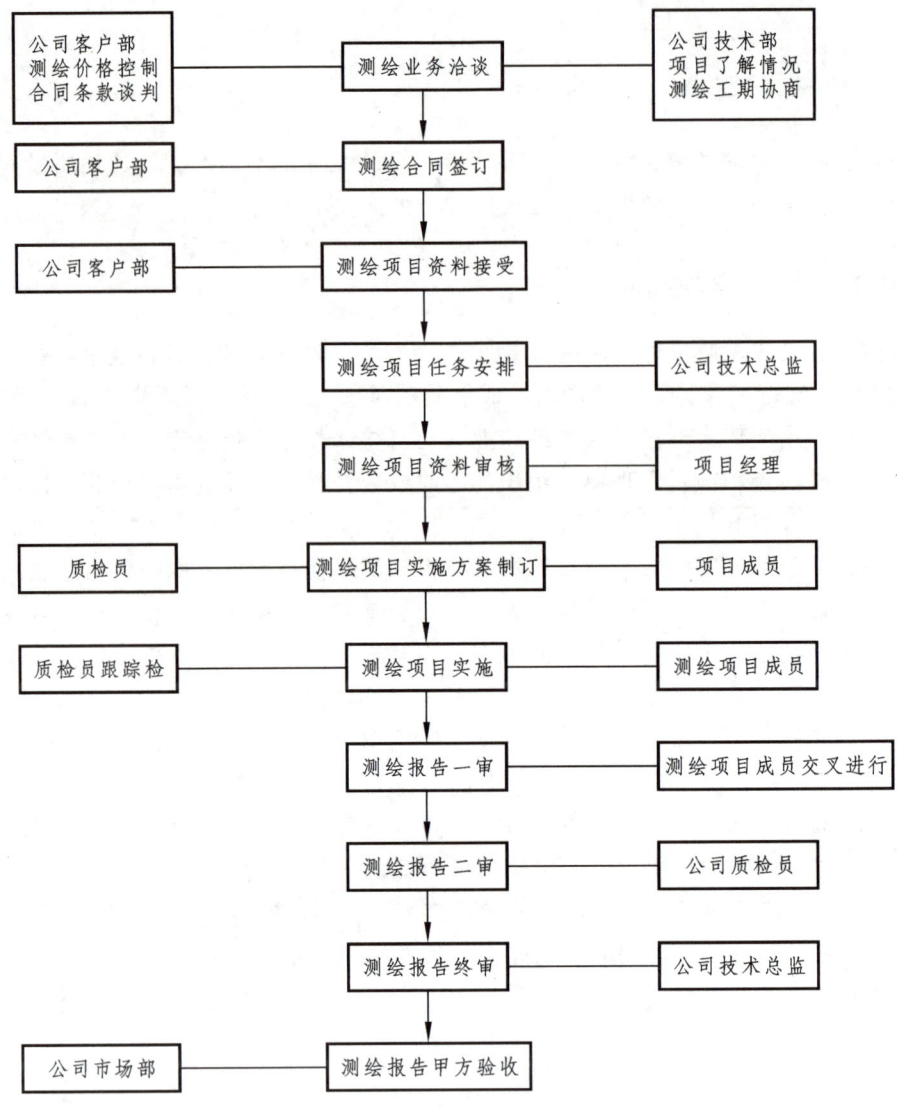

图 8-1-1　某测绘公司不动产测绘产品生产流程

8.2 检查验收项目及内容

不动产测绘成果检查的内容主要为地籍控制测量、不动产测绘报告、不动产权籍调查表及相关图件等。

8.2.1 自　检

1. 权属调查结果检查

主要检核权属调查确认的土地所有者和使用者与土地登记申请书上的土地所有者、使用者是否一致。权属界线、归属调查的内容是否齐全、正确。认定界址的法律手续是否完整、规范。界址点的实地位置是否立了固定标志，界址边的走向是否合理，界址点有无丢漏等。

地籍调查表填写内容是否符合规定要求，本宗和邻宗地籍调查表相应内容是否一致。

检查宗地草图主要检查宗地图形及宗地与邻宗地关系是否与实地一致，勘丈数据是否齐全、注记位置是否清晰准确。勘丈数据有无检核条件，结果是否符合《地籍调查规程》要求。宗地的座落、门牌号、宗地号、界址点号、相邻宗地号、指北方向及作业日期等的记录有无错漏。

2. 不动产测绘的成果检查

不动产测绘成果主要包括不动产测绘的数据质量、点位质量、资料质量等。

（1）检查控制测量。

主要检查用于建立平面控制的已知控制点、控制边其坐标和方位角数据是否正确。起始数据是否经过外业检核，仪器检验资料是否符合要求，控制网布设是否合理。观测记录是否规范和符合规定限差，各项精度指标是否符合相关规程要求。起算数据和计算方法是否正确，平差后的成果精度是否满足要求。

（2）检查细部测量。

主要检查界址点的测定方法、各项精度是否符合要求、手簿记录是否符合要求。

（3）检查地籍原图。

首先，检查原图图廓线及方格网的绘制精度是否符合《地籍调查规程》的要求。图幅编号、坐标注记是否正确。然后检查自然街坊外廓界址点及界址边的展绘是否正确。核对无误后再检查街坊内各宗地的界址及地上建筑物的展绘是否正确，破幅宗地的接边是否符合要求。再检查图面要素注记及点线绘制是否符合《地籍调查规程》和图式要求。面积计算结果是否正确，计算成果精度是否符合要求。原图检查中要对照界址点成果表和宗地图分步骤进行。与地籍管理有关的地形要素取舍是否合理。图上各种注记是否正确，取舍和注记位置是否恰当。各种记录计算图表资料是否有责任者签名，整饰是否符合要求。

8.2.2 互 检

检查项目与自检相同。先进行内业检查，后进行外业检查。内业检查出的问题应做好记录，待外业检查时重点核对，需纠正改动的由检查人员会同作业人员确认后实施。

8.2.3 专 检

在自检和互检的基础上进行专检。主要检查地籍调查成果的图、表、册中对应内容的一致性及其与宗地权属状况的一致性。对经过自检和互检的调查成果进行全面的内业检查和重点的外业检查。具体内容包括权属调查和地籍测量两部分，重点检核原始调查记录和原始测量数据的正确性。检查项目及步骤与自检基本相同，在检查后提出专检记录，对需要修改纠正的问题会同作业人员确认后实施。

8.2.4 验 收

验收在三级检查的基础上进行，认为调查工作的法律程序正确、具体调查是在自然资源管理部门组织实施下完成、相关规程规定的提交成果资料齐全，可组织验收。内容包括：地籍调查计划、技术设计书和实施方案、地籍调查总结报告、自检内容等。通过验收后需提交验收抽检分析报告和验收评定意见书。

8.3 检查与验收实施

根据三级检查一级验收的要求，结合不动产成果检查内容开展检查。检查以不动产测绘成果的检查、不动产权籍调查的检查为重点。

8.3.1 不动产测绘成果检查

（1）核实坐标系统和检查控制点坐标。

按照国务院关于推广使用2000国家大地系的有关要求，各类测绘成果、地理信息系统等应采用2000国家大地坐标系。但以往地籍成果数据有1954年北京坐标系、1980年西安坐标系、地方独立坐标系、纸质成果等。根据工作需要，存量1954年北京坐标系和1980年西安坐标系测绘成果等历史成果资料可以到自然资源部门进行坐标转换。在测量地籍要素时，需要控制点提供和传递起算数据，因而对地籍测量控制点的要求很高。《地籍调查规程》规定："四等网中最弱相邻点的相对点位中误差不得超过±5 cm，四等以下网最弱点的点位中误差不得超过±5 cm。"控制点坐标的检查一般先室内提取相应控制点的坐标，再携带 GPS 或者其他测量仪器外业实地测量控制点坐标，如表8-3-1 所示。

表 8-3-1　控制点点位检核表

点号	已知点		检测点		差值/m	备注
	x/m	y/m	x/m	y/m		
T1	3269××.237	35374××.524	3269××.218	35374××.521	0.019	
T2	3269××.822	35374××.368	3269××.808	35374××.373	0.015	
T3	3270××.118	35374××.843	3270××.106	35374××.842	0.012	

（2）检查界址点坐标。

界址点测绘成果按照一定的比例进行外业核实。一般采用同精度检测、高精度检测方法，检测值可以视为真值，根据规范要求，点位中误差一般不超过±5 cm。界址点坐标的检查一般先室内提取相应界址点的坐标，再携带 GPS 或者其他测量仪器外业实地测量界址点坐标，如表8-3-2 所示。

表 8-3-2　界址点点位检核表

点号	界址点		检测点		差值/m	备注
	x/m	y/m	x/m	y/m		
J1	3269××.581	3537××.245	3269××.563	3537××.260	0.023	
J12	3269××.712	3537××.955	3269××.692	3537××.972	0.026	

（3）检查宗地图的精度。

主要检查界址点间距误差、界址点与邻近地物点关系距离误差。检查界址点间距误差时，通常是在 CASS 软件量测界址边的距离，如图 8-3-1 所示。检查人员携带测距仪等测量仪器到实地进行检查，如表 8-3-3 所示。一般情况，均视原测距离与比较距离是同精度的，间距中误差一般不超过±5 cm。检查界址点与邻近地物点关系距离误差时，要注意邻近地物点号不应带"J"。对于没有实测坐标的界址，要着重检查界址点与其邻近地物间的关系。

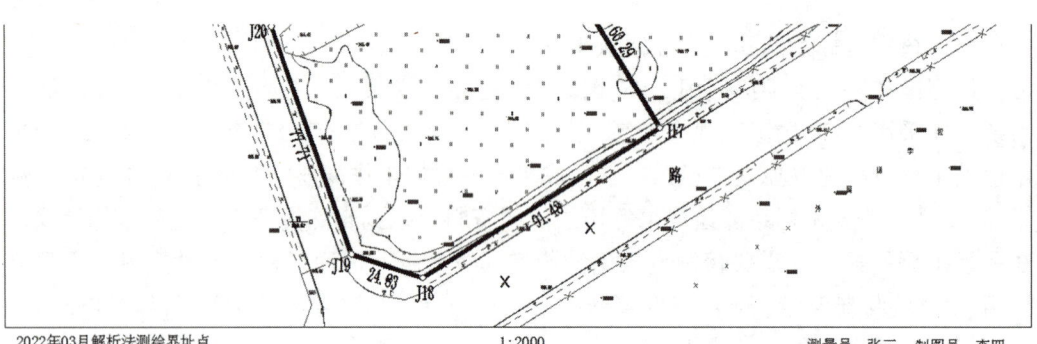

图 8-3-1　J18-J19 图上距离量测

表 8-3-3　界址点和地物间距检测成果表

点号-点号	已知边长/m	检测边长/m	差值/m	备注
J1-T2	14.90	14.93	+0.03	
J4-T3	12.56	12.54	−0.02	
J18-J19	24.83	24.80	−0.03	

（4）宗地图检查。

应检查图面有无疑点、漏线、模糊线、注记错漏等，界址点编号是否从宗地西北角顺时针编号，图名、图号、测绘单位、比例尺、注记等是否规范，如图 8-3-2 所示。一般情况下，相邻宗地的宗地图可以到自然资源管理部门申请拷取，可以利用相邻宗地的宗地图的矢量资料，便于开展相关图件套合工作。外业检查检查宗地图是否与实地现状一致，特别是相邻宗地的地物地貌是否符合现状。

（5）界址点点位说明。

界址点点位说明是利用工作底图和宗地草图，主要说明所依附标的物的类型及其位置（内、中、外），与周围明显地物地貌的关系。主要权属界线走向说明，说明权属界线的具体走向。检查界址点说明是否与实地一致，核实主要权属界线走向说明是否正确，如表 8-3-4 所示。

8 不动产测绘成果的检查与验收

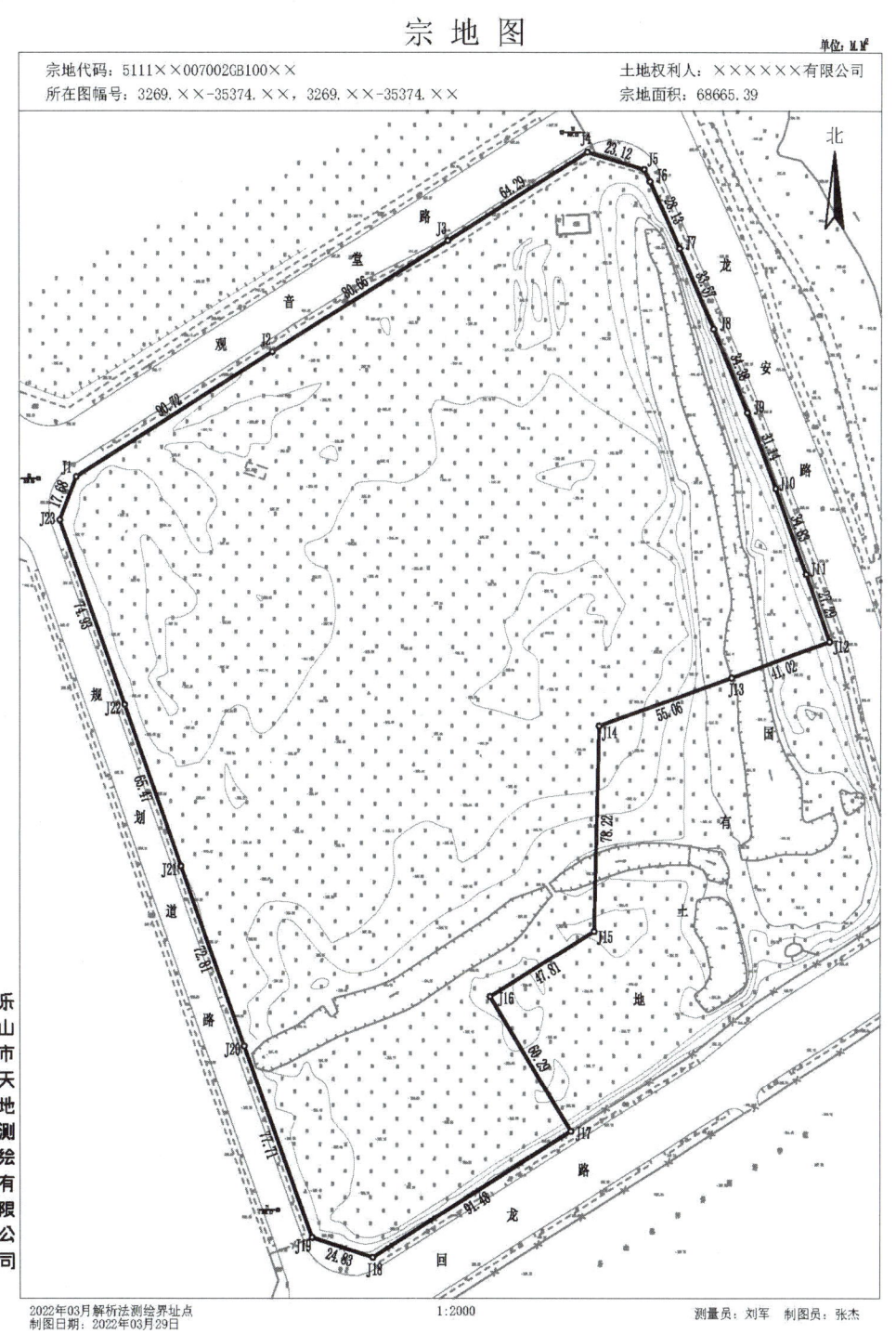

图 8-3-2 宗地图图面检查

表 8-3-4 界址点点位说明和权属界线走向检查表

界址点点位说明	J1 界址点点位于本宗地西侧人行道边； J5 界址点点位于本宗地北侧； J12 界址点点位于本宗地东侧； J18 界址点点位于本宗地南侧人行道边。
主要权属界线走向说明	J1-J4：由 J1 沿界址线至 J4； J4-J12：由 J4 沿界址线至 J12； J12-J17：由 J12 沿界址线至 J17； J17-J19：由 J17 沿界址线至 J19； J19-J1：由 J19 沿界址线至 J1。

8.3.2 不动产权籍调查表检查

（1）检查宗地基本信息表信息。

重点核实不动产地籍调查表中填写的权利人信息是否正确、土地权属证明材料是否与调查表一致，特别检查批准用途和使用期限是否与土地权属证明材料一致。在检查过程中，重点检查本宗地信息是否与相邻宗地信息吻合（见表 8-3-5）。

（2）检查界址标示表信息。

界址标示表作为宗地实地的法律凭证，是处理土地权属纠纷的依据，可便于日常检查地籍管理工作。重点检查界址标志表是否符合现状要求（见表 8-3-6）。

（3）界址签章表检查。

界址的认定须由本宗地和相邻宗地使用者亲自到现场共同指界。单位用地，要由单位法人代表出席指界；土地使用者或法人代表不能亲自到场指界的，应由委托的代理人指界并出具委托与身份证明；两个或两个以上的土地使用者共同使用的宗地，应共同委托代表指界，并出具委托书及身份证明。检查界址签章表是否经相关人员签字盖章（按手印），见表 8-3-7。

表 8-3-5　宗地信息表检查

宗地基本信息表					
权利人	所有权	国家土地所有权			
	使用权	××置业有限公司	权利人类型	企业	
			证件种类	营业执照	
			证件号	××××××××××××××	
			通讯地址	四川省×××××B座1楼1号	
权利类型		国有建设用地使用权	权利性质	出让	土地权属来源证明材料	1. 国有建设用地使用权出让合同 2. 出让金票据 3. 完税证明 4. 交地记录 5. 补充协议
坐落		××××××			
法定代表人		杜×	证件类型	身份证	电话	18×××××759
			证件编号	511123×××147X	
代理人姓名		周××	证件类型	身份证	电话	18×××××817
			证件编号	511102×××511X	
权利设定方式		地表			
国民经济行业分类代码		/			
预编宗地代码		/	宗地代码	5111××007002GB10012	
所在图幅号		比例尺	1:2 000		
		图幅号	××××.75-×××××.25, ××××.50-×××××.25		
宗地四至		北：×音×路			
		东：×安路、国有土地			
		南：回×路			
		西：规划道路			
等级		/	价格（元）	/	
批准用途		其他商服用地、城镇住宅用地		实际用途	
		地类编码	0501、0502、0503、0504、0505、0506、0507、0701	地类编码	
批准面积/m²		68×××.39	宗地面积/m²	68 665.39	建筑占地面积/m²	
					建筑面积/m²	
使用期限		其他商服用地：自2021年12月24日起至2061年12月23日止 城镇住宅用地：自2021年12月24日起至2091年12月23日止			
共有/共用权利人情况					
说明					

表 8-3-6　界址标示表检查

界址点号	界标类型						界标间距/m	界址线类别						界址线位置			备注
	钢钉	混凝土	石灰柱	喷涂	无标志	其他		围墙	墙壁	两点连线	道路	篱笆	铁丝网	内	中	外	
J1					√		90.72			√					√		
J2					√		80.66			√					√		
J3					√		64.29			√					√		
J4					√		23.12			√					√		
J5					√		5.10			√					√		
J6					√		28.13			√					√		
J7					√		33.57			√					√		
J8					√		34.38			√					√		
J9					√		31.14			√					√		
J10					√		34.83			√					√		
J11					√		27.29			√					√		
J12					√		41.02			√					√		
J13					√		55.06			√					√		
J14					√		78.22			√					√		
J15					√		47.81			√					√		
J16					√		60.29			√					√		
J17					√		91.48			√					√		
J18					√		24.83			√					√		
J19					√		77.71			√					√		
J20					√		72.81			√					√		
J21					√		65.47			√					√		
J22					√		74.93			√					√		
J23					√		17.68			√					√		
J1					√												

表 8-3-7　界址签章表

界址线			邻宗地		本宗地	日期
起点号	中间点号	终点号	相邻宗地权利人	指界人姓名（签章）	指界人姓名（签章）	
J1	J2-J3	J4	观音堂路			
J4	J5-J11	J12	太安路			
J12	J13-J16	J17	国有土地			
J17	-	J18	回龙路			
J18	J19-J23	J1	规划道路			

8.3.3　核实自检报告

不动产测绘成果包括界址范围、面积等相关数据，是建设用地审批、不动产登记的重要依据。测绘成果检查应当对成果的有效性、符合性、规范性等内容进行检查，其中规范性检查是重点。测绘项目是否按相关技术标准实施，测绘成果是否内容完整、数据齐全，数据格式规范，满足不动产登记管理的需求等。按照《地籍调查规程》等相关测量规范要求，对地籍测量成果进行级应进行自检、互检以及公司质检专检，核查测绘公司是否进行三级检查，是否签字盖章（见表 8-3-8）。

表 8-3-8 不动产测绘自检报告

产品	名称	××置业有限公司
	测图比例尺	1∶2 000
	生产单位	××测绘有限公司

报告撰写人：张三	2022 年 03 月 29 日

自检结论：
1. 外业检测
对 3 个图根控制点进行检测，其检测结果点位误差≤3 cm，满足精度要求；界址点、地物点间距检测边长中误差均≤3 cm。
2. 内业检查
经检查，地籍图图式绘制正确，四至关系表示清楚，调查表信息填写完整。
职务：质检员 签字：   年   月   日

技术负责人意见：
作业流程符合要求，精度可靠，调查表填写正确，提交资料齐全。
职务：技术总工 签字：   年   月   日

8.3.4 不动产登记中心出具审核结果

为了规范不动产登记资料的生产，提高不动产测绘成果质量，对不动产测绘成果进行质量控制，不动产登记中心的测绘质检科和权籍调查科会对不动产测绘成果进行审核。对审核通过的出具审核表，对不符合受理要求或经审查不合格，通知申请人（测绘项目委托人）退件，同时一次性告知不予受理或审查不合格的原因，出具书面退件告知单，由委托人责成被委托测绘单位按要求修改完善。测绘单位有义务对测绘成果质量负责，测绘成果因质量问题，造成测绘项目委托人相关损失的，委托人可依法追究测绘单位相关责任（见图 8-3-4）。

▢▢市不动产登记中心
权籍调查、测绘成果审核表

项目名称	▢▢幼儿园	比例尺	1:500
测绘单位	▢▢市承盛房地测绘有限责任公司		
土地坐落	▢▢市▢▢路266号	检核时间	2018.01.12

检查内容	不动产测量报告	✓	不动产权籍调查表	✓
	界址点精度	✓	界线	✓
	现状	✓	权属	✓

审查意见	不动产测量报告： 1、不动产测量报告资料齐全。 2、经抽查，界址点测量误差符合地籍调查规程要求（抽查界址点误差见附表）。 3、现状测绘要素符合城市测量规范要求。 检查：刘凯 不动产权籍调查表： 1、不动产权籍调查表资料齐全，符合不动产权籍调查技术方案要求。 2、经核实宗地权属无误。 3、界址线走向说明与现状一致。 检查：
结论	该不动产权籍调查、测绘成果合格。
作业单位签收	

注：以上成果在进行登记时▢▢▢化须重新进行权籍调查。

复审：　　　　　　终审：
审核：

图 8-3-4　不动产测绘成果审核结果

8.4 不动产测绘成果资料整理

不动产测绘成果资料是在调查过程中直接形成的文字、图、表、册等的总称,是广大不动产测绘工作者的劳动结晶和国家的宝贵财富,是自然资源登记的依据和国土管理工作的基础。不动产测绘成果资料整理是调查结束后,对形成的数据进行检核、分类、编排、整饰,录入数据库等。不动产测绘工作者应严格遵守《中华人民共和国测绘法》《中华人民共和国测绘成果管理条例》和国家保密法律法规的规定,切实做好不动产涉密测绘成果的保密工作。

8.4.1 资料整理要求

资料整理要求整齐、编排有序,便于使用和查找,并使测量成果与调查成果相互衔接,形成整体。具体要求如下:

(1)调查工作开始,应明确具体的行政文件、技术材料及调查资料、成果等需要立卷归档,并指定专人负责收集、保管、整理,调查结束时,应及时整理归档。

(2)立卷归档的资料务必齐全、完整、字迹清楚、纸张质量良好,必须用碳素书写,严禁将圆珠笔书写或复写纸复写的材料归档。

(3)归档材料必须按规定要求系统整理,做到分类清楚、编目完善、排列有序、组织保管单位合理。

(4)地籍调查过程中应根据地籍调查成果归档要求整理好调查成果。对地籍涉密成果的使用、传递、复制、保存等情况实训登记管理制度。地籍调查成果根据有关规定,经办理相关审批手续后提供使用。

8.4.2 权属调查成果整理

权属调查成果是地籍档案的重要组成部分,也是地籍测量的依据,成果的整理应符合档案管理规定,便于地籍测量工作实施。

(1)宗地调查资料按宗进行立卷。立卷资料的规格必须一致。卷内资料顺序:地籍调查表、土地登记收件单、土地登记申请书、申请人身份证明、土地权属来源证明文件、地上建筑物和附着物的产权证明、其他证明材料等。

(2)调查资料立卷以后,应逐宗用档案袋装放。档案封面必须说明土地使用者名称和土地编号、卷内资料的编号及名称目录,并按街道、街坊汇总。

(3)街道、街坊分区示意图。街道、街坊分区示意图可与地籍图分幅接合图一起编制成地籍索引图。

(4)调查底图应以街道、街坊为单位进行整理。

(5)在资料整理过程中,应查核调查资料是否齐全、是否符合要求,凡发现资料不全、不符合要求或者调查存在遗漏的,应及时进行补调、修正。

8.4.3 不动产测绘成果整理

（1）控制测量资料整理。原始观测记录手簿应装订成册，封面应符合技术设计要求。各等级控制网平差报告及成果应装订成册，封面应符合技术设计要求。

（2）地籍要素测量资料整理。地籍分幅图应用三色表示：界址线和界址点、街道街坊线及注记等权属信息用红色表示，图斑界线及注记用绿色表示，其他一律用黑色表示。宗地图采用双色，界址线和界址点用红色，其他注记一律用黑色表示。地籍图图幅接合表要能够正确反映各图幅的相关位置关系，图幅的命名应以本图幅的主要地物或者单位进行命名。地籍一览表，以街坊为单位制作，图中表示权属界线、宗地号，比例尺根据街坊大小确认。地籍要素测量技术小结应装订成册，封面应符合技术设计要求。

（3）面积量算资料整理。以街道为单位的宗地面积统计数据。土地统计台账及城镇行业类别、土地使用权类型、土地使用者性质、土地面积统计数据。不同权属性质面积统计数据。城镇土地利用情况调查统计数据。

（4）数据库资料整理。城镇土地调查数据库主要包括土地权属、土地登记、土地利用、基础地理、影像等信息，其成果具有上传、查询、检索、统计分析及输出功能。具体包括：地形图库、地籍图库、属性数据库、影像图库、扫描文件图库、其他数据库成果。

8.4.4 成果目录

不动产成果资料图是地籍管理的重要资料。测绘单位应将下列资料进行归档。
（1）测绘合同或任务委托书。
（2）地籍调查技术设计书。
（3）成果资料索引及说明。
（4）控制测量成果资料。
（5）地籍调查表。
（6）界址点坐标成果表及面积测算资料。
（7）图形数据成果。
（8）地籍调查工作总结。
（9）地籍调查技术总结。
（10）地籍调查检查验收报告。
（11）其他有保存价值的材料。
（12）相应文本、图、表的电子文档（光盘）。

思考题

1. 简述测绘检查的流程及主要的检查内容。
2. 不动产测绘成果资料有哪些?

参考文献

[1] 李芹芳，张艳. 地籍与房产测量[M]. 武汉：武汉大学出版社，2017.

[2] 黄丁发，熊永良，周乐韬，等. GPS卫星导航定位技术与方法[M]. 北京：科学出版社，2021.

[3] 何霖. 地籍与房产测绘[M]. 成都：西南交通大学出版社，2014.

[4] 中华人民共和国国土资源部. 地籍调查规程：TD/T 1001—2012 [S]. 北京：中国标准出版社，2012.

[5] 中华人民共和国国家质量监督检验检疫总局，中国国家标准化管理委员会. 全球定位系统（GPS）测量规范：GB/T 18314—2009[S]. 北京：中国标准出版社，2009.

[6] 中华人民共和国住房和城乡建设部. 城市测量规范：CJJ/T8—2011[S]. 北京：中国建筑工业出版社，2012.

[7] 刘广社. 摄影测量与遥感[M]. 武汉：武汉大学出版社，2017.

[8] 赵国梁. 无人机倾斜摄影测量技术[M]. 西安：西安地图出版，2019.

[9] 中华人民共和国自然资源部. 低空数字航空摄影测量外业规范：CH/T 3004—2021[S]. 北京：测绘出版社，2021.

[10] 卢加华. 无人机倾斜摄影测量技术在农村房地一体中的应用[J]. 地矿测绘，2020，36（1）：44-47.

[11] 马高峰. 倾斜摄影测量在农村房地一体确权中的应用[J]. 测绘标准化，2021，37(3).

[12] 第三次全国土地调查总体方案发布[EB/OL]. (2018-01-12) [2023-05-08]. http://www.gov.cn/xinwen/2018-01/12/content_5255923.htm.

[13] 中华人民共和国自然资源部. 第三次全国国土调查技术规程：TD/T1055—2019[S]. 北京：地质出版社，2019.

[14] 国家市场监督管理总局，中国国家标准化管理委员会. 土地利用现状分类：GB/T 21010—2017[S]. 北京：中国标准出版社，2017.

[15] 中华人民共和国国土资源部. 土地利用数据库标准：TD/T 1016—2007[S]. 北京：中国标准出版社，2007.

[16] 武东海，朱岩. 浅析如何做好第三次全国土地调查工作[J]. 国土资源. 2018（04）.

[17] 高权忠，赵境境，汪学琴. 第三次全国土地调查中线状地物面化方法研究[J]. 地理信息世界. 2018(06).

[18] 刘黎明. 土地资源调查与评价[M]. 北京：中国农业大学出版社，2005.

[19] 国家质量技术监督局. 房产测量规范：GB/T17986—2000[S]. 北京：中国标准出版社，2000.

[20] 自然资源部职业技能鉴定指导中心. 不动产测绘[M]. 郑州：黄河水利出版社，2019.

[21] 杨本壮，刘武，徐兴彬，等. 不动产测绘[M]. 武汉：中国地质大学出版社，2019.

[22] 章书寿，孙在宏，等. 地籍调查与地籍测量学[M]. 北京：测绘出版社，2008.

[23] 国家测绘局人事司，国家测绘局职业技能鉴定指导中心. 地籍测绘（技师版）[M]. 北京：测绘出版社，2010.

[24] 中华人民共和国国土资源部. 土地勘测定界规程：TD/T 1008—2007[S]. 北京：中国标准出版社，2007.

[25] 四川省房产测绘实施细则[EB/OL]. (2022-07-20) [2023-05-08]. http://www.scqsm.org.cn/show_77_700.html.

[26] 中华人民共和国住房和城乡建设部，中华人民共和国国家质量监督检验检疫总局. 建筑工程建筑面积计算规范：GB/T 50353—2013[S]. 北京：中国标准出版社，2007.